WALTER MITTELHOLZER

DIE GROSSEN FLUGABENTEUER

Orell Füssli Verlag

Photonachweis
Swissair Photo: 2, 6, 7, 9–17, 23
Verkehrshaus Luzern: 3, 4, 5, 8, 27
Karl Grieder, Kloten: 22
Hans Staub, Zürich: 1, 24, 25, 26

Textwiedergabe der Kapitel «Über die Sahara zum Tschadsee», «Nach Abessinien» und «Nach Persien» mit freundlicher Genehmigung von F. A. Brockhaus, Wiesbaden.

© Orell Füssli Verlag Zürich 1977
Umschlag: Heinz von Arx, Zürich
Gesamtherstellung: Orell Füssli Graphische Betriebe AG Zürich
Printed in Switzerland
ISBN 3 280 00926 X

Inhaltsverzeichnis

Meine Fliegerlaufbahn

Mein Eintritt in die Fliegerlaufbahn fiel mit verschiedenen tragischen Geschehnissen zusammen. Italien hatte eben den Krieg an die Zentralmächte erklärt. Die Gebirgsbrigade 18, der ich als Soldat zugeteilt war, wurde zum zweiten Male zum Grenzschutz des Engadin aufgeboten. Der letzte Winterschnee machte eben den ersten Krokus Platz, als ich am 4. Mai 1915 vom herrlichen Hochtal ins grünende und blühende Tiefland fuhr, um mich bei der eben von Bern nach Dübendorf übersiedelten jungen Fliegerabteilung zu melden. Auf der Bahnfahrt Wallisellen–Uster sprach man aufgeregt von einem schweren Fliegerunglück, und einige Stunden später stand ich erschüttert an der Bahre zweier tatenfroher Menschen, deren jungem Leben ein mechanischer Höhenflug ein allzu frühes Ende bereitet hatte.

Zwei hoffnungsvolle Fliegerschüler unseres Meisters Oskar Bider waren bei ihrem Brevetfluge, von Bern kommend, aus unerklärlichen Gründen, kurz vor dem winkenden Ziele, bei Fällanden aus 1500 Meter Höhe abgestürzt. Tief bohrte sich der Motor in die weiche Ackererde, die völlig zertrümmerte Maschine begrub die beiden Piloten unter sich. Das war der erste, große Verlust der schweizerischen Fliegerabteilung – schwer und dumpf lastete er auf unseren jungen Gemütern. Doch an meinem in vielen halbwachen Nächten herangereiften Entschluß änderte auch dieser erschütternde Vorfall nichts. Klar im Geiste vorgezeichnet, sah ich ein hohes, hehres Ziel vor mir – das Eindringen in unendliche Weiten und das Erleben und Verwerten neuer Offenbarungen. Die Wunder der Welt öffneten sich gleichsam wie hinter einer Kulisse. Wog nicht die Verheißung und gar die Erfüllung dieses überirdischen Glücks den Einsatz des «bißchen» Lebens tausendfach auf? Die weite Welt war mein Ziel, Vasco da Gama, Fritjof

Nansen und Sven Hedin meine glühend verehrten Vorbilder. Ich wollte Flieger werden, war entschlossen, mein junges Blut einer Sache zu weihen, zu der ich mich mit allen Fasern meines Lebens hingezogen fühlte. Als Flieger wollte ich dem Lande dienen, mit dem mich Abstammung und Liebe unzertrennlich verbanden. Es waren ernste, schwere und doch schöne Zeiten, die tief mein jugendliches Gemüt beeinflußten und mich mein bestes Ich entdecken ließen.

Nun war ich vorerst Soldat. Auf dem Flugplatz Dübendorf hieß es den Tatendrang mit Wachestehen, Karettenschieben und Rasenziegellegen stillen. Ich ließ mich aber nicht unterkriegen. Und wenn die andern, froh der Tagesarbeit entronnen, des Abends dem «leiblichen Wohle» frönten, dann zog es mich hinaus auf die umliegenden flachen Höhen des Greifensees, wo der Anblick der im Glanz der Abendsonne sich spiegelnden Schneeberge mir immer wieder neuen Lebensmut gab. Mit meinem Fahrrad entdeckte ich in der freien Zeit immer neue, mir noch unbekannte Gegenden des Vaterlandes, wobei die mich stets begleitende Karte mir Hilfe und Lehrer war. Bald kannte ich jeden Winkel, entzifferte die vielen Berghäupter in der weiten Runde und bereitete mich so fast unbewußt auf meinen zukünftigen Beruf vor.

Damals war jeder Aufstieg eines Flugzeuges für uns ein Ereignis, dem man mitten aus der Arbeit heraus mit gespanntem Interesse folgte. Zwanzig Tage war ich bereits bei der Fliegerabteilung, die aus den Piloten Bider, Comte, Durafour, Quendet, Parmelin, Burri, Lugrin, Grandjean, Pillichody und deren Kommandant Hauptmann Real bestand, als der Tod von neuem unter den Piloten nach einem Opfer suchte. Marcel Lugrin, der zu den Besten zählte, stürzte vor unseren Augen, wahrscheinlich wegen Versagens der Steuerung, in einer Vrille aus 1000 Meter Höhe ab. Atemlos, mit klopfendem Herzen rannten wir hinaus zu den Hügeln von Gfenn, hinter denen der junge, lebenslustige Kamerad in seinem Blute lag. Schon wieder triumphierte der Tod über das vermessene Völklein der Flieger, stand er zum zweiten Male in kurzer Zeit in unheimlicher Nähe und Größe vor uns.

Auch dieses Unglück konnte mich nicht von meinem Vorhaben ab-

8

bringen, und bald folgte ein Ereignis, das alle Bedenken und Schatten weit überstrahlte und mir heute noch in so frischer Erinnerung steht, als ob es erst gestern geschehen:

Mein erster Flug

mit Henri Pillichody am Steuer auf einem französischen Farman-Doppeldecker. Fliegerhauptmann Real gab mir für diesen ersten Flug die Aufgabe, die Batteriestellungen auf dem Holberg bei Kloten aus 1000 Meter Höhe zu photographieren. Der Auftrag war klar und einfach, die Ausführung aber, wenigstens damals, bedeutend schwieriger. Wohl besaß die Abteilung einige Fliegerkameras, die aber mehr unförmigen Handkanonen glichen und praktisch wegen der mangelnden Lichtstärke und Schärfe unbefriedigende Resultate ergaben. Mit meiner eigenen Contessa-Nettel-Schlitzverschlußkamera, deren Balgen ich durch eine Holzverschalung vor dem Eingedrücktwerden durch den rasenden Propellerwind schützte, kletterte ich am frühen Morgen des 11. Juni in den ganz vorn gelegenen Beobachtersitz, durch dessen luftige Verkleidung der grüne Rasen schimmerte.
Pillichody gibt Vollgas, wir hüpfen über den Platz, und jetzt lösen wir uns von der Erde, so sanft und unmerklich, daß ich es kaum spüre – wir fliegen!… Ein grenzenloses Glücksgefühl erfaßt mich, ich hätte laut jauchzen können, wie hoch oben in den Bergen. Hangars und Häuser, dampfende Äcker und dunkelgrüner Wald rollen sich wie ein Filmband unter uns ab. Zum ersten Male sehe ich die Welt von oben, die mir in meiner weiteren Fliegerlaufbahn auf diese Weise besser als anders in ihrer ungeheuren Größe bekannt wurde. Wir drehen; nach einigen Kurven ist meine Orientierung schon vollständig dahin, obwohl ich mir während der vorangegangenen Nacht im wachen Halbschlaf jede Einzelheit der Karte einzuprägen versucht hatte. Wir sind wohl etwa 600 Meter hoch, als Freund Pillichody, der dicht vor mir am Steuer sitzt, hinunter auf einen Hügel deutet, wo sich scharf eingeschnittene Batteriestellungen abheben. Jetzt neige ich mich weit über

9

den Rand meines Sitzes und nehme mit den verschiedensten Belichtungszeiten etwa ein halbes Dutzend Bilder auf. Ich will sicher sein, wenigstens etwas Brauchbares auf die Platte zu bringen; denn an Erfahrungen über Luftphotographie stand mir damals noch nichts zur Verfügung.

Plötzlich geht ein heftiges Schütteln durch die leichten Gestänge unseres Farman. Der Motor setzt aus, und bald steht der Propeller still. Unser Blut stockt für einige Sekunden. In sausendem Gleitflug schießen wir dem Exerzierplatz von Kloten zu, in eleganten Kurven meistert Pillichody seinen großen Vogel. Noch ein Sprung über Bäume und Sträucher – und heil und ganz stehen wir jetzt auf der grünen Wiese, umgeben von rasch herbeieilenden Artilleristen. Die erste Notlandung – der Schrecken des Fliegers – ist glücklich verlaufen.

Einige der Aufnahmen waren trotz der schwachen Morgenbeleuchtung scharf und brauchbar, mein Ruf als Fliegerphotograph damit begründet. Mit Freude und Begeisterung arbeitete ich in der Folgezeit in der Dunkelkammer an besseren Entwicklungsmethoden, um vor allem die Kontraste härter herauszubringen.

Im Frühjahr 1916 rückte ich als Unteroffizier wieder in Dübendorf ein und leitete die photographische Abteilung. Verschiedene kleinere Flüge über Zürich und dessen Umgebung weckten in mir den Wunsch nach größeren Alpenflügen. Wie jubelte mein Herz, als Hauptmann Real meiner Bitte willfuhr und mich mit Adjutant Quendet auf seinem berühmten Bleriot-Eindecker zum ersten Alpenflug kommandierte, der von Dübendorf aus angetreten wurde. Die nahen Glarner und Urner Alpen, deren Gipfel und Täler ich von früheren Bergfahrten bis in alle Details hinein kannte, lockten uns Flieger schon lange. Am 14. März fliegen wir früh morgens über den Greifensee zum obern Zürichseebecken. Das erste Morgenrot erglüht eben, als die stolzen Schneehäupter der Rauti- und Glärnischgruppe sich wie Kulissen vor unser Auge schieben. Plötzlich unterbricht ein Mißton das gleichmäßige eherne Singen unseres Rotationsmotors, die Tourenzahl des Propellers sinkt, und Quendet biegt in scharfer Kurve, dicht über den grausigen Abgründen des Wiggis vorbei, zurück nach Nordwesten.

Fünfundzwanzig Minuten später landen wir in raschem Gleitfluge wieder auf dem Flugfeld in Dübendorf, wo die Störung bald gefunden wird.

Doch was Quendet und ich damals erschaut hatten, ließ uns nicht ruhen. Der Motor wurde gründlich kontrolliert, die gebrochenen Ventilfedern, die die Ursache der Störung gewesen waren, ersetzt, und nachdem wir noch einige kleinere Probeflüge unternommen hatten, starteten wir am 29. März zur

Ersten Überfliegung der Glarner- und Urneralpen.

Es war ein herrlicher Vorfrühlingstag, als wir um 6.25 Uhr morgens, für drei Stunden Benzin an Bord, Dübendorf Richtung Innerschweiz verließen. Über Zug–Cham erreichten wir Luzern, dessen reizende Bucht ein zauberhaftes Blau widerspiegelte. Heftige Böen veranlaßten Quendet, umzudrehen und nicht weiter ins Gebirge vorzudringen, das immer erhabener und wuchtiger sich vor uns aufstaute. Über dem Zugerberg erreichten wir Einsiedeln, wo wir unterdessen, nach einer Stunde Flugzeit, die Höhe von 3000 Meter erklommen hatten. Nun winkte ich Quendet nach Süden. Über dem smaragdgrünen Klöntalersee, hart vorbei an den steilen Kalkwänden des Glärnischmassivs, hoch über den vielen Zacken der Freiberge, sichteten wir Elm. Hinter den flachen Schneebergen der Sardona und des Piz Segnes grüßte im goldenen Glanze der Gegenlichtsonne das Zackenmeer der Graubündner Alpen. Wir überflogen die Pyramide des Hausstocks und bald darauf waren wir hoch über dem hintersten Winkel des Linthals, wo Quendet wieder zurück nach Norden abdrehen wollte. Doch ich winkte ihm energisch nach Westen, wo die Eiswände und Gletscher des Claridengebietes aufleuchteten. Gebannt von jener faszinierenden Pracht ließ sich der sonst immer seine eigenen Wege gehende erfahrene Pilot von seinem jüngeren Schüler mitreißen. Quendet schwenkte wieder um nach Westen, hinein in die gigantische Berg- und Gletscherwelt, die zum ersten Male durch das Dröhnen eines Flugmotors

11

in ihrer erhabenen Ruhe gestört wurde. Ich kniete während der ganzen Zeit auf meinem engen kleinen Sitz dicht hinter dem Führer und arbeitete fieberhaft mit meiner Kamera, um möglichst viel von dieser Herrlichkeit einzufangen und den Erdgebundenen Kunde zu bringen von den Wundern der Natur. Trotz der beißenden Kälte in einer Höhe von 3500 Metern kam kein Kältegefühl auf; im Gegenteil, die körperlichen Anstrengungen, die für jede Aufnahme in diesem von allen Seiten offenen Flugzeug nötig waren, nur um sich gegen den rasenden Propellerwind aufrecht zu halten, trieben mir den Schweiß aus den Poren. Krampfhaft verstemmte ich meine Beine unter den Führersitz, damit ich nicht durch Fallböen aus meinem Sitz, über den ich noch hinausragte, hinausgeschleudert wurde. Die Folge war, daß die Muskeln bis zur schmerzhaften Anschwellung verzerrt wurden, so daß ich während der folgenden Woche wie ein Halblahmer herumhumpeln mußte.

Das breite Tödi-Massiv mit seiner grünlich schillernden Eiskappe – Scheerhorn, Düssistock, Großer Ruchen, Oberalpstock und die plattigen Nordwände der Windgällen – zog zum Greifen nahe unter uns vorbei. Wie rasch die Zeit vergeht! Schon waren wir wieder über dem Vierwaldstättersee, und mit gedrosseltem Motor kamen wir allmählich tiefer über die Rigi, den Zugersee zu den lieblichen Gestaden des Zürichsees. Nach zweieinhalb Stunden endete unser unvergeßlicher Flug mit der Landung auf dem Flugfeld Dübendorf.

Die photographische Ausbeute war für die damalige Zeit erstaunlich reich. Nun war meine Laufbahn gesichert.

Die Entwicklung der Fliegerabteilung machte immer mehr Fortschritte; Pilotenschüler wurden ausgebildet, und neue leistungsfähige Flugzeuge in den Dienst gestellt.

Aus diesem Jahre ist mir ein Flug über meine engere Heimat, den ich mit Freund Balz Zimmermann am 1. Mai absolvierte, heute noch in lebhaftester Erinnerung. Von Dübendorf flogen wir über St. Gallen, dann über die in einem duftigen Maigrün prangenden Molasseberge des Appenzellerländchens, über schmucke Dörfer und viele vereinzelt liegende Bauernhöfe, über das kühn gefaltete Säntisgebirge hinaus ins Rheintal. Über den Walensee, vorbei an den Zacken der sieben Kurfirsten, erreichten wir das Gasterland und ohne die geringste Störung wieder den Ausgangshafen, auch diesmal mit einer neuen Ausbeute von Photographien.

Das Photographieren aus den damaligen mit vielen Drahtseilen bespannten Flugzeugen war bei der schlechten Sicht jedesmal eine große Kraftanstrengung. Eine gesunde Konstitution erleichterte mir jedoch die Aufgabe. Vor allem das Feuer der Begeisterung ließ in mir nie das Gefühl einer Ermüdung aufkommen. Und wenn dann nach dem Fluge mit seinen unvergeßlichen Eindrücken beim roten Dunkelkammerlicht die Umrisse des eben Geschauten sich allmählich herauskristallisierten und feste Gestalt annahmen, wer dachte da noch an überstandene Strapazen? Ebenso reizvoll war das Entziffern und Bestimmen der Bilder; es prägte mir erst die Bergwelt mit ihren mannigfaltigen Formen für immer ins Gedächtnis.

Das Dienstjahr 1916 bei der Fliegerabteilung schloß mit einem Flug Dübendorf–Bern–Lausanne ab, der wieder unter der bewährten Führung Quendets stattfand. Einige Tage darauf wurde ich von Hauptmann Real in die Offiziersschule der V. Division nach Zürich kommandiert, wo Oberstdivisionär Steinbuch unser hervorragender Lehrer war.

Als junger Leutnant machte ich am 17.Februar 1917 die Bekanntschaft von Alfred Comte, der mit seinem fliegerischen Können und in seiner verwegenen Kühnheit mit Oskar Bider wetteiferte und gleich darauf neben diesem seine erfolgreiche Tätigkeit als Militärfluglehrer aufnahm. Tags zuvor hatte ich in Zürich meinen ersten Lichtbildervortrag über meine Alpenflüge vor einem zahlreichen Kreis von Bergsteigern des Alpenklubs und Mitgliedern des Aeroklubs gehalten.

Eigentlich war ich nur für den Beobachterdienst bei der Fliegertruppe ausersehen worden. Als aber für die neue Fliegerschule zu wenig Anmeldungen aus Offizierskreisen eingingen, erhielten alle Beobachterschüler eine Anfrage, ob sie geneigt wären, an Stelle dieser Schule das Pilotenexamen zu absolvieren. Diese Anfrage kam mir nun sehr gelegen, denn seit meinen ersten Flügen war der Wunsch in mir gereift, Pilot zu werden und damit die Geschicke meines Lebens selbst in die

Hand zu nehmen. Dem Adler gleich das Luftmeer zu beherrschen, klang nicht schon daraus allein eine berauschende Musik? Das beseligende Gefühl von Freiheit und Tatendrang fand später auf manch wundersamem Fluge, hoch über dem Lande der Mitternachtssonne, über den sonnendurchglühten Wüsten Asiens und über den geheimnisvollen Urwäldern Afrikas, seine höchste Steigerung und Erfüllung! Doch damals ging mein Gedankenflug noch nicht in jene fernen Weiten. Damals galt es vorerst das Handwerk des Fliegens zu erlernen. Zusammen mit zehn Kameraden rückte ich am 29.Mai 1917 in die Pilotenschule ein.

Unser erster Lehrmeister war Comte, der jeden Morgen und Abend mit unserm Trüpplein am Doppelsteuer seine Runden um den Flugplatz zog. Zuerst ging es mit meiner Ausbildung flott vonstatten.

Schon nach wenigen Flügen übergab mir Comte Seiten-, Höhen- und Tiefensteuer, die ich dank meiner Flugerfahrung in der Luft bald richtig zu bedienen wußte. Als wir aber an das schwierigste Problem des Fliegenlernens, an die Landung, schritten, überholten mich fast alle meine Kameraden mit einer rascheren Auffassung. Entweder zog ich zu früh das Höhensteuer oder aber rannte mit der Flugzeugnase in den Boden hinein. Doch verhütete Comte glücklicherweise kraft seines virtuosen Fliegergefühls die schlechten Landungen, griff im letzten Moment in das Steuer und verwandelte die sonst unfehlbar zu hoch führende Schullandung in eine kunstvolle, sanfte Meisterlandung. Nach über hundert Flügen war ich endlich so weit, daß Comte sich, wenn auch sorgenvollen Herzens, entschloß, mir die alleinige Führung des Flugzeuges anzuvertrauen. Der große Moment jedes werdenden Fliegers, der erste Alleinflug, stand plötzlich vor mir, als Comte am 23.Juli morgens um 7 Uhr nach zwei Doppelsteuerflügen ausstieg, um mich nun allein starten zu lassen.

Der erste Alleinflug

Welche Gefühle stürzten plötzlich auf mich ein! Eine Freude, die mir fast den Atem raubte, daneben eine ungeheure Spannung und Neugierde, ob ich auch die unerläßlichsten Eigenschaften eines Fliegers, Ruhe und Kaltblütigkeit, bewahren würde, kamen mit Allgewalt über mich. Ich war mir klar bewußt, daß eine außerordentliche Konzentrationsfähigkeit zum Meistern des Flugzeugs gehört und daß keine Nebengedanken, wie falscher Ehrgeiz, Rekordsucht oder ein leichtsinniges Spielen mit der Gefahr, in mir Raum gewinnen dürfen, daß aber auf der anderen Seite allzu große Ängstlichkeit und Vorsicht mich nicht zum Ziele bringen könnten. Nun würde es sich zeigen, ob ich die Eignung zum Piloten besitze, und ob ich auch in heiklen Situationen, meiner eigenen Initiative überlassen, durchhalten könne.

All diese Gedanken durchzuckten mein Hirn mit Blitzesschnelle in den wenigen Augenblicken, die mir vor dem Alleinstart noch blieben. Doch als ich dann wirklich allein Vollgas gab, überkam mich mit dem ehernen Dröhnen des Motors eine herrliche Ruhe und Sicherheit, die durch die innere Begeisterung beflügelt wurde. Der Start war gerade und korrekt. Leicht erhob ich mich mit meinem Apparat vom Erdboden weg, hinauf über das Ende des Flugplatzes, wo ich in etwa fünfzig Meter Höhe die erste Kurve nahm. Ein beseligendes, befreiendes Losgelöstsein von aller Erdenschwere breitete sich in mir aus, ich fühlte mich als Lenker nicht nur meiner Maschine, sondern meines Schicksals und eins mit meinem Stahlvogel. War es wirklich das erste Mal, daß ich allein flog? Der letzte Rest von Spannung fiel von mir ab und immer jubelnder wurde es in mir, je höher ich stieg. Die Luft war ruhig, keine Böe störte den Flug. Nicht aus Übermut, sondern weil meine unbändige Freude sich irgendwie Luft schaffen mußte, trällerte ich ein Lied vor mich hin, das sich jedoch im Motorlärm verlor.

Schon liegt der spitze Kirchturm von Wangen 200 Meter senkrecht unter mir. Ich hole weit über Brüttisellen aus und stelle nach der zweiten Kurve den Motor ab. Tiefensteuer-Ausschlag nach vorn – der Bug senkt sich in den drohenden Abgrund, und im Gleitflug eile ich über die vielen spitzen Tannengipfel, dann dicht über die Dächer der Flugzeugschuppen dem Landungsplatz zu. Nah über dem Rasen wird das Höhensteuer gezogen. Die Maschine schwebt etwa einen halben Meter hoch ihre große Geschwindigkeit aus. In noch zu großer Fahrt ziehe ich fälschlich zu früh das Höhensteuer vollends an mich. Der Vogel bäumt sich, macht einen Sprung aufwärts, um dann plump auf dem Boden mit lautem Aufschlag durchzusacken. Eine verbogene Fahrgestellachse war das Ergebnis meiner ersten, gewiß nicht «klassischen» Landung, und erst nach Dutzenden von Alleinflügen ergründete ich allmählich das Geheimnis einer guten sanften Landung.

Die große Sensation war nun vorüber und damit ließ auch die Spannung meiner Nerven nach. Doch jede künftige mißglückte Landung konnte mein Stimmungsbarometer auf Tief drücken, während ein gelungener Flug freudig in die Aktiven des Fortschrittes gebucht wurde. Nach etwa zwanzig Schulflügen, die wir noch unter der Aufsicht von Comte ausführten, übernahm nun Oskar Bider unsere fliegerische Weiterausbildung. Wir siedelten mit unseren zwei Wild-Doppeldekkern nach dem nahen kleineren Flugfeld Spreitenbach im Limmattal über, wo nun an jedem ruhigen Morgen und Abend fleißig geflogen wurde, bis wir alle am 27. September das Internationale Zivilbrevet absolvierten. Um dieses zu erlangen, hatte man damals eine Achterschleife, deren Kreise fünfmal in einem Abstand von 500 Meter zurückgelegt werden mußten, auszuführen. Darauf folgte eine Ziellandung mit abgestelltem Motor aus vierhundert Meter Höhe. Wir alle bestanden diese Prüfung unter der strengen Kontrolle Oskar Biders und einiger Sportkommissäre des schweizerischen Aeroklubs und waren nun stolz, der gefeierten Zunft der Flieger anzugehören.

Den ganzen Herbst über wurde fleißig trainiert. Kleinere Überlandflüge kamen dazu, die unsere Sicherheit und vor allem das Zutrauen in unsere Fähigkeiten außerordentlich hoben.

Die ersten größeren Flüge

Am 9. September 1917 flog ich mit Comte auf einem Langrumpfapparat über die Ostschweiz rheintalaufwärts zum Gotthard, vorbei an den Gletschern der Berner und Walliser Alpen, rhonetalabwärts nach Lausanne, von wo nach Benzinaufnahme am Nachmittag der Rückflug über das schweizerische Mitteland bei heftigen Gewittern angetreten wurde. Damals lernte ich, wie der Flieger den gefürchteten Gewittern aus dem Wege gehen kann. Comte schlängelte sich immer um die Ränder der Gewitterzonen herum, während rechts und links von uns leuchtend die Blitze aus schwarzen Wolkenwänden zuckten. Da das Flugzeug bekanntlich zwei- bis dreimal rascher als die ziehenden Gewitterwolken ist, so kann der Flieger, der die Augen offen hält, mit Leichtigkeit diesen entgehen. Auf diese Weise erreichten wir in anderthalb Stunden Dübendorf, wo eben ein sintflutartiger Regen niedergegangen war, während wir selbst keinen Tropfen Naß verspürt hatten. Wie ganz anders war es doch im Winter 1927, als ich mit der «Switzerland» die tropische Regenzone des Viktoria Nyanza traversierte! Obwohl ich dort nur für einige Minuten etwas zu nah an einem Gewitterrand vorbeiflog, um keinen allzu großen Umweg zu machen, so genügten wenige Augenblicke, um unsere Metallkabine in eine Badewanne zu verwandeln.

Mit einem Engadiner Flug am 2. Oktober mit Leutnant Frischknecht am Steuer endigte die erfolgreiche Flugsaison 1917. Unvergeßlich wird mir der tiefe Eindruck bleiben, den die auf diesem Fluge beobachteten wundervollen segantinischen Farben und die eigenartige Wirkung der scharfen Gegensätze zwischen Licht und Schatten auf mich machten. Jedesmal, wenn ich später von den Höhen des Juliers im Gleitflug in das sanfte grüne Hochtal mit seinen drei lachenden blauen Bergseen hinunterstieß, tauchten die Erinnerungen an die erste Landung in Sils Maria in mir wieder auf. Da einige Tage nachher der erste Schnee fiel, war an einen Rückflug über die nebelverhängten Berge nicht zu denken, so daß wir unsern Vogel abmontieren und in St. Moritz der Rhätischen Bahn übergeben mußten.

Unsere Ausbildung auf der Fliegerschule neigte sich nun ihrem Ende zu. Neben verschiedenen Prüfungen, Ziellandungen, Spiralgleitflügen und Außenlandungen auf improvisierten Flugplätzen mußten wir noch einen längeren Höhen- und Überlandflug absolvieren, um das eidgen. Militärbrevet zu erlangen. Dafür wurde von Bider der 4.Januar 1918 ausersehen, ein klarer, doch furchtbar kalter Tag. Wie stolz war ich damals, als mir mein Meister eine Gebirgsroute für meinen Brevetflug vorschrieb! Im stillen hatte ich mir einen solchen immer erhofft, doch als Soldat wagte ich nie diesen Wunsch zu äußern. Bider kannte meine Passion für die Berge, teilte er sie doch mit mir.

Mein erster Alpenflug als Pilot

war der Wendepunkt in meiner Fliegerlaufbahn. Hatte ich bis jetzt immer als Passagier und Beobachter die Alpen überflogen, so war ich nun fortan selbst am Steuer und suchte auf den Hunderten von späteren Flügen jeden verborgenen Winkel der Alpen zu ergründen; eine systematische Flug- und Photoarbeit begann.
Mit dicker Pelzkombinaison – im Flugzeug zwei Registrierbarometer aufgehängt – die Karte mit der rot eingezeichneten Fluglinie vor mir aufgeschlagen – so ausgerüstet flog ich um ein Uhr nachmittags nach Westen ab. Die Landschaft unter mir lag in einem weißen, flaumigen Schneegewande. Dunkel hoben sich als intensiv schwarze Flächen die Wälder ab. Über Bremgarten–Lenzburg–Aarau–Sempachersee erreichte ich den in seinen stilleren Winkeln bereits eingefrorenen Vierwaldstättersee und bog nun über die trotzigen Kalkfelsen des Pilatus nach Osten ab. Eine heftige, doch konstant wehende Bise trieb mich immer mehr in die Unterwaldner Berge hinein. Auf Steuerbord zogen zum Greifen nahe die Wände des Urirotstocks und der Gitschenstöcke vorbei, während tief unten, schon im Schatten des kurzen Wintertages, die Umrisse des Urnersees zu erkennen waren. Nach anderthalb Stunden hatte ich 3700 Meter Höhe erreicht. Es war so kalt, daß jeder Mundhauch sich als fein kristallierte Eisschicht im Gesicht nieder-

schlug. Aus der Nase wuchsen nach und nach zwei Eiszapfen und verbanden sich mit der zusammenhängenden Eiskruste am Kinn. Trotz der dicken Pelzbekleidung drang die Kälte durch Mark und Bein, doch das gleichmäßige Brummen des Motors und die feinen Vibrationen erwärmten mich wieder von Zeit zu Zeit. Ja, damals träumte ich mir noch nicht, daß ich neun Jahre später am selben Tage und zur gleichen Stunde, nur mit Badehosen bekleidet, in tropischer Hitze über Afrikas Urwälder der Quelle des Nils zufliegen würde. Mit einem Wasserflugzeug, das in fünfzig Flugstunden von den heimatlichen Schneebergen den Weg zum Äquator gefunden hat!

Nun bog ich wieder zurück nach Norden und überflog den vollständig zugefrorenen und leicht überschneiten Lowerzer- und Ägerisee, um zweieinhalb Stunden später über Einsiedeln auf dem heimischen Flugplatz zu landen. Von den sieben meiner Kameraden blieben wegen Motorstörungen und heftiger Gegenwinde drei auf ihrer Strecke liegen. Wir waren ernstlich besorgt um sie und freuten uns, als bei Nachtanbruch die Nachrichten kamen, daß alles gut abgelaufen sei.

Mit diesem meinem ersten Alpenflug wurde alles das Vollendung, was mein erster Alleinflug an Wünschen und Sehnen noch offen gelassen hatte. Nun erst war ich wirklich auf dem Gipfel meines Glückes angelangt, war am Ziel meiner heißesten Wünsche. Die Träume meiner Jugend hatten sich erfüllt, das große Erlebnis des Tages übertraf sogar noch deren Phantasie. Noch mehr als bei meinem ersten Alleinflug fühlte ich hier das Angewiesensein auf die eigene Kraft. Mit sich selbst und der stummen und doch so beredten gewaltigen Natur zu ringen, ihr sogar ein Schnippchen zu schlagen, ist dies nicht eine Aufgabe, bei der wir über uns selbst hinauswachsen und wobei alles Kleinliche, Schwächliche und Häßliche unseres Erdendaseins abgestreift wird?

Am 12. Januar wollten Comte und ich das Massiv der Berneralpen von Nord nach Süd traversieren. Doch die Wettersituation mit starken südlichen Höhenwinden ließ unsere Maschine nicht höher als 3800 Meter steigen. Als wir von Dübendorf aus nach einer Stunde, vom Brünig kommend, über Lauterbrunnen dem Jungfraujoch zusteuerten, da er-

faßten uns plötzlich furchtbare Fallwinde, die sich von den fahl glänzenden Eisgraten des Mönchs und der Jungfrau wie eine Meute gieriger Wölfe auf uns stürzten. Beinahe wäre mir damals die schwere
Fliegerkamera in die Tiefe entglitten. Hätte ich mich nicht krampfhaft
beim jähen Fall an der Bordwand festgeklammert – ich wäre vielleicht
ohne das Flugzeug «weitergeflogen».

Hier bekam ich den ersten Begriff, was die Fliegerei in den Alpen für
Anforderungen an den Piloten, aber auch an die Maschine stellt. Wir
waren nun plötzlich unheimlich nahe unter den Felsen des Jungfrau-
jochs, jenes wilden grandiosen Felsenzirkus, wo die Eiswände Tausende von Metern beinahe senkrecht in die Tiefe stürzen. Geschickt
parierte Comte die schweren Sturzböen, und als er die Herrschaft
über seine Maschine wieder erlangt hatte, drehte er aus dem Höllenkessel heraus nach Norden.

Unverrichteter Dinge mußten wir uns wohl oder übel zum Rückzug
entschließen. Mit unserer schwachen Maschine waren an jenem Tage
die wilden Elemente nicht zu besiegen. Wir schwuren Rache, und zwei
Monate später, am 11. März, flogen wir mit der gleichen Maschine,
diesmal vom Matterhorn kommend, den langen Aletschgletscher aufwärts in nur 100 Meter Höhe bei absolut ruhiger Luft ohne die geringsten Schwankungen über das Jungfraujoch nach Thun. Dieser herrliche Flug hatte leider für meinen Führer ein unangenehmes Nach-
spiel. Von der Generalstabsabteilung wurde in der damaligen Kriegs-
zeit eine bestimmte Inlandzone den schweizerischen Militärfliegern
vorgeschrieben, über die hinaus nicht geflogen werden durfte. Die tiefen Furchen des Rhein- und Rhonetals bildeten die südliche Begren-
zung. Doch im Taumel der Begeisterung über das immer stolzer und
kühner aus dem Gipfelmeer der südlichen Walliser Alpen sich empor-
schwingende Matterhorn vergaßen wir beide, daß auch in der Luft
droben Grenzen gesteckt worden sind. Comte überflog auf eigene
Verantwortung bei Visp das Rhonetal und wandte sich nun hinein ins
Nicolaital. Eine Zeitungsmeldung der Depeschenagentur aus Brig
alarmierte den Generalstab in Bern, wonach ein fremdes Flugzeug in
großer Höhe das südliche Wallis überflogen hätte. Die eingeleitete

Untersuchung ergab dann bald, daß das fremde Flugzeug nichts anderes gewesen sein konnte als unser Vogel, den das Matterhorntal unwiderstehlich angelockt hatte. Man hatte damals beim Militär naturgemäß für solche «Extratouren» kein Verständnis und Comte blieb im Arrest Muße, über den verbotenen Flug und seine Folgen gründlich nachzudenken, wobei ihm meine vielen schönen Bilder das Bußetun nicht allzuschwer machten.

In vier Stunden hatten wir damals den schönsten Teil unserer Alpen überflogen, in einer Route, die ich später dutzende Male mit fünf bis zehn begeisterten Passagieren in drei Stunden mit Verkehrsflugzeugen absolvierte.

Oftmals kam es vor, daß an einem schönen Sommertag am Morgen und am Abend dem Matterhorn eine Flugvisite gemacht wurde. Einmal hatte ich in der fünfplätzigen Kabine lauter «Herren Meier», ein andermal nur Vertreterinnen des schwachen Geschlechts, von denen jedoch schon die Hälfte trotz ihrer «Schwachheit» den Gipfel als kühne Bergsteigerinnen mit den Genagelten erklommen hatten. Und wie leuchteten die Augen aller meiner Passagiere, die mein Vogel in anderthalb Stunden mitten aus dem werktätigen Schaffen zu solch einzigartigem Naturerleben geführt hat! Ich sehe sie im Geiste alle vor mir, meine Passagiere: den deutschen Flachländer, der mit den Lippen unaufhörlich das Wort «wunderbar» stammelt – den kühlen Amerikaner, der sprachlos und schweigend anerkennt, daß noch etwas Höheres als nur Geldverdienen auf der Welt den Menschen tief beglücken kann. Und welch ein Widerschein von Freude strahlt aus dem ehrwürdigen Gesicht des achtzigjährigen Greises, der in geistiger Frische dank den Wundern der Technik seine geliebten Berge auf eine neue Art und Weise erlebt. Hunderte von diesen Glücklichen kehrten begeistert, gleichsam wie von einer langen weiten Reise, wieder in den Alltag zurück. So ist es auch den Menschen, die aus eigener Kraft die Berge nicht ersteigen können, vergönnt, die Wunder der Alpenwelt aus nächster Nähe zu erschauen.

Seit Mai 1918 war das reizende Städtchen Thun an der Pforte des Berner Oberlandes der Ausgangspunkt meines neuen Tätigkeitsgebietes. Welch ein Eldorado, geschaffen für einen passionierten Alpenflieger! In strahlender Frühlingssonne prangten in ihrer unvergleichlichen Unberührtheit die Gipfel der Berner Alpen. Die Hoffnung, mit dem mir zugeteilten Militärflugzeug auch in ihre nebelverschleierten Geheimnisse einzudringen, sollte sich bald erfüllen. Jeden Tag wurde von der Großen Allmend mit Beobachteroffizieren, die dabei in die Kenntnisse der Funkentelegraphie eingeweiht wurden, zu Übungsflügen aufgestiegen. Dicht vorbei an den saftiggrünen Alpenweiden und trotzigen Kalkwänden der Stockhorn- und Niesenkette über die Eisberge der Blümlisalp, Jungfrau- und Wetterhorngruppe führten mich kürzere und längere Flüge. Als Neuling in alpinen Flugexkursionen suchte ich dabei wohlweislich die frühesten Morgenstunden und die ruhigsten Wettersituationen aus, um keine unangenehmen Überraschungen mit den relativ immer noch schwachen Flugzeugen zu erleben. Ich fühlte deutlich, daß meine Fliegerkunst noch nicht allen Situationen in den Alpen gewachsen sei.

Die Luft war an jenen Tagen so ruhig, daß wir wenige Meter hoch über die Gipfel der Jungfrau, des Finsteraarhorns und wie sie alle heißen, dahingleiten konnten, ohne auch nur von der leisesten Böe gestört zu werden. Dies war der glückhafte Anfang meiner eigenen Fliegertätigkeit im Hochgebirge, der mein Selbstbewußtsein von Flug zu Flug steigerte und bald eine wohltuende Sicherheit über mich kommen ließ. Einige Flüge über die heimatlichen St. Galler und Glarner Alpen beschlossen diesen verheißungsvollen Beginn. Während so meine Entwicklung stetig und ruhig voranschritt, empfand ich doppelt kraß den Gegensatz zwischen dieser friedlichen Arbeit und den verheerenden Forderungen, die der Weltkrieg unerbittlich an die Aviatik stellte. Tod und Verderben mußte sie über Kämpfer und Friedliche ausspeien, als gäbe es sonst kein anderes Ziel für sie.

Mit dem Ende des Weltkrieges wurden auch wir Militärflieger aus unseren Diensten entlassen. Nun trat die Notwendigkeit an mich heran, mir eine Erwerbstätigkeit im Zivilleben zu suchen. Mit Hilfe eines deutschen Flugzeug-Industriellen gründeten mein Freund Alfred Comte und ich die erste Fluggesellschaft mit Sitz in Zürich, die sich

vornehmlich die Luftphotographie und die Ausführung von Passagierflügen als Ziel steckte. Wir erhielten durch unseren deutschen Gesell-
schafter aus dem liquidierten Heeresbestand der deutschen Armee
drei Beobachterflugzeuge: Type L.V.G. mit Benzmotor von 200 PS,
sowie ein Condor-Jagdflugzeug, mit dem Comte bald überall durch
seine virtuose Luftakrobatik berechtigtes Aufsehen erregte und viel
dazu beitrug, die Aviatik populär zu machen. Zahlreiche Photoflüge
über die gesamten Schweizer Alpen führte ich nun mit Comte als Führer systematisch aus. Tausende von Kilometern legten wir im ersten
Betriebsjahre unserer jungen, immer noch mit finanziellen Schwierigkeiten kämpfenden Gesellschaft zurück. So begründeten wir in diesen schweren Nachkriegszeiten durch unermüdliches Schaffen und zu-
kunftsfrohe Begeisterung die kommende Zivilaviatik, die sich seitdem
dank der Opferfreudigkeit von weitsichtigen Finanzmännern und dem
Verständnis der Behörden zu einem wirtschaftlichen Faktor im Ver-
kehrswesen entwickelt hat.

Mitten in unsere friedliche Tätigkeit fiel die in der ganzen Schweiz
katastrophal wirkende Botschaft von dem unglückseligen Todessturz
unseres vielbewunderten Kameraden und Meisters Oskar Bider. Ihn,
der auf der Höhe seines Fliegerruhms stand, dessen Popularität so
groß war, daß für jedes Kind ein vorbeiziehendes Flugzeug ohne weiteres ein «Bider» war, dem es begeistert zujubelte, auch ihn ereilte der
Fliegertod! Im Interesse der Aviatik und der Wahrheit selbst mußte
man sich fragen, ob es ein momentanes Versagen der physischen
Kräfte oder vielleicht eigener Wille und Absicht war, was den Künstler
in seinem Reich zu Fall brachte. Welches nun die entscheidende Ursache war, darüber lastet das ewige Geheimnis. Der 7.Juli 1919 war
ein harter Schlag für die junge, noch kaum auf eigenen Füßen stehende
Zivilaviatik. Der Bezwinger der Pyrenäen und der Alpen wurde durch
sein eigenes Schicksal besiegt.

Doch Comte und ich ließen uns durch dieses tragische Ereignis nicht
entmutigen. Am 18.Juli überflogen wir als Erste von Zürich aus die
silberglänzenden Eisdome der Bernina- und Mte. della Disgrazia-
Ketten hoch über dem seengeschmückten Engadin und dem weinge-

segneten Veltlin. Wir landeten nach zweistündigem Fluge inmitten der buntblühenden Bergflora der Samadener Campagna. Über hundert gelungene photographische Aufnahmen aus dem weiten Reich der Lüfte waren das erfreuliche Ergebnis.

Noch manchen herrlichen Flug führten wir in jenem Jahre aus, so über die Walliser Alpen und den Mont Blanc; darauf folgte die erste Traversierung von Lausanne über die Walliser- und Tessinerberge nach Bellinzona und von dort bei schlechtem Wetter über den Greinapaß und die Glarner Alpen zurück nach Zürich.

Unterdessen hatte sich während des vergangenen Winters eine neue Luftverkehrs-Gesellschaft Ad Astra konstituiert, deren Gründer u.a. Oberleutnant Oscar Bider, Rihner, Pillichody und Frick sowie Oberst Edwin Schwarzenbach waren. In Zürich, Locarno und Lugano wurde der Passagierverkehr mit italienischen «Macchi»-Flugbooten aufgenommen. Im Frühjahr 1920 vereinten Comte und ich uns mit dem kapitalkräftigeren Unternehmen, wobei wir beide uns vornehmlich mit Ausführung von Alpenflügen und Luftphotographie beschäftigten.

Das Jahr 1920 sah mich nun bei der Ad Astra als Luftphotograph auf den verschiedensten Stationen tätig, bei welcher Gelegenheit ich auch die Wasserfliegerei kennenlernte. Es war dies eine neue reizvolle Beschäftigung, die dank der Sicherheit, welche ein Wasserflugzeug bietet, solange es sich über dem Seegebiet befindet, uns Aufnahmen aus sehr geringer Höhe gestattete. Sie waren ganz besonders für architektonische Studien geeignet. Aber auch größere Alpenflüge, sogar weit über die Alpen hinaus, weit von der Sicherheit bietenden Wasserfläche entfernt, wurden unternommen. Der schwierigste und riskierteste von ihnen war unstreitig derjenige mit Pillichody am Steuer, der mich am 21. Juli von Lugano über die Tessiner- und Walliseralpen, vorbei am Monte Rosa und Matterhorn, nach Genf brachte. Wir beide waren uns damals absolut bewußt, daß bei einer Motorpanne in den Alpen nicht nur unsere Maschine, sondern auch unser Leben auf dem Spiel stand. Doch der Zweck dieses Fluges war, die soeben fertiggestellte Maschine, die in Varese gebaut worden war, auf dem Luftweg nach ihrer neuen Basis, Genf, zu überführen. Die Konstruktion der «Macchi»-Flugboote war derart, daß der Motor über unsern Köpfen zwischen den beiden Tragflächen eingebaut war. Bei einer Notlandung – im Moment des Anpralls auf der Erde – war die Wahrscheinlichkeit groß, daß das Gewicht des 350 kg schweren Motors die Kabine und damit auch uns erdrückt hätte.

Schon morgens um fünf Uhr starteten wir nach einem abziehenden Gewitter, das sich in der Nacht über die Gegend von Lugano entladen hatte, von unserer Wasserstation. Allmählich schraubten wir uns über dem vielverzweigten Seebecken, über dem immer kleiner und nichtiger werdenden San Salvatore in die Höhe. Nach einer Viertelstunde hatten wir eine tiefliegende, immer mehr sich lockernde Wolkenschicht unter uns, und bald umflutete uns der Frührotschein der Sonne. Ein grandioses Wolkenmeer, das sich über die ganze Po-Ebene erstreckte, breitete sich um uns aus. Weit im Süden erkannte man die höchsten Kämme des Apennin; im Norden reckte sich wie eine drohende Mauer der in klares Morgenlicht getauchte Alpenwall empor. Über Domodossola, die Mte. Leone-Kette stiegen wir höher und höher, um lokalen Windströmungen auszuweichen. Gewaltiger als ich von meinen Bergtouren die Monte Rosa-Ostwand kannte, kam uns diese größte Eiswand Europas immer näher, drohender entgegen. Als wir um halb sieben Uhr ihre scharfen Eisgrate überflogen und der Blick an den schaurig zerfurchten Eiscouloirs vorbei in die ferne Tiefe glitt, da setzte unser Motor einige Male aus. Für Sekunden stockte uns das Blut in den Adern. Wir spähten, gleich Habichten auf ihre Beute, nach geeignetem Landungsterrain. Wohl hätten wir auf den vor uns auftauchenden flachen Gletscherplateaus unsere größte Fluggeschwindigkeit im horizontalen Gleitflug abbremsen und vielleicht auch unversehrt landen können; auf jeden Fall aber wäre ein Start in dieser Höhe und auf diesem Terrain nicht möglich, ein Abtransport kaum durchführbar gewesen. Doch als dann gleich darauf der Motor glücklicherweise wieder seine Schuldigkeit tat und wir am stolzen Felsenturme des Matterhorns vorbeiflitzten, da waren angesichts der Größe und des Glanzes dieser wilden Hochgebirgsnatur mit einem Schlage alle ängstlichen Bedenken wie weggeweht. Mit Leichtigkeit bestimmte ich alle die vielen stolzen Gipfel in der Runde und bannte ihre Erscheinungen auf meine Platten. Am Südgrat der Dent-Blanche vorbei, deren formvollendete Pyramide aus brodelnden Wolkenballen kühn und edel emporragte, traversierten wir die wildromantisch umrahmten saftiggrünen Täler der Borne und der Drance. Hinter uns erhob sich das mächtige Gletschermassiv des Grand Combin immer höher, je mehr wir nun mit gedrosseltem Motor in die Tiefe glitten. Nach zweistündigem Flug hatten wir das Rhonetal bei Martigny erreicht. Wir befanden uns von nun an über dem Flußlauf der Rhone, die unsere sichere Basis bei einer Störung unseres Motors gewesen wäre. Doch der gab uns nun keine Veranlassung zur Beunruhigung mehr: gleichmäßig und wie ein Uhrwerk arbeitete er, lieferte seine 250 PS an den Propeller, dieses verhältnismäßig kleine Holzblatt, das unseren tonnenschweren Vogel durch den Äther zog.

Über dem Genfersee glitt Pillichody nun ganz in die Tiefe hinunter, so daß wir fast mit den Kirchenspitzen der unter uns vorbeiziehenden Dörfer und Städtchen in Berührung kamen. Nach der blendenden Lichtfülle der Gletscherwelt nun das matte Blaugrün der Weinberge – dazu das unsagbar lichte Blau der glatten Wasserfläche des Genfersees, in dem sich die Zacken der Dent du Midi und der Savoyer Alpen spiegelten. Welch wohltuender Farbenkontrast! Noch nie habe ich die einzigartige Schönheit unserer romanischen Schweiz mit ihren sympathischen Bewohnern so sehr in mein Herz aufgenommen wie bei jenem Fluge. Die Spannung der Alpentraversierung lag hinter uns; ein wohltuendes, restloses Genießen der Formen und Farben ergriff uns; ein wahrer Freudentaumel über die Fülle von Schönheit drohte uns zu überwältigen. Wie viel solcher unvergeßlicher Augenblicke habe ich auf meinen spätern Flügen draußen in der weiten Welt erlebt, wenn ich über rauhe, unbewohnte Gebirge die Ufer der Meere erreichte und dann das Gefühl des Geborgenseins und der Ruhe nach Stunden schweren Kämpfens mich überkam. Wer nie sein Leben aufs Spiel gesetzt hat, wer geflissentlich allen kritischen Situationen aus dem Wege geht, der wird auch nie ein rechter Flieger werden, wird nie über den Durchschnitt emporsteigen. Nur wer ehrlich mit den Elementen, mit den Tücken des Schicksals den Kampf aufnimmt, der wird von den geheimsten Tiefen der Seele zu ihren höchsten Triumphen emporgehoben, gleich dem Flugzeug, dessen Motor es zu Licht und Sonne himmelhochstürmend drängt.

Um die Aviatik populärer zu machen, veranstalteten wir während der Sommersaison zahlreiche Flugtage auf improvisierten Flugplätzen. Wohl der schönste und für mich nachhaltigste war der vom 1. und 2. Oktober der ersten Glarner Veranstaltung auf der Allmend in Mollis, inmitten einer großartigen alpinen Landschaft. Mit einem modernen Junkers-Ganzmetallflugzeug für fünf Passagiere und einem L.V.G.-Doppeldecker wurden in diesen Tagen über hundert begeisterte Passagiere über die Glarner Alpen geflogen. Dabei war das Wetter von herrlicher durchsichtiger Klarheit. Die Berge in der Runde leuchteten in ihren zartesten Farben. Die Luftverhältnisse waren so ruhig, daß wir Piloten unbedenklich ganz nah an den herbstlich gefärbten Bergwäldern, an Graten und Gipfeln vorbeifliegen konnten. Neben kleineren Flügen habe ich mit meinem dreiplätzigen Vogel zehnmal in einer Halbstunde den Tödi, das Clariden- und das Hausstockmassiv überflogen. Die Begeisterung der ersten zurückgekehrten Flugpassagiere ging auf die Zweifelnden und Ängstlichen wie ein unsichtbares Fluidum über. Die Schönheit des Bergherbstes, der glatte Verlauf aller Flüge bewog den Furchtsamsten zum Mitfliegen.

Bis jetzt hatte ich meine Alpenflüge immer bei gutem Wetter ausgeführt, ohne daß ein Unfall mein Selbstvertrauen geschwächt hätte. Akrobatikflüge, für die ich in der Folgezeit im Militärdienste trainierte, gaben mir dazu noch ein erhöhtes Sicherheitsgefühl, so daß ich bald geistig soweit eingestellt war, überhaupt keine Gefahren beim Fliegen mehr zu sehen. Diese Selbstüberhebung sollte sich rächen.

Ein schwerer Unfall

Für unsere Flugtage wurde in Italien ein raschwendiges und gutscheinendes Jagdflugzeug Typ Hanriot aus liquidiertem italienischem

Heeresbestand angekauft, um neben den Passagierflügen auch Akrobatik für die Schaulustigen zu veranstalten. Mögen auch vielleicht viele es verurteilen, daß man durch diese Vorführungen der Sensationsgier der Massen Vorschub leistet – ein schön ausgeführter Kunstflug ist auch für den Nichtlaien ein hoher Genuß; aber nicht nur das, er ist, darüber sind wir Flieger uns einig, wohl die beste Schule zur Erlangung der Lufttüchtigkeit des Piloten. Nur wer das Abstürzen und Wiederauffangen systematisch geübt und erlernt hat, wird auch in schwierigen Situationen seine Maschine zu meistern vermögen, wird kaltes Blut bewahren, um in dem oft ungleichen Kampf mit den entfesselten Elementen Sieger zu bleiben.

Aus diesen Erwägungen heraus hatte ich mich für die Luftakrobatik begeistert, trainierte jede Woche in Dübendorf auf Jagdflugzeugen die verschiedenen Figuren, so Loopings, Rückenflüge, Renversements, Vrillen und wie sie alle heißen. Den Auftrag, auf dem Luftwege die auf dem Flugplatz in Gallarate bei Mailand bereitstehende Maschine über die Alpen nach Zürich zu überbringen, übernahm ich freudig, zumal er mir dank der rasch und gutsteigenden Maschine nicht gerade besonders schwierig vorkam. Im stillen hoffte ich, bei dieser Gelegenheit die kürzeste Flugzeit, die bis dahin für diese Strecke gebraucht wurde, mit diesem vorzüglichen Jagdflugzeug zu erzielen.

Am 28.März 1922 reiste ich in einer kalten, sternenklaren Nacht mit dem Gotthard-Expreß nach Mailand. Südwärts der Alpen war bereits der Frühling eingezogen. An einem wundervollen Morgen führte ich meine ersten Probeflüge mit gut arbeitender Maschine aus. Nach herzlicher Verabschiedung von italienischen Fliegerkameraden startete ich um halb zwölf Uhr wohlgemut nach Norden in der sicheren Voraussicht, den Flughafen Dübendorf in spätestens einer Stunde erreicht zu haben. Alle Voraussetzungen für ein gutes Gelingen waren gegeben. Das Wetter geradezu ideal, und die Konturen der Alpen zeichneten sich so klar und rein vom Firmamente ab, daß ich jede Spitze der heimatlichen Berge schon kurz nach dem Abflug erkennen konnte! Nach zwanzig Minuten war ich schon 3500 Meter hoch über dem Tessintal und flog nun in der Richtung Greinapaß nach Norden.

28

Als ich bald darauf mich 4500 Meter hochgeschraubt hatte, sah ich plötzlich ein ausgedehntes Nebelmeer sich bis auf diese Höhe nördlich der Alpen nach Westen und Osten ausbreiten. Sogar das Tödimassiv, die höchsten Gipfel der Ostalpen, waren mit Wolken zugedeckt und nur im Nordwesten ragte gleich einem spitzen Felsenriff das Finsteraarhorn darüber hinaus in den dunkelblauen Himmel.

Was tun? Zwei Möglichkeiten waren gegeben. Vorsichtigerweise umkehren und unter der Nebeldecke den Weg nach Norden suchen, und war dies nicht möglich, in Bellinzona landen, um dort auf eine bessere Wettersituation zu warten. Doch ich entschied mich in meinem jugendlichen Übermut zu einer gefährlichen Lösung, nämlich in geradem Kompaßkurs hoch über dem Wolkenmeer nordwärts weiterzufliegen, bis ich mich nach meiner ungenauen Berechnung (ich verfügte nicht über Instrumente, um dies sicher feststellen zu können) ungefähr über dem schweizerischen Mittelland befinden mußte. Dann gedachte ich durch die Wolken hindurchzustechen in der Voraussetzung, daß tiefer unten sicherlich sich nebelfreie Schichten befinden müßten. Leider war es in jener Zeit nicht möglich, innerhalb einiger Stunden eine telephonische Verbindung von Italien nach der Schweiz zwecks Wetterberatung zu erhalten. Bei dieser Überlegung nahm ich ohne weiteres an, daß ich mit einer unveränderten Wetterlage seit den letzten zwölf Stunden rechnen könne, was sich jedoch dann leider als verhängnisvoller Irrtum herausstellte.

So nahm ich nach Überfliegung der Tessiner Berge die Richtung auf die Medelseralpen zu, deren Schneekuppen allein noch im Norden aus den Wolken emporragten. Die Mittagsstunde sah mich in 5000 Meter Höhe, über mir die tiefblaue Glocke des unendlichen Himmels, unter mir ein einziges Wolkenmeer. War es ein Wunder, daß ich in dieser unheimlichen und toten Weite der Einsamkeit allmählich gegen ein Gefühl der Unsicherheit anzukämpfen hatte? Doch ehe diese leisen Schatten des Zweifelns in mir Platz zu greifen vermochten, schüttelte ich sie in vollem Bewußtsein ihrer Gefährlichkeit von mir ab. Genau auf den Kompaß achtend, flog ich nach Norden, in der Annahme, nach 25 Minuten über dem obern Zürichsee mich zu befinden.

Doch ein tückischer Feind – der heftige Gegenwind, der in solchen Höhen sogar stärker sein kann als die eigene Flugzeuggeschwindigkeit – drohte meine Berechnungen umzustoßen. Entschlossen, nun durch die Nebeldecke durchzustoßen, stelle ich meinen Motor ab. Noch habe ich das höhnische Pfeifen und Singen des Fahrtwindes in den Drähten meines Vogels im Ohr, als er tiefer, immer tiefer in den bodenlosen Abgrund schwebt. Mein Aneroid zeigt 4500–4000–3550–3000 Meter an. Ein Schneetreiben setzt ein und verhüllt bald jegliche Sicht. Nach einer Minute Gleitflug hat mich das Gleichgewichtsgefühl verlassen, und ich fühle mich wie trunken im Wesenlosen taumelnd. Da, plötzlich, taucht ein dunkles Etwas vor mir auf und verschwindet wieder. Eine schwarze Felswand, wie von Geisterhänden aus dem Grau hervorgezaubert, flitzt vorbei. Die oft bewiesene Erfahrung, daß in solchen Momenten wirklicher Lebensgefahr sich in Bruchteilen von Sekunden das ganze Leben vor dem geistigen Auge zu einem klaren Bilde zusammendrängt, überkommt in diesem Augenblick auch mich. Gestalten, die mir am nächsten stehen, tauchen blitzartig vor mir auf, sie sind zum Greifen nahe vor mir. Sollte es wirklich keinen Ausweg aus diesem Chaos geben? Nun hatte ich den Beweis, daß die größten Feinde der Flieger Nebelbildung und Schneestürme sind. Plötzlich schießt aus dem Nebelgrau eine hellschimmernde, weiße Fläche auf mich zu. Instinktiv ziehe ich am Höhensteuer – da, ein markerschütterndes Krachen, der Apparat schlägt heftig auf – dann Totenstille!

Wie lange ich bewußtlos dalag, weiß ich heute noch nicht. Ist's Traum oder Wirklichkeit? Befand ich mich nicht vor wenigen Minuten im blühenden Garten Italiens? Verwundert schaue ich mich um. Wie bin ich nur auf einmal in diese einsame Schneewüste geraten? Und immer weiter und weiter fällt Flocke um Flocke, ein weißes Leichentuch über die stille, einsame Gebirgsgegend webend, von der ich nur einige unbestimmte Umrisse und tiefer unten die ersten vereinzelten Wettertannen zu erkennen vermag. Wo ist mein Flugzeug? Ich entdecke es plötzlich, etwa 100 Meter über mir an der steilen Schneehalde, zerschmettert und flügellahm. Erst jetzt schließt sich die Kette meiner Erinnerung, gewahre ich den furchtbaren Ernst meiner Lage und mit dieser Erkenntnis ist auch mein Plan schon gefaßt. Es gilt vor allem, das Tal zu erreichen, ehe die eisige Nacht mit ihren Gefahren mich überrascht. Beim Versuch, mich aus der Schneeumklammerung zu befreien, empfinde ich jetzt erst einen brennenden Schmerz im rechten Knie. Gleichzeitig rieselt über Stirne und Wangen unaufhörlich Blut, doch überzeuge ich mich, daß die Augen unverletzt sind. Ein Auftreten auf dem rechten Fuß erweist sich wegen der Schmerzen als unmöglich, und so muß ich mich entschließen, auf dem Rücken, mich mit den Händen abstoßend und stützend, den steilen Schneehang hinunterzurutschen. Offenbar sind hier riesige Massen Schnee in kurzer Zeit gefallen, denn während der letzten Nacht, in der mich der Gotthard-Schnellzug nach Mailand brachte, war der Himmel noch klar gewesen. Als Skiläufer war ich mir bewußt, auf einem äußerst lawinengefährlichen Hang zu stehen, was sich bald durch das dumpfe Krachen langsam rutschender Schneemassen bestätigte. Mit zunehmender Geschwindigkeit donnerte der wachsende Lawinenstrom zu Tal. Mit Händen und Füßen wehrte ich mich verzweifelt gegen die Schneewogen, um nicht verschüttet oder eingeklemmt zu werden. Willenlos rolle ich auf die nächste vom Sturm sehr mitgenommene Tanne zu, kann beim harten Anprall eben mit Aufbietung all meiner Kräfte noch ihren Stamm umklammern und bin – zum zweiten Male gerettet!

Auf der wie mit einer Walze bearbeiteten Lawinenbahn rutsche ich nun mühelos hinunter zur Alp, um eine der dort hingestreuten primitiven Hütten zu erreichen, wo ich hoffe, die Nacht verbringen zu können. Doch auch dies muß erst erkämpft werden, denn ihre Türen sind verschlossen, und erst nach langen, schmerzvollen Anstrengungen gelingt es mir endlich, mich durch ein Fenster hineinzuzwängen. Unterdessen war die Nacht hereingebrochen und in dem Hüttendunkel vermochte ich nicht die Hand vor den Augen zu sehen. Ein Königreich für ein Streichholz! Kriechend und tastend wie ein Blinder durchsuchte ich die Alpküche, in der sich wohl Holz in Hülle und Fülle für ein wohltuend wärmendes Feuer vorfand, aber erst, als meine Geduld am Reißen war, das Schwefelhölzchen. Es flammte auf – und erlosch. Nochmals angestrengtes Suchen mit demselben Erfolg. Ein erneutes Aufflackern von Streichholz und Hoffnung – dann endgültige Finsternis. Langsam schlichen volle dreizehn qualvolle Stunden bis zum Morgen dahin, die ich mit sich steigernden Schmerzen am dick angeschwollenen Knie auf dem nassen kalten Steinboden der unwirtlichen Hütte verbrachte. Angestrengt dachte ich darüber nach, in welche Gegend mich das Schicksal wohl verschlagen haben mochte.

Endlich schimmerte fahles Morgenlicht durch die trüben Scheiben. Draußen hatte es aufgehört zu schneien. Durch die Löcher des Hüttendaches blinzelten vereinzelte Sterne in meine Einsamkeit. Mit Mühe und Not gelangte ich auf demselben beschwerlichen Wege durch das Fensterloch wieder ins Freie und vermochte mich augenblicklich zurechtzufinden. Die weiß überzuckerten Berge des Krauch- und Sernftales, deren Konturen sich scharf von dem wolkenlosen Himmel abhoben, waren mir in allen Einzelheiten von früher her gut bekannt. Bei dieser Entdeckung fiel alle Mutlosigkeit von mir und eine unbändige Kraft und Lebensfreude strömte durch meinen geschwächten Körper. Vergessen waren die Schmerzen meiner Wunden, die quälende Ungewißheit über den Ausgang meines Schicksals, denn nun hegte ich keinen Zweifel mehr, heute noch menschliche Hilfe zu erlangen. So machte ich mich, mit der rechten Hand auf einen Hirtenstock gestützt, hinkend und tief im Schnee einsinkend, auf den Weg über die untere Riesetenalp abwärts. Es würde zu weit führen, wollte ich jede Einzelheit der Beschwerden und Hindernisse dieses Leidensweges eingehend beschreiben. Mit immer mehr «absterbenden» Fingern, schmerzenden Wunden, vor Kälte und Hunger der Erschöpfung nahe, schleppte ich mich durch den Schnee, in immer knapper werdenden Abständen ausruhend. Oft überfiel mich dabei ein kurzer, von angenehmen Träumen kulinarischen Inhaltes umgaukelter Schlaf, aus dem mich immer nur der Wille zur Selbsterhaltung und das wachsende Bewußtsein der Gefahr wachrüttelte. Wie eine Fata Morgana schwebte mir ein gedeckter Tisch, eine durchwärmte Gaststube und ein Bett vor, in dem ich endlich mein gebrochenes Knie ausstrecken konnte. Endlich rückten die Häuser von Matt, vom Mondlicht umflossen, in

32

greifbare Nähe und damit die Erfüllung meiner Träume. Wie ein Ge-
spenst starrten mich die beiden Saaltöchter des kleinen Bahnhof-
Gasthauses an, als ich in voller Fliegerausrüstung, den Sturzhelm über
dem blutüberströmten Gesicht, zur Mitternachtsstunde in den Licht-
kreis der Lampe trat. Ich verpflichtete sie, von meinem Unfall kein
Aufhebens zu machen, da ich doch am andern Morgen mit dem ersten
Zug nach Zürich weiterfahren wolle. Doch vieles sollte anders kommen – drei Monate lang mußte ich das Bett hüten, laborierte an erfrorenen Fingern und an dem Kniegelenk herum, das einen Längsbruch
am Oberschenkelknochen aufwies, bis ich wieder soweit hergestellt
war, daß ich meinem geliebten Fliegerberuf nachgehen konnte. Dieser
schwere Unfall setzte meinem ungestümen Draufgängertum einen
recht heilsamen Dämpfer auf, ohne aber meine Begeisterung zu hem-
men. Nie war ich mir klarer bewußt, daß dem Flieger nur dann ein
dauernder Erfolg beschieden sein könne, wenn seine gesammelten Erfahrungen, durchsetzt mit der unbedingt nötigen Dosis Vorsicht, die
Gewähr für ein Gelingen gegeben haben.

Nach meiner Genesung nahm ich sofort meine Flugtätigkeit in frühe-
rem Umfange wieder auf und überflog noch im gleichen Jahre einige
Male unsere höchsten Schweizer Berge. Der bemerkenswerteste Flug
war wohl derjenige vom 14. August, wo ich mit einem unserer großen
Gönner und Förderer der Zivilaviatik, Herrn Jenny-Diener, vom
Samadener Golfplatz in zweistündigem Fluge die Ortler-, Dolomiten-
und Berninagruppen an einem wolkenlosen Sommermorgen überflog.

Tags zuvor mußte ich beim Hinflug ins Engadin wegen eines heftigen
Gewitters, das sich über der Albula-Kette austobte, auf der großen
Wiesenfläche der Emser Allmend unfreiwillig niedergehen. In den
engen Tälern des Vorder- und Hinterrheins sahen wir uns wie Spiel-
bälle den heftigen Windböen preisgegeben, wie sie sehr oft Gewittern
unmittelbar voranzugehen pflegen. Grelle Blitze durchzuckten die
aufgewühlte Atmosphäre, dröhnend brach sich der Donnerhall an
den wie schwarze Ungeheuer über uns ragenden Bergen. Diesem
Höllenkessel konnten wir nur durch eine zielbewußte Notlandung

entgehen. Unweigerlich hätte der Orkan unseren Vogel auf den Kopf gestellt, wenn mein Mechaniker nicht mit Aufbietung all seiner Kräfte den Schwanz des Flugzeuges festgehalten hätte. Vor dem niederprasselnden Regen, der gleich nach der Landung wie eine Sintflut einsetzte, suchten wir unter den Tragflächen Schutz.

Einen Monat später befand ich mich mit derselben Maschine wieder auf Flügen über den Bergen des Engadins. Ich hatte eben den scharf vergletscherten Bianco-Grat der Bernina traversiert, als plötzlich ein heftiges Rütteln und Zucken durch die ganze Maschine ging. Dem richtigen Instinkt folgend, drosselte ich sofort den Motor, stellte meinen Vogel auf den Kopf und flog nun im Gleitflug hinunter gegen die Campagna von Samaden. Noch einmal wollte ich einen Versuch machen, mit Motor weiterzufliegen, doch schon im gleichen Augenblick nahm ich glücklicherweise das Gas wieder weg, denn die heftige Vibration machte sich unterdessen noch stärker bemerkbar. Eine Notlandung mit abgestelltem Motor war nicht zu umgehen. Ich setzte die Zündung des Motors durch Kurzschluß außer Tätigkeit, um jegliche Brandgefahr beim Anprallen auf die Erde zu vermeiden. Glücklicherweise hatte ich genug Höhe, um den bestimmten Landungsplatz zu erreichen. In Spiralen näherte ich mich der Ebene und ging allmählich zur Landung über. Das Höhensteuer wurde angezogen; wir sausten noch über einige Steinhaufen und sanft setzte der große Vogel ab. Durch eine Unebenheit des Bodens wurde er jedoch seitlich abgelenkt und kam beim Auslaufen mit einer Telegraphenstange, deren Vorhandensein ich schon aus der Luft verwünschte, in Kollision. Nur der geringen Geschwindigkeit war es zu verdanken, daß ein größerer Unfall verhütet wurde und sich glücklicherweise nur eine leichte Stauchung des rechten Flügels herausstellte, die durch meinen Mechaniker bald wieder behoben war. Die Ursache des starken Vibrierens war bald gefunden. Es hatten sich während des Fluges die Befestigungsbolzen der Propellernabe gelöst, vermittelst deren die Holzschraube an der Kurbelwelle des Motors festgemacht ist. Dadurch entstanden heftige, zur Drehwirkung des Propellers vertikale Schwingungen, die genügt hätten, den Motor aus seinem Einbau herauszureißen. Hätte ich nicht sofort beim Auftreten dieser Störung den Motor abgestellt, so wäre die Folge die Demontierung des Motors und darauffolgender Absturz gewesen. Durch derartige Ursachen hervorgerufene Unfälle sind leider in der Geschichte der Aviatik nur allzu häufig. Fast ausnahmslos sind sie auf eine mangelhafte Pflege und Überholung der Maschine zurückzuführen.

Auch diesen Vorfall, ebenso wie die im nächsten Jahre auf der Silser-Campagna erfolgte Capotage der gleichen Maschine möchte ich in meiner Fliegerlaufbahn nicht missen. Die Ursache dieser Mißerfolge war im ersten Falle ein technischer Fehler, im zweiten jedoch die Wahl eines ungeeigneten Landungsplatzes.

Das Jahr 1923 wurde zu einem Wendepunkt in der Geschichte der schweizerischen Zivilaviatik. In Verbindung mit den Junkerswerken, die ihre vorzüglich bewährten Ganzmetallkabinenflugzeuge zur Verfügung stellten, führte die Ad Astra den ersten regelmäßig betriebenen Post- und Passagierverkehr zwischen Genf, Zürich und Nürnberg für die Sommersaison ein. Damit war der erste Schritt getan, um die Aviatik endlich ihrer schönsten und idealsten Zweckbestimmung entgegenzuführen – dem internationalen völkerverbindenden Luftverkehr.

Auf Wunsch der Junkerswerke reiste ich Ende Mai nach Berlin, um von dort aus auf den neu eingerichteten Fluglinien nach Danzig und Riga weiterzufliegen. Ich wollte auch oben im Norden für die Flugphotographie ein neues und interessantes Arbeitsgebiet suchen. Bei dieser Gelegenheit vernahm ich zum ersten Male von der in Aussicht genommenen Junkersschen Spitzbergen-Expedition, die als Hilfsexpedition für den beabsichtigten Polflug von Roald Amundsen bereits auf einem norwegischen Dampfer von Hamburg nach Bergen unterwegs war. Die Expedition hatte sich in überstürzter Eile zusammensetzen müssen, um ja noch vor dem 21.Juli am Rande des Packeises im Norden Spitzbergens sich einzufinden. Von dort aus sollte sie Amundsen entgegenfliegen, falls er nach diesem von ihm festgesetzten Flugtage von Alaska via Nordpol nicht eingetroffen wäre.

An einem Samstag, dem 9.Juli, kurz vor Mittag, wurde die Anfrage an mich gerichtet, ob ich gewillt sei, mich in letzter Stunde der Expedition als Alpenflieger, Photograph, Skiläufer, wie überhaupt als Kenner von Eisverhältnissen anzuschließen. Mit Freuden drückte ich sofort meine Bereitwilligkeit aus, mich mit ganzer Kraft für diese Aufgabe einzusetzen, und in kurzer Zeit war das Abkommen getroffen, das mir die Möglichkeit der persönlichen Initiative offen ließ. Noch am gleichen Abend reiste ich mit zwei Herren, die den Anschluß an die bereits in See gestochene Expedition verpaßt hatten, nach Hamburg ab, von wo am nächsten Morgen mit einem Wasserflugzeug nach Kopenhagen geflogen wurde. Auf dieser Strecke hatten wir in der Nähe der Insel Laaland einen Motordefekt, der unseren Piloten zwang, in Hesnaes eine Landung vorzunehmen, um die Störung zu beheben. Nach einem mißglückten Start (Bruch des linken Flügels infolge einer Sturzsee) ließen wir Pilot, Monteur und Maschine in Hesnaes, wo auf einen Ersatzflügel gewartet werden mußte, und reisten per Auto und Bahn noch am gleichen Abend über Kopenhagen nach Kristiania weiter. Dort besprachen wir mit Amundsens Bruder und seinen norwegischen Freunden alles Nötige über die Rettungsaktion. Drei Tage später fuhren wir nach Bergen, wo ich mich mit der gesamten Expedition vereinigte.

Ein holländischer Kohlendampfer brachte uns in vier Tagen und vier Nächten, bei Sonnenschein und Regen, in ewig wechselnder Stimmung durch Sunden und Schären längs der herrlichsten Fjordküste der Welt, nach Norden, hinauf in das mystische Reich von Thule. Als wir den Polarkreis überschritten, erreichte uns ein Radiotelegramm aus Alaska, wonach Amundsen seinen Polflug wegen Beschädigung seiner Junkers-Maschine absagte. Damit war der Zweck unserer Reise dahingefallen. Sollten wir nun, dem Ziel unserer Wünsche so nahe, umkehren? Nach kurzer Beratung beschlossen wir, nach Spitzbergen weiterzureisen, dort mit einigen Flügen die Verhältnisse der Arktis zu erkunden und außerdem mit photographischen Aufnahmen unbekannter Gebiete der Geographie zu dienen.

So war eine andere Situation geschaffen, eine neue Aufgabe vorgezeichnet, die mir besser behagte als die Suche nach Amundsen.

Die Detailerforschung Spitzbergens war unsere neue Aufgabe, und wir brachten mit unseren Mitteln einen bescheidenen und doch produktiven Erfolg nach Hause. Damals schrieb ich in mein Tagebuch: «Das Flugzeug im Dienste der Erforschung von unbekanntem, schwer zugänglichem Gebiet; die Ära einer dankbaren Forschertätigkeit hat damit begonnen. Das Flugzeug wird in der kommenden Arktis- und Antarktis-Forschung eine wichtige, wenn nicht ausschlaggebende Rolle spielen.» Alle meine Voraussagungen sind eingetroffen. Drei Jahre später flogen Kommandant Byrd und Roald Amundsen von Spitzbergen aus über den Nordpol, und im Frühsommer 1928 gelang dem Kanadier Wilkins die großartige Leistung, das gesamte arktische Gebiet von Alaska aus über den Pol nach Spitzbergen in einem zwischenlandungslosen Fluge zu durchmessen. Das sind Taten, die alle in erster Linie dem großen technischen Fortschritt des Flugzeug- und Motorenbaus ihre Verwirklichung verdanken.

Dem Piloten Neumann und mir war es beschieden, als erste Menschen mit dem Flugzeug ein beträchtliches Stück in die Arktis hineinzustoßen. Mit unserem Junkers-Schwimmerflugzeug D 260, Typ F 13, flogen wir nach einigen kleineren Rekognoszierungsflügen in einem sechs Stunden 40 Minuten währenden Fluge über die höchsten Eisberge Spitzbergens hinauf zur Hinlopenstraße und zum Nordostland. Vom achtzigsten Breitengrade kehrten wir über die herrlichen Fjorde der Westküste zurück zu unserem Ausgangspunkte, der Walfisch-Station Green Harbour.

Ein gesunder Instinkt hat mich bei diesem Fluge vor einer großen Gefahr bewahrt. Als wir bereits zwei Stunden unterwegs waren, lief der Motor wegen einer Zündstörung bei Volleistung sehr unregelmäßig. Neumann wollte in der Hinlopenstraße, die zeitweilig vom Eise frei war, zwecks Reparatur eine Wasserlandung vornehmen, gegen die ich mich sträubte. Dafür setzte ich durch, daß mit gedrosseltem Motor der Rückflug versucht wurde. Nach der Landung in Green Harbour konstatierten wir einen totalen Magnetdefekt, der wegen mangelnden Ersatzmaterials nicht mehr behoben werden konnte.

Es war somit unmöglich, einen Wasserstart durchzuführen. Wir wären bei einer Wasserlandung in der Hinlopenstraße nicht mehr in die Luft gekommen, und so wäre uns nichts anderes übriggeblieben, als den Rückmarsch zu Fuß anzutreten, der bei der großen Entfernung und den Schwierigkeiten des Terrains uns vielleicht den Gefahren des weißen Todes ausgeliefert hätte. Die Spitzbergen-Expedition fand mit diesem Fluge ihr Ende und mit ihm einige recht interessante Erlebnisse. Mit reichen Erfahrungen kehrte ich in die Heimat zurück. Die Flüge über die Berge im Lande der Mitternachtssonne hatten vieles mit den heimatlichen Alpenflügen gemein, und oftmals wähnte ich mich über den höchsten Eisgipfeln des Berner Oberlandes, wenn ich das vergletscherte Zackenmeer der Spitzbergischen Inlandberge bei absolut ruhiger und klarer Luft überflog.

Nach diesem ersten herrlich verlaufenen Auslandsflug im hohen Norden zog es mich in Gedanken immer wieder hinaus in die weite Welt, die ja das eigentliche Betätigungsgebiet für uns Flieger ist. Und schon der Winter 1924/25 sah mich auf einer größeren Luftexkursion. Vom Zürichsee aus nahm ich den Luftweg über Italien, Griechenland, Türkei, Irak nach Teheran. Die Junkerswerke und die persische Regierung, deren kraftvoller Diktator Reza Khan die ideellen Werte des Luftverkehrs seinem Lande dienstbar machen wollte, hatten mich hierzu beauftragt. Unter dem Schutze Reza Khans konnte ich während zwei Monaten in Persien verschiedene große Flüge ausführen, die alle den Zweck hatten, die günstigste Luftverkehrslinie des gewaltigen Reiches auszukundschaften. Einmal führte mich ein Flug über die hohen Pässe des Elburz-Gebirges nach dem Kaspischen Meer, ein anderes Mal überflog ich die geheimnisvolle Stätte von Ispahan, Schiras zum Roten Meere hinaus. Gekrönt wurde mein Persienflug mit der denkwürdigen Überfliegung von Persiens höchstem und gewaltigstem Berg, dem mit ewigem Eis bedeckten 5671 Meter hohen Demawend, den ich als Erster mit dem Flugzeug bezwang. Dies war eine würdige Beschließung meiner Fliegerkampagne in Persien und zugleich der Höhepunkt des gesamten Fluges. Ich hatte mir vorher viel von diesem ehemaligen Vulkanberg in Persiens Hochgebirgspracht erzählen lassen, doch das Geschaute überstieg meine höchsten Erwartungen. In überirdischer Größe, in strahlend weißem Schneegewand schwingt sich der Demawend aus dem Gipfelmeer von Hunderten von Schneegipfeln, diese als kühne Pyramide mindestens 2000 Meter überragend, in den dunkelblauen, wolkenlosen Himmel. Es gelang mir nicht, den Raum und die Weite in die einlinsige Kamera hineinzusperren, ohne ein verzerrtes Bild zu bekommen, und so hielt ich mit wenigen Strichen auf einem Notizblatt diese unerhörte Gigantik der Natur als bleibende Erinnerung fest.

Zwei Jahre später, im Winter 1926/27, unternahm ich mit meinen Begleitern, René Gouzy, Arnold Heim und meinem Bordmonteur Hans Hartmann, die Überfliegung Afrikas von Norden nach Süden, und die Geschichte der Aviatik stellt fest, daß ein solcher Flug zum ersten Male mit einem Wasserflugzeuge ausgeführt wurde. Die Traversierung gelang auf den ersten Anhieb ohne Maschinendefekt. Ungefähr acht Monate hatten die Vorbereitungen der Reise in Anspruch genommen. Allein die Verteilung von ca. 16 000 Liter Benzin auf vier europäische und zwanzig afrikanische Stationen benötigte vier Monate Zeit. Das zur Luftreise verwendete Schwimmerflugzeug Dornier-«Merkur» mit dem zwölfzylindrischen BMW-Motor, mit dem ich am 24. und 29.Juli 1926 in Zürich zwölf Weltrekorde aufgestellt hatte, bewährte sich ausgezeichnet.

Aus kleinen Anfängen, aus der Enge und Gebundenheit unserer Heimat, hat mir die Luftfahrt den Weg nach außen gewiesen. Die weite Welt ist ihr wahres Arbeitsgebiet. Doch alle Völker müssen an der Entwicklung der Luftfahrt mitarbeiten, soll dieser neue, ungeahnte Möglichkeiten schaffende Verkehr sich fruchtbringend entfalten. Und wie zur Zeit eines Kolumbus die Segelschiffe über die Ozeane zogen, um neue Länder und Völker zu entdecken und sie aus dumpfem Schlaf aufzuwecken, so werden die Handelsflugzeuge der Nationen über die künstlichen Grenzen hinausfliegen, um dem Geiste des gegenseitigen Verstehens der Völker zu dienen. Auch für unser kleines Land schlägt die Stunde. Was ein großer Eidgenosse, Kardinal Schinner, mit kriegerischen Mitteln erzwingen wollte, den freien Zugang von unserem Bergland zum Meere, das wird uns die Luftfahrt auf friedlichem Wege bringen. Über Berge und Meere tragen die ehernen Flügel des technischen Zeitalters die Erzeugnisse unserer Arbeit und unseres Fleißes zu anderen Völkern, deren Bestes uns wieder zurückgetragen wird – spottend des Raumes und der Zeit.

Von Zürich nach Nairobi

Wer einmal dem eigenartigen Zauber Afrikas verfallen war, den zieht es immer wieder in dieses Land der unendlichen Weiten und der goldenen Freiheit zurück. Begreiflich daher, daß ich eine Anfrage Baron Louis von Rothschilds (Wien), ob ich geneigt sei, ihn mit drei Jagdfreunden im Winter 1929/30 in kürzester Zeit von Kairo nach dem Kilimandjaro-Gebiet zu fliegen, mit einem freudigen Ja beantwortete. Dies um so mehr, da sich mir damit eine willkommene Gelegenheit bot, mich während der toten Wintersaison des schweizerischen Luftverkehrs ausgiebig zu betätigen.

Mit der Vorbereitung und Durchführung dieser großangelegten modernen Jagdexpedition in das wildreichste Gebiet der Erde, in die Serengeti-Steppe, wurde Captain Georg Wood, ein seit Jahren in Afrika tätiger Jäger, beauftragt. Mit ihm besprach ich fortan jede Einzelheit des Planes, sei es schriftlich, sei es mündlich. Mit minutiöser Gewissenhaftigkeit führte dieser energische, absolutes Vertrauen einflößende Engländer, der früher auf der Gesandtschaft seines Landes in Wien tätig gewesen war und als Generalstabsoffizier den Krieg mitgemacht hatte, die Arbeit der Vorbereitung durch. Mir lag es ob, bei den italienischen, französischen, englischen und ägyptischen Behörden die Einflugerlaubnis nachzusuchen und die Erlaubnis für die Einfuhr und Durchfuhr von Waffen zu erwirken. Ende November war ich mit meinen Vorbereitungen, zu denen auch die Ordnung der Belieferung der Etappenplätze mit Öl und Benzin gehörte, fertig. Ich hatte vor, Silvester in Kairo zu sein. Am 1.Januar sollte programmmäßig der Abflug von Kairo ins Innere Afrikas erfolgen.

Als Expeditionsflugzeug wählte ich ein Fokkerflugzeug mit obenliegenden Tragflächen, das ich auf den Namen «Switzerland III» taufte.

Die drei Armstrong-Siddeley-Lynx-Motoren à je 200 PS erteilen der Maschine eine mittlere Stundengeschwindigkeit von 160 Kilometern. Die Maschine wurde im Frühjahr 1929 in der Nederlandsche Vliegtuigen-Fabriek in Amsterdam hergestellt und stand seit dieser Zeit für Verkehrs- und Alpenflüge im Dienst der Schweizerischen Luftverkehrsgesellschaft Ad Astra in Zürich.

Das Flugzeug hat eine Spannweite von 22 Metern, eine Länge von 14,6 Metern und eine Höhe von 3,9 Metern. Das leere Gewicht beträgt 2900 Kilogramm, die normale Nutzlast 2100 Kilogramm, das Abfluggewicht demnach 5 Tonnen. Commander Byrd, der Nord- und Südpolflieger, hatte mit dem gleichen Flugzeugtyp am 1.Juli 1927 den Atlantik von New York nach Frankreich traversiert. Zum ersten Male wurde mit demselben Typ durch die amerikanischen Flieger Maitland und Hagenberger am 29.Juni 1927 der Stille Ozean von San Francisco nach Honolulu überflogen, eine Distanz von 3900 Kilometern in 25stündigem Nonstopflug. Da Commander Byrd 4884 Liter Benzin für seinen 40stündigen Überflug von 5600 Kilometern mitnehmen mußte, so betrug das Abfluggewicht seines Fokkers beim Start in Rooseveltfield 6674 Kilogramm. Diese Zahl zeigt, für welche gewaltigen Höchstleistungen dieser Flugzeugtyp Gewähr leistet.

Um eine möglichst große Sicherheit auf unserm Afrikaflug zu erreichen, wurde unsere Switzerland jeweilen höchstens mit einem Abfluggewicht von 5200 Kilogramm gestartet. Dasselbe setzte sich folgendermaßen zusammen:

Leergewicht	2900	Kilogramm
6 Passagiere	450	»
Werkzeuge und Reservebestandteile	120	»
Photo- und Kinoapparate	70	»
Persönliches Reisegepäck und Gewehre	330	»
1600 Liter Benzin und 90 Liter Öl	1330	»
Total Abfluggewicht	5200	Kilogramm

Bei obiger Zusammenstellung konnten wir ungefähr 10 Stunden ununterbrochen fliegen, was auf der ganzen Flugreise übrigens nie nötig war, dauerte doch die längste Etappe von Catania nach Benghasi nur 8 Stunden 15 Minuten. Unser mittlerer Brennstoffverbrauch betrug 170 Liter Benzin pro Stunde und 5 Liter Öl auf alle drei Motoren zusammengerechnet.

Die wichtigsten Baustoffe der Fokkermaschine sind Stahlrohre und Holz. Die gesamte Struktur der Verspannung besteht aus Stahlrohr. Alle Verbindungsstellen sind geschweißt. Gegen den Vorderteil besteht die Verspannung aus dreieckigem Stahlrohr, hinter dem Kabinenraum durch doppelte hochelastische Stahldrähte verstärkt.

Das Tragdeck besteht aus einer einzigen Flügelfläche in Cantilever-Konstruktion aus Holz mit Sparren und angesetzten Rippen. Die Sparren haben Flanschen mit dreifachen Lamellen, und das gesamte Tragdeck ist mit Fournierholz, das aufgeleimt ist, überzogen. Dieser Überzug stärkt jeden Teil des Tragdecks nach allen Richtungen hin, so daß bei einem Zusammenstoß die Beschädigung meistens nur örtlicher Natur ist.

Die Kabine ist geräumig und weist 8 bequeme Armsessel auf, 4 auf jeder Seite eines Mittelganges. Vorn an der Kabine ist eine Verbindungstüre zu den beiden Führersitzen und hinten befindet sich der Toilettenraum. Ausnützung der heißen Auspuffgase des mittleren Motors ermöglicht auch bei tiefer Außentemperatur jede gewünschte Innenheizung.

Das mittlere Motorfundament ist dreieckig und bildet eine Einheit für sich. Es ist mit der Rumpfverspannung durch 4 Bolzen verbunden. Die zwei außenliegenden Motoren sind in stromlinienförmigen Gondeln montiert, die an den Tragdeckenstreben durch drei Bolzen gefestigt sind. Der Öltank für jeden einzelnen Motor befindet sich direkt hinten in der Gondel. Die drei Benzintanks à 360 Liter befinden sich im Tragdeck und speisen die Motoren durch direkten Gefälledruck. Für unsern Raid hatten wir noch einen Reservetank in der Kabine aufgestellt, von dem aus mit einer Handpumpe der Brennstoff in die Flügelbehälter hinaufgepumpt werden konnte. Für ganz große Etappen nahmen wir das Benzin in verlöteten Blechkannen à 18 Liter in die Kabine, wo dann während des Fluges der Reservetank einfach wieder nachgefüllt wurde.

Der größte Fortschritt punkto Sicherheit unserer dreimotorigen Maschine gegenüber den von mir bis jetzt ausschließlich verwendeten einmotorigen Flugzeugen bestand darin, daß ich mit je zwei Motoren die jeweilige Flughöhe einhalten, ja sogar bis auf 1800 Meter Höhe steigen konnte, wenn auch langsam. Bis zum Start des Afrikafluges hatte die «Switzerland III» bereits über 60 000 Flug-Kilometer ohne den geringsten Unfall zurückgelegt. Erst nach 400 Flugstunden wurden die Motoren kurz vor dem Abfluge revidiert. Ich brauchte also nicht zu fürchten, schon nach 60 Flugstunden unsere Motoren auseinandernehmen zu müssen. Diesmal genügte also ein Minimum von Reservebestandteilen. Alles in allem stand mir mit der «Switzerland III» eine Maschine zur Verfügung, die nicht nur ganz vorzügliche Flugeigenschaften aufweist, sondern auch punkto Wirtschaftlichkeit und Sicherheit wohl zu den besten Flugzeugen der Welt zu rechnen ist.

Von Zürich nach Catania

Da wir am 15. Dezember Dübendorf bei Tagesanbruch verlassen, hängen die Nebelschwaden recht tief herunter, was nichts Gutes verspricht. Doch im Vertrauen auf die Wetterprognose der Meteorologischen Zentralanstalt, die für Italien gutes Wetter in Aussicht stellt, bin ich fest gewillt, unter allen Umständen irgendwo nach Süden «durchzuschlüpfen», und wenn ich auch den Umweg über das Rhonetal und Marseille in Kauf nehmen müßte.

Die technische Besatzung besteht aus Oberleutnant Alfred Künzle als zweitem Piloten, dem Mechaniker Wegmann und mir als verantwortlichem Führer. Unter den fünf Passagieren befinden sich Captain Wood, der als einziger Teilnehmer der Jagdgesellschaft den Flug bereits in Zürich antritt, und René Gouzy.

44

Schon in wenigen Minuten nach dem Start kommen wir südlich des Zürichsees in Nebel und klatschenden Regen. Und da es nach einem Nebelflug von fünf Minuten immer dunkler um uns wird, ein regelrechtes Schneetreiben uns umfängt, muß ich mich wohl oder übel zur Rückkehr entschließen und eine andere Route einschlagen, will ich nicht Gefahr laufen, an den Bergen der Urschweiz irgendwo anzustoßen.

Über dem Ägerisee gleiten wir in 1200 Meter Höhe aus den Wolken wieder heraus. Ich biege nach Osten ab, um über Einsiedeln dem Walensee zuzusteuern. Schneewolken werden dabei in geradem Kurs durchstoßen. Allmählich immer höher steigend, sehen wir bald vor uns einige offene Wolkentore mit golden flimmernden Rändern, ein untrügliches Zeichen dafür, daß die Wolkenschicht nicht allzuhoch hinaufsteigt, somit der Überflug über die Alpen frei ist. In 2500 Meter Höhe steure ich über Ragaz ins tiefeingeschneite Calfeisental ein. Gewaltig, zum Greifen nahe, noch hoch über unsere Flügel hinaus ragen die frisch überschneiten Felsen des Calanda und der Grauen Hörner. Hie und da sackt unsere Maschine etwas durch. Die drei prächtigen Siddeley-Lynx-Motoren jedoch singen unverdrossen ihr ehernes, gleichförmiges Lied und reißen in der einsamen Hochgebirgswelt die schwere Last immer höher und höher. Das Rheintal, das wir über den Kunkelspaß um 8 Uhr 35 bei Reichenau erreichen, ist frei von tiefliegenden Wolken, ebenso das Domleschg, so daß ich mich für die Splügenroute entscheide, um möglichst tiefliegend den Alpenwall zu traversieren. Schwarz und düster liegen Viamala- und Roflaschlucht unter uns, frisch überzuckert mit Neuschnee, blendend hell das Rheinwaldtal und seine majestätischen Berge, die hier und da durch Wolkenlöcher hindurch sichtbar werden. Noch sind einige Nebelfetzen zu durchstoßen, bis wir punkt 9 Uhr in rasendem Tempo über den Einschnitt des Splügen in die wundervolle Bläue Italiens hinaussegeln.

Das Giacomotal liegt seiner ganzen Länge nach bis Chiavenna zu unseren Füßen. Links vor uns erheben sich die gigantischen Zacken der Bergellerberge, die immer drohender sich ausnehmen, je tiefer wir dem Lago di Mezzola und dem Comersee zustreben. Aus dem weißen Kranz der fernen Westalpen ragt imponierend der 240 Kilometer entfernte Monte Viso heraus. Um 9 Uhr 11 verlassen wir den Comersee bei Lecco; neun Minuten später breitet sich schon das Häusermeer Mailands unter uns aus, eine Viertelstunde darauf traversieren wir bereits den Po. Kein Wölklein am Himmel, die Luft absolut ruhig und dazu eine Fernsicht, wie ich sie auf meinen früheren Flügen nie schöner angetroffen.

Wir nehmen nun Kurs auf Spezia, überfliegen bald die kahlen Rükken des ligurischen Apennin, bis sich um 10 Uhr das Mittelmeer, der Golf von Genua, in seidenblauer Färbung vor uns ausbreitet. Schaut man nach rückwärts, so kann man immer noch den ganzen Kranz der Alpen bis zu den Südtiroler Bergen verfolgen, während im Süden aus dem Meere die schneebedeckten Berge Korsikas allmählich emportauchen. Mit einer Durchschnittsgeschwindigkeit von 170 Kilometern, die ich an Hand einer Tabelle aus dem Abtriftmesser errechne, fliegen wir über Spezia–Carrara, wo ich vor drei Jahren die erste Notlandung mit unserem Wasserflugzeug «Switzerland II» vornehmen mußte, nach Marina di Pisa. Weiter geht es über das Bleibergwerkgebiet von Pomarano, wo die vielen tätigen Hochöfen wie Lokomotiven rauchen. Überall sind die Markt- und Kirchplätze der Dörfer dicht besetzt mit herumstehenden Menschen, die verwundert ihre Köpfe zu unserem tieffliegenden Vogel hinaufstrecken.

Um 12 Uhr öffnet sich die weite, grüne Campagna; im Lago di Bracciano spiegeln sich die fernen Berge Umbriens. Eine Viertelstunde später breitet sich zu unsern Füßen das Häusermeer der Ewigen Stadt aus, von der gewaltigen Kuppel der Peterskirche überragt. Wir kreisen um den herrlichen Bau Michelangelos und werfen rasch einen Blick auf den Ruinenreichtum des alten Rom. Nach 40 Minuten taucht im Süden, mit einer mächtigen weißen Wolke gekrönt, der Vesuv auf. Neapel liegt 13 Uhr 25 zu unseren Füßen, und bald darauf umkreisen wir den wild dampfenden Krater vorsichtig auf der Luvseite im Osten. Der Schwefelgeruch durchdringt die Ritzen unserer Kabine, doch darauf achten wir kaum, so sehr sind wir alle von dem gewaltigen Naturschau-

spiel gefesselt. Glutrot entsteigen dem giftig gelb umrandeten Eruptiv-
krater mächtige Dampfwolken, stoßweise, unaufhörlich, wie vor Tausenden von Jahren.

Eine bald folgende Benzinkontrolle, ein Vergleich der zurückgelegten
und noch zu fliegenden Kilometer ergibt eine wahrscheinliche Knapp-
heit des Brennstoffes bis Catania. Vorsichtshalber lasse ich deshalb
Künzle, der gerade am Steuer sitzt und den Golf von Policastro Richtung Cosenza zu traversieren im Begriffe ist, nach der Küste abdrehen,
um den Notlandeplatz bei Praia zu erreichen. Leider habe ich ausge-
rechnet für diese Gegend der Provinz Cosenza keine genaue Karte bei
mir, sondern nur die Admiralitätskarte im Maßstab 1 : 3 000 000.
Doch nach einem Suchen von zehn Minuten ist der direkt an der Küste
gelegene Platz gefunden. Zweimal umfliegen wir nur einige Meter
hoch das Landungsfeld, um den Zustand der Oberfläche festzustellen.
Punkt mittags 3 Uhr setze ich «Switzerland III» sanft auf den vorzüglichen Strandboden ab.

Brennstoff ist dank der Hilfe des diensttuenden Korporals, der mich
von meinem letztjährigen Flug über Catania her noch kennt, gleich zur
Stelle. Bis jedoch 300 Liter aufgetankt und bezahlt sind, wird es 4 Uhr,
entschieden zu spät, um noch vor Nachtanbruch das 290 Kilometer
entfernte Catania zu erreichen. So entschließe ich mich denn etwas
verärgert, die Nacht hier zu verbringen. Eine Viertelstunde nach 6 Uhr
geht draußen über dem tiefgrünen Meer als rotfeurige Kugel die Sonne
unter, eine halbe Stunde später steigt dafür über den Abhängen des
Monte Pollino der Vollmond empor, die heroische Landschaft in wei-
ches, taghelles Licht hüllend. Wie schade, daß der «Retter» Mond von
uns vergessen worden ist. Hell geleuchtet hätte er uns auf dem Wege
nach Sizilien, und unsere Landsleute wären nicht genötigt gewesen,
auf unsere Ankunft warten zu müssen.

Weil es Sonntag ist, können wir weder in die Schweiz noch nach Catania telegraphieren; der Bahnvorstand erklärt uns zudem, daß ein
Telegramm frühestens Montagabend eintreffen würde. So bleibt uns
nichts anderes übrig, als im nahen, sehr primitiven Gasthause die
ersten, wohlverdienten Spaghetti dem hungrigen Magen zuzuführen

und mit einem einfachen Feldbett vorlieb zu nehmen. Wolkenlos bricht der nächste Morgen an. Um 8 Uhr fliegen wir bereits südwärts der Küste nach und traversieren den Golf von Eufemia direkt Richtung Ätna, dessen weißer Kegel schon nach dreiviertel Stunden sichtbar wird. Allmählich steigen wir höher. Unter uns liegt die Straße von Messina und jenseits erhebt sich, plastisch und klar wie ein Relief, die schönste Insel des Mittelmeeres, Sizilien. Um 9 Uhr 30 kreisen wir in 3500 Meter Höhe über dem dampfenden Hauptkrater des Ätna. Ein heftiger Nordwind weht den Dampf mit großer Geschwindigkeit über die Gipfelhaube nach Süden, den steilen Kraterkegel hinunter. So bleiben wir auf der Nordseite und ziehen weite Schleifen, um so lange als möglich dieses herrliche Wunder zu genießen.

In sanftem Hinabgleiten, in tiefem Fluge über Catania, erreichen wir den vorzüglichen Landungsplatz im Süden der Stadt, wo bereits Konsul Caflisch, durch den Motorenlärm aufmerksam gemacht, mit einigen Freunden unser wartet.

Catania —Benghasi—Kairo

Flieger, Jäger und Bergsteiger müssen Frühaufsteher sein, wollen sie ihr Ziel rechtzeitig erreichen! Schon um halb 6 Uhr holt uns das Auto unseres Konsuls Caflisch im Hotel ab. Draußen auf dem Flugplatz ertönt eben das Trompetensignal der Tagwache, torkeln allmählich die Soldaten in den taufrischen Morgen hinaus, um unseren Vogel aus der Halle zu stoßen. Der Übergang von der mondhellen Nacht zum Tag ist eine großartige Sinfonie von Farben. Hoch oben an der Schneekuppe des Ätna verblaßt das Silberlicht und weicht einem satten Feuerrot. Um 7 Uhr donnern wir mit Vollgas über den blumigen Rasenboden nach Süden. Eben steigt der glutrote Rand der Sonne über den glatten Wasserspiegel empor und verwandelt das opalblaue Meer in Ströme flüssigen Goldes. Aufgeteilt in Tausende von Orangenhainen, mit malerischen mittelalterlichen Städtchen auf Hügelzügen, breitet sich der Garten Siziliens im Frühschein aus. Schwer behangen sind die Orangen- und Zitronenbäume mit rotgelbem Fruchtsegen. Wir steigen rasch höher, denn die nach Süden kräftig wehende Dampfwolke des Ätna verspricht uns guten Nordwind, also eine Fahrtbeschleunigung, die uns für die Traversierung des Mittelmeeres sehr willkommen ist. Schon nach einer halben Stunde verlassen wir bei Pozzallo, einem mit Mauern und Türmen bewehrten Städtchen, Sizilien. Jetzt tritt die Navigation in ihr Recht. Auf der Karte lese ich den schon zu Hause eingetragenen neuen Kompaßkurs auf Malta ab. Unsere allgemeine Flugrichtung ist vorläufig N-S mit einer Abweichung von 35 Winkelgraden nach W. Bald umfängt uns von allen Seiten das Meer. Wir steigen immer noch und fliegen nun hoch über Wolkenballen, durch die wir 2000 Meter tiefer die weißen Schaumkronen im tiefblauen Meer vorbeiziehen sehen. Die Ablesung mit dem senkrecht auf die Meeresoberfläche visierenden Fernrohr ergibt eine Abtrift von 15 Grad nach Osten. Um dieser Einwirkung des Seitenwindes von Westen zu begegnen, stellen wir den Kurs auf 220 Grad statt auf 205 Grad. Pilot Künzle hält am Steuer unentwegt diese Richtung ein. Eine Überprüfung des Bestecks auf der Seekarte, Kontrollen am Abtriftmesser ergeben die Bestätigung des richtigen Kurses. Mit Hilfe der graphischen Tabelle errechne ich eine Fahrtgeschwindigkeit von 175 Kilometern pro Stunde.

In der Kabine wird das versäumte Frühstück nachgeholt. Aus Thermosflaschen offeriere ich, Steuermann und Steward in einer Person, den Passagieren heißen Kaffee, dazu belegte Brötchen, Bel Paese und herrlich duftende, frisch gepflückte Orangen, die uns der vorsorgliche Konsul aus seinem Garten gleich korbweise mitgegeben hat. Wie doch ganz anders waren meine ersten Mittelmeer-Traversierungen, ausgeführt mit einmotorigen Flugzeugen! Wie ersehnten wir vor drei Jahren am 13. Dezember auf dem Fluge von Athen nach Alexandrien voll innerer, zurückgehaltener Erregung, das Nahen der afrikanischen Küste, die erst nach sechs langen Stunden in Sicht kam. Wohl hatte unser braver Dornier-Merkur statt Räder ein Schwimmerpaar; doch was hätte es uns genützt, wenn nach einer glücklichen Wasserung in einsamer Meereswüste der Sturm hereingebrochen wäre. Noch vor anderthalb Jahren bin ich mit einer kleinen Land-Junkersmaschine von Sizilien nach Tunis geflogen; auch damals wären wir bei einer Panne verloren gewesen. Heute haben wir keinen Grund mehr, an allerlei letzte Möglichkeiten zu denken: unsere drei Motoren arbeiten mit der Präzision eines Uhrwerkes. Mit zwei Motoren allein könnte ich trotz schwerer Last die Höhe beibehalten und schließlich auch mit nur einem Motor aus unserer Höhe von 2500 Meter Malta erreichen. Ein wundervolles, beruhigendes Sicherheitsgefühl erfaßt mich, wie ich es nie vorher gekannt habe. Obwohl es draußen empfindlich kühl ist, haben wir dank unserer Kabinenheizung behagliche Wärme um uns. Wäre nicht der Lärm der Motoren, den wir durch Stopfen der Ohren mit Paraffinwatte beträchtlich reduzieren, so könnte man glauben, zu Hause beim Frühstück zu sitzen, während wir mit dreifacher Eilzugs-geschwindigkeit nach Süden rasen.

Wir haben unser Frühstück noch nicht beendet, als vorn vom Führer-sitz aus Malta in Sicht kommt. Wir steuern direkt auf die Häfen von La Valetta zu, über saftig grünes, hügeliges Land, das wie mit zartem Spinngewebe von weißen Gartenmauern durchzogen ist. Um 8 Uhr 15 stehen wir senkrecht über dem großen, sternförmigen Fort der Halb-insel Jezirah, die im Norden und Süden halbkreisförmig von den eng zusammengebauten Städten Sliema und La Valetta mit herrlichen Buchten umschlossen ist. Die anschließenden Höhenzüge sind von starken Forts und mittelalterlichen Ringmauern gekrönt. Ich zähle in den acht Buchten über 30 englische Kriegsschiffe. Wahrhaftig ein von der Natur geschaffener Stützpunkt, dieses zweite Gibraltar des Mittel-meeres, von dem aus das stolze Albion seinen Seeweg nach Indien sichert! Bald liegt, ganz in der Nähe des Städtchens Zurrico und der südlichen Küste, der grüne Rasen des englischen Flugplatzes mit seinen großen Flughallen unter uns.

Um 8 Uhr 20 verlassen wir das grüne Eiland genau Richtung Süden, um zwischen Tripolis und Kap Misurata, etwa auf $32\frac{1}{2}$ Grad Breite und $14\frac{1}{2}$ Grad östlicher Länge, die afrikanische Küste zu erreichen. Eine Messung der Abtrift ergibt eine Drehung des Windes von Nord-west auf Nord; mit gutem Rückenwind, bei einer Geschwindigkeit von

190 Kilometern in der Stunde, traversieren wir nun die 380 Kilometer vor uns sich weitende Meeresstrecke. Malta ist unseren Blicken in der Wolkenbank verschwunden. Soweit der Blick reicht, nichts als ein blauer und weißer Wasser- und Wolkenhorizont. Fern im Osten eine schwarze Wolkenbank, die nichts Gutes verspricht. Doch wir fliegen nach Süden in die herrliche, lichte Bläue Afrikas hinein, wir winzigen Stäubchen inmitten des unendlichen Alls, das wir mit der Geschwindigkeit unserer Metallvögel zu beherrschen suchen! Auf dem rechten Pilotensitz hält Künzle mit Hilfe des Fernkompasses genauen Kurs. Es ist ein Vergnügen, mit diesem exakten Instrument zu fliegen; schon Abweichungen von einem Winkelgrad zeigt es genau an. Nach etwa einer Stunde ruft der Pilot mich nach vorn, er behauptet, Land vor sich zu sehen. Nach dem Besteck ist das nicht möglich, sind wir doch noch mindestens 180 Kilometer von der Küste entfernt. Doch nach einer weiteren halben Stunde ist kein Zweifel mehr möglich. Was sich weit im Süden, im gleißenden Glast des Sonnenlichts herauskristallisiert, das ist die hellbraune Sand- und Steinküste Libyens!

Nach genau zwei Stunden von Malta aus haben wir die Küste erreicht. Welcher Unterschied gegenüber der grünen, fruchtbaren englischen Insel! Nichts als gelbbrauner, toter Wüstenboden. Kein Baum, kein Strauch, kein Haus, alles Leben erstorben! Wir nehmen Kurs auf Osten, immer die Küste in Sichtweite. Um 10 Uhr 45 überfliegen wir Kap Misurata; um 12 Uhr liegt der italienische Militärflugplatz von Syrte, umgeben von etwa 100 Häusern, unter uns. Alles ist Wüste; Flugplätze können hier fast kostenlos in jeder gewünschten Größe hergestellt werden. So ist es nicht verwunderlich, wenn die Italiener längs der Küste Libyens von 300 zu 300 Kilometern Flughäfen geschaffen haben, als die beste Sicherung ihres Verkehrs von Tripolis nach Benghasi und weiter bis zur ägyptischen Grenze. Doch wehe dem, der außerhalb dieser Stützpunkte niedergehen muß, die sonnendurchbrannte Wüste kennt kein Erbarmen!

Etwa 40 Kilometer vor Benghasi erleben Künzle und ich einen aufregenden Moment. Ohne an etwas Schlimmes zu denken, fliegen wir nur noch etwa 500 Meter hoch über der Wüste, als plötzlich der linke

Außenmotor knallt und von selbst stillsteht. Auch die andern Motoren fangen an auszusetzen. Es muß am Benzinzufluß fehlen, obwohl die Standgläser unserer drei großen Flügelreservoire noch Brennstoff anzeigen. Zum Glück haben wir in verlöteten Blechkannen mehr als genügend Reservebenzin. Mechaniker Wegmann arbeitet wie ein Wilder, schneidet die «Tinds» auf, gießt den Inhalt in den Reservetank, der sich in der Kabine befindet, während Captain Wood den Brennstoff in die Flügelbehälter hinaufpumpt. Bald strömt das Lebenselixir des Flugzeuges wieder normal in die Motoren. Wir fliegen weiter, als ob nichts geschehen wäre. Es wäre zu schlimm gewesen, hätten wir unseren schönen Vogel in diesem rauhen Wüstengelände opfern müssen.

Mittags 3 Uhr kreisen wir über Benghasi, einem größeren Städtchen auf einer Landzunge mit einem natürlichen Hafen und einer außerordentlich großen Militärkaserne, die wahrscheinlich aus der Zeit des Tripoliskrieges stammt. Nach einem Fluge von 8¼ Stunden setzen wir unseren Fokker auf dem großen Militärflugplatz südlich der Stadt ab. Während wir uns mit Auftanken von neuen Brennstoffvorräten, die dank der vorzüglichen Shell-Organisation bereits zur Stelle sind, beschäftigen, landet ein englischer Havilland Doppeldecker, dem Sir Allan Cobham mit zwei Mechanikern entsteigt. Cobham hatte ein Jahr vor mir als Erster den schwarzen Kontinent von Kairo zum Kap und zurück überflogen und ist jetzt im Begriff, im Auftrag der Imperial Airways die afrikanischen Landungsplätze auf den kommenden Luftverkehr hin zu inspizieren. Wir kennen uns von früher her. Er erzählt mir sein Pech, das er in Tripolis auf einem durch Regen aufgeweichten Landungsfeld gehabt hatte, wo sein Propeller bei der Landung den Boden berührte und zersplitterte. Zum Glück konnten ihm die Italiener mit einem passenden Propeller aushelfen. Er ist fünf Tage vor mir in London gestartet und hofft, Weihnachten in Kapstadt zu feiern.

In der Nacht auf den 18. Dezember hatte es in Strömen geregnet. Überall liegen auf den Straßen große Wasserlachen. Da wir um 7 Uhr 23 vom Flugplatz Benghasi starten, prasselt gerade ein wolkenbruchartiger Regen nieder. Bald jedoch können wir den ärgsten Wassergüssen gegen die Küste hin entrinnen. Der englische Konsul, mit dem ich am Abend vorher mit Cobham zusammen war, hatte uns dringend geraten, den geraden Kurs über die Wüste auf Sollum zu vermeiden, da die wilden Senussistämme, denen in ihren schwer zugänglichen Felsennestern kaum beizukommen ist, immer noch im Kleinkrieg mit den Italienern lägen. Tolmetta passieren wir um 8 Uhr, Marsa Susa, das Apollonia der Alten mit seinen von einstiger Pracht zeugenden Ruinen und einem italienischen Militärflugplatz, eine halbe Stunde später. Nur einige spärliche Siedelungen sind in der unendlichen Wüste, die allmählich in zerschnittene Tafelberge übergeht. Über Derna, dessen primitiver Hafen von den Forts der Küstenberge überwacht wird, dann an Marsa Tobruk vorbei, traversieren wir etwa um 10 Uhr südlich der Halbinsel Ras el Melh die Grenze zwischen Italienisch Libyen und Ägypten. Der Golf von Sollum öffnet sich in herrlichem Blau. Wir hatten gute Fahrt bis jetzt: 540 Kilometer sind mit einer mittleren Stundengeschwindigkeit von 175 Kilometer zurückgelegt worden; es bleiben noch weitere 670 Kilometer bis Kairo. Nach dem Mittagessen nickt der eine und andere meiner Passagiere ein. René Gouzy, der eifrige Chronist, läßt seinen scharf gespitzten Bleistift fallen. Niemand kann sich über schnarchende Atemzüge ärgern, da sie an Lautstärke vergeblich mit dem ehernen Summen der drei Motoren wetteifern! Vom südlichen Ende des Arabergolfes nehme ich nun direkt Kurs auf Kairo. Nach 100 Kilometer Sandwüste öffnet sich wie ein Märchen aus Tausendundeiner Nacht die saftiggrüne Landschaft des Nils. Das Land einer jahrtausendealten Kultur, mit seinen malerischen Fellachendörfern, seinen fruchtbaren Baumwoll-, Zukker- und Kleefeldern, rollt kaleidoskopartig vorbei. In noch weiter Ferne sehen wir zwischen zwei dunkeln Gewitterwolken, von leuchtendem Sonnenschein übergossen, die drei Pyramiden von Gizeh, die mächtigsten der ägyptischen Grabdenkmäler der Pharaonen.

Um 14 Uhr umkreist mein zweiter Pilot die stolzen Wahrzeichen der Kalifenstadt Kairo, während ich die Filmkurbel drehe. Dann donnern wir in tiefem Fluge über die Millionenstadt, über die Hochburg des

Islams mit ihren Hunderten von schlanken Minaretten. Draußen auf dem großen Flugplatz der Engländer, bei Heliopolis, setze ich unsere «Switzerland» nach siebenstündigem Fluge glatt ab.

In 25 Stunden haben wir auf die angenehmste Art des Reisens den Ausgangspunkt unseres afrikanischen Jagdausfluges erreicht.

Kairo—Alexandrien

Dank unserer raschen, glücklichen Fahrt hatten wir reichlich Zeit, das Pharaonenland eingehender zu besichtigen. Tägliche Ausflüge führten uns hinaus in die Umgebung Kairos, wo jeder Stein an die unvergleichliche Zeit ägyptischer Hochkultur erinnert. Die gewaltigen Pyramiden von Gizeh, die Ausgrabungen von Sakkara, die prachtvollen Statuen in Theben, aus der Zeit Ramses', vor allem aber die kostbaren Schätze des ägyptischen Nationalmuseums erregten von neuem meine Bewunderung. Doch das Schönste war und blieb für mich die ägyptische Natur selbst. Unvergeßlich die Abende auf den Höhen des Mokattamgebirges, wenn die scheidende Sonne ihre letzten glutroten Strahlen über die Pyramiden draußen in der Wüste, über den goldenen Nillauf und das unermeßliche Häusermeer Kairos ausgoß. Weltentrückt saß ich auf einer Steinbank, bis das Wunder erlosch und die Lichter der Millionenstadt tief zu meinen Füßen mich wieder in die Wirklichkeit zurückriefen.

An einem Sonntag besuchte ich, über Benha nach Zagazig fahrend, die vorbildliche landwirtschaftliche Schöpfung eines Schweizer Großkaufmanns. Herr Reinhart war in Gesellschaft seines Verwalters mit einem Auto zur Station gekommen und führte mich nun durch abwechslungsreiches, malerisches, fruchtbares Kulturland, durch unverfälschte Fellachen-Dörfer auf sein großes, musterhaft eingerichtetes Gut, wo ich das Vergnügen hatte, noch andere Landsleute anzutreffen. Mit Stolz zeigte mir der Besitzer sein ausgedehntes Gut, dessen großer Ertrag überzeugend beweist, wie erstaunlich viel die fruchtbare Erde Ägyptens dank moderner Ackerbaumethoden hervorbringen kann.

Die grünen Kleefelder standen schon kniehoch in Blüte, das Getreide im schönsten Saft. Auf den Wiesen weideten friedlich prächtige Milchkühe und Herden von Eseln und Pferden. Soweit der Blick reichte, topfebenes, fruchtbares, grünes, fast blaugrünes Land, unterbrochen durch schattenspendende Eukalyptus-Alleen, die die Wege umsäumen. Ein wohltätiger Friede liegt hier über Natur und Menschen ausgebreitet. Vom nahen Minarett, dessen schlanker Turm blitzsauber und weiß getüncht aus dem grünen Park zum ewig blauen Himmel Ägyptens emporschaut, ertönen mittags die langgezogenen, singenden Rufe des mohammedanischen Muezzins, der die Gläubigen zum Gebete ruft. Im Garten duften Blumen; die Orangen- und Zitronenbäume sind schwer behangen mit reifen Früchten.

Als im Jahre 1919 ein blutiger Aufstand der Eingeborenen gegen die Europäer ausbrach, da hat kein Fellache und Araber diesem herrlichen Besitz etwas zu Leide getan, so sehr verehren die ägyptischen Bauern trotz proklamierten Rassenhasses ihren Herrn.

Da wir am folgenden Tage von Kairo nach Alexandrien fliegen, nehme ich Kurs über die Gabadieh el Hawaber – so heißt das geschilderte Gut –, wo zur festgesetzten Stunde ein mächtiges Rauchfeuer als Erkennungszeichen für uns Flieger angefacht worden ist. Lustig flattert auf dem flachen Dach der Villa das weiße Kreuz im roten Feld. Ein letztes Winken und Grüßen von oben und unten, so nehmen wir Abschied von diesem kleinen Paradiese. Wir fliegen nach Norden über die grüne, mit vielen Wässerungskanälen durchzogene Tiefebene des Nillandes. Auf den Dächern der Fellachenhäuser ist der Vorrat der letzten Ernte aufgestapelt. Manch intimes Familienidyll erhaschen wir aus indiskreter Flughöhe bei unserem Tiefflug über das Land. In 100 Meter Höhe traversieren wir den breiten Nilarm von Rosetta, das Mittelmeer kommt in Sicht. Nach knapp zwei Stunden landen wir auf dem englischen Militärflugplatz von Abukir, ca. 25 Kilometer östlich von Alexandrien, wo inzwischen bereits eine ansehnliche Zahl von Landsleuten mit ihren Autos eingetroffen ist, um uns zu begrüßen.

Den letzten Tag des Jahres 1929 verbringe ich gemeinsam mit ihnen. Wundervoll ist der Ritt mit Herrn Landert hinaus in die blühende Um-

gebung von Alexandrien bis Ramleh und der Sandküste des dunkel-
blau brandenden Mittelmeers entlang. Gespannt lauschte ich am
Abend der Erzählung Dr. Maurers über seine vor einem Jahre erfolgte Kilimandjarobesteigung. Seine Schilderung gibt mir viele wertvolle Fingerzeige über diesen Berg der Berge Afrikas. Ich erfahre, mit
welchen Schwierigkeiten jede Bergsteiger-Partie infolge der dünnen
Luft und der furchtbar sengenden Tropensonne zu kämpfen hat. Er
selbst war erst der siebzehnte Besteiger gewesen, der sich im Gipfel-
buch des Kibo eingeschrieben hatte, während von den vielen Partien
die meisten infolge Ermüdung gezwungen wurden, schon vorher umzukehren.

Unterdessen ist Baron Louis von Rothschild, von Triest kommend,
mit dem Dampfer «Heluan» eingetroffen, so daß wir am 1.Januar pro-
grammäßig unsere Reise fortsetzen können.

Vom Mittelmeer nach Khartum

Meine Zürcher Reisegesellschaft ist nach allen Richtungen «verflo-
gen»; René Gouzy hält in Ägypten Vorträge über unseren ersten
Afrikaflug und kann leider an unserer zweiten Fahrt nicht teilnehmen.
Schade auch, daß Arnold Heim, der Geologe, nicht jetzt dabei ist,
diesmal wäre er ganz auf seine Rechnung gekommen. So bleiben Captain Wood und Baron Rothschild die einzigen Fluggäste. In unserer
geräumigen Kabine haben wir nun Platz genug, kann man doch ungehindert zum Führerraum hinaufsteigen und die Plätze nach Belieben
wechseln, je nach der Landschaft, die gerade jeweils unten vorbeizieht.
In den großen Gepäckräumen haben wir 400 Kilogramm Ladung verstaut, bestehend aus 120 Kilogramm Werkzeug, Ersatzbestandteilen
und einem Reservepropeller, etwa 80 Kilogramm Photo- und Film-
material, dem persönlichen Reisegepäck der Teilnehmer sowie Waffen und Munition. Daneben führen wir 30 Liter Trinkwasser und Notproviant für eine Woche mit uns.

Wir starten auf dem Militärflugplatz Abukir punkt 8 Uhr nach Südwesten. Glutrot ist eben die Sonne aus der Bucht emporgestiegen, wo ich vor drei Jahren mit dem Dornier-Wasserflugzeug, von Athen herkommend, anwasserte. Oft denke ich zurück an jene Zeit. Auch die liebenswürdigen Schweizer Alexandriens, die uns wiederum herzliche Gastfreundschaft boten, sprechen davon, mit welchen großen Risiken der damalige Flug in einer einmotorigen Maschine über das Mittelmeer und über die riesigen Urwälder und Sandwüsten erkauft werden mußte. Wie doch ganz anders heute! Noch ist mein neuer Fluggast nicht ganz von der Sicherheit unseres Fluges überzeugt, er wird es jedoch noch am gleichen Tage.

Im Süden gehen die letzten Regengüsse der an der ägyptischen Küste aufgetretenen Gewitter nieder; ein prachtvoller, buntschillernder Regenbogen spannt seine Brücke über den unendlich sich weitenden Horizont. Nach etwa 40 Kilometern zeigt sich uns ein für diese Gegend merkwürdiges Bild: das Niltal in ein zusammenhängendes Nebelmeer gehüllt! Der Nil brachte diesen Herbst sehr viel Wasser; das Land war somit noch feucht, als die kältere Winterszeit eintrat, so daß sich jetzt über Nacht dichte Nebel bilden. Schon nach einer halben Stunde sehe ich, obwohl noch 100 Kilometer weit entfernt, die Spitzen der Pyramiden vor mir aus dem Nebelmeer herausragen. Wir haben guten Rückenwind, machen fast 200 Kilometer in der Stunde, so daß wir schon um 9 Uhr 05 die Pyramiden von Gizeh umkreisen. Das Häusermeer von Kairo liegt noch im Nebel, nur die scharfen Spitzen der Minarette der Großen Moschee, oben auf der Zitadelle, stechen wie Nadeln phantastisch aus dem blendenden Wattemeer heraus. Bald darauf fliegen wir über Sakkara, dem alten Memphis, dessen Ruinen, Statuen und Säulen zerstreut im Dattelpalmenwald von vergangener Pracht und Herrlichkeit träumen. Draußen am Rande der Wüste und weiter einwärts tauchen immer neue Pyramiden auf, dann folgt Sand und wieder Sand, eine flimmernde, unendlich trostlose Fläche, die fast unmerklich in das lichte Blau des Himmels übergeht. Wir lassen die Oase Fajum mit ihrer riesigen blaugrünen, fruchtbaren Fläche inmitten des Sandmeeres rechts liegen, passieren um 9 Uhr 45 Assiut, wo sich das schmale Nebelband endgültig auflöst. Plötzlich dringt ein beißender Ölrauch vom mittleren Motor in die Kabine, wo ich gerade mit Photographieren beschäftigt bin. Künzle auf dem Führersitz ist in eine weiße Rauchwolke gehüllt. Er öffnet die Schiebefenster, um frische Luft zu schnappen. Eine Kontrolle des Öldruckmanometers, des Tourenzählers und der beiden Magnetapparate ergibt, daß der Motor einwandfrei arbeitet und somit kein lebenswichtiger Teil defekt sein kann. Die Ölleitung muß irgendwo leck sein, so daß Öl an den heißen Zylinderwandungen verbrennt. Bald zeigt die Uhr des mittleren Öltanks eine rapide Abnahme des Ölvorrates an. Was tun? Umkehren, so rasch wie möglich eine Notlandung vornehmen oder dem Ziel ruhig weiter zusteuern? An das erstere müßte jeder vorsichtige Führer eines einmotorigen Flugzeuges gehen. Wir sind jedoch im glücklichen Besitz dreier Motoren und können unsere Reise ohne Höhenverlust auch mit nur zwei Motoren fortsetzen.

Bei Hamadi traversieren wir den Nil, um dessen großen Bogen auf Luxor abzuschneiden. Gerade als wir über dem Felsentale der Königsgräber in 2000 Meter ankommen, zeigt der Ölzeiger auf Null. Ich stelle den mittleren Motor vollständig ab, damit nicht seine Lager heißlaufen und anfressen. Luxor lassen wir nun etwas links liegen, sehen jedoch deutlich die Ruinen von Theben und Karnak. Schon nach einer halben Stunde, bei der wir trotz der schweren Ladung keinen Meter an Flughöhe einbüßen, erkenne ich in der klaren, durchsichtigen Luft aus einer Entfernung von 60 Kilometern den Staudamm von Assuan, auf den wir gerade zusteuern. Auf der großen Sandfläche südöstlich des Katarakthotels, die sich zwischen kahlen, schwarzen Granithügeln in blendendem Sonnenglast ausbreitet, befinden sich einige Autos. Um 13 Uhr 05, nach einer Flugzeit von gut fünf Stunden, setzen wir dort sanft ab, umgeben von Landsleuten, die uns in das wundervoll am Nil gelegene Hotel führen. Frühstück in Alexandrien am Mittelmeer, Lunch 900 Kilometer weiter im Süden, in der Wüste von Assuan, das ist der Vormittag eines Fliegers.

Der Ölleitungsschaden ist in den vorzüglichen Werkstätten des Katarakthotels bald behoben. Bei sternenklarer Nacht fährt die Besatzung der «Switzerland III» am Morgen des 2. Januar hinaus in die Sandwüste, um den Vogel reisefertig zu machen. Ein wundervoller Sonnenaufgang, ein Farbenreichtum vom glühendsten Rot zum zartesten Blau wird uns zum herrlichen Lohn für unser Frühaufstehen. Um halb 8 Uhr schießt unser Vogel über den aufwirbelnden Sand hinein in die klare, trockene Wüstenluft Oberägyptens, über den zwei Kilometer breiten Staudamm, vorbei an den Tempeln von Philae, hinaus in die unendliche Steinwüste. Wir halten Kompaßkurs auf Wadi Halfa, biegen um 9 Uhr 10 vom Nil, der dort seinen zweiten Katarakt bildet, nach links ab, um den großen Nilbogen direkt auf Abu Hammed abzuschneiden. Bald sehen wir nichts mehr um uns als einen ungeheuren Wüstenhorizont, Hunderte von Kilometern nur gelbbraunen Sand, aus dem sich schwarze Granitberge bis auf 1000 Meter Höhe erheben.

Da wir um 11 Uhr die über 300 Kilometer lange Wüstenstrecke hinter uns haben, grüßt uns bei El Ginefah wieder der Nil als schmales, blaues Band. Nun ändert sich die Landschaft. In der Wüste sieht man immer mehr dunkle Punkte, Zeichen einer Strauchvegetation. Ein leichter, grüner Flaum von Gras überzieht die in Bildung begriffenen jungen «Wadis», jene leicht in der flachen Wüste eingekerbten Täler. Wir kommen allmählich in spärlich bewohnte Gebiete. Den Nil immer etwa 20–40 Kilometer im Osten lassend, steuern wir in geradem Kurs auf Khartum. Die Schlucht von Schabluka, wo der Nil sich zwischen hohen Felsenriffen durchzwängt, passieren wir zu unserer Rechten. Um 2 Uhr nachmittags liegt das Häusergewirr Omdurmans unter uns. Über die Einmündung des Blauen Nils in den Weißen Nil fliegen wir zum Flugplatz der Royal Air Force, wo wir nach 6 Stunden und 40 Minuten auf dem harten Sandboden landen.

Gegenüber Ägypten spüren wir die sudanesische Wärme recht empfindlich. Heiß brennt die Nachmittagssonne auf uns hernieder, während wir unseren Vogel rüsten und 1400 Liter Benzin einfüllen für den Weiterflug.

Wir starten um 7 Uhr 15 von Khartum direkt nach Süden über die braungelbe, mit vereinzelten Baumwollkulturen angepflanzte Ebene. Erst nach zwei Stunden bekommen wir das blaue Band des Nils wieder zu Gesicht, und zwar bei Renk, das wir um 9 Uhr 25 passieren. Wir haben die 430 Kilometer lange Strecke mit einer Durchschnittsgeschwindigkeit von 200 Kilometern in der Stunde zurückgelegt, dank dem steifen Nord, der über diese Zeit regelmäßig weht. Im Winter findet der Flieger hier immer bis hinauf zum Äquator günstige Rükkenwinde, da vom Hochdruckgebiet der Sahara her ein fortwährender Nordpassat in das warme Auflockerungsgebiet der äquatorialen Gegenden strömt.

Das Bild unter uns verändert sich nun mit einem Schlag. An Stelle der mit Negerkrals besiedelten Steppe tritt die Savanne. Die Ufer und vielen Inseln des Nils sind überwuchert von üppigem, dichtem Pflanzenwuchs. Büsche, Bäume, Gras und das hohe Papyrusschilf bilden ein auf Grün in allen Abstufungen abgestimmtes Gemälde. Dichte Schwärme von Vögeln aller Art fliegen beim Nahen unseres Vogels aufgeschreckt davon. Beinahe unvermittelt sind wir aus den Sand- und Steinöden Nordafrikas in eine der vogelreichsten Gegenden der Welt gekommen, wo Millionen von Zugvögeln überwintern.

Um 11 Uhr kreisen wir über Malakal, wo ich vor drei Jahren mit dem Dornier-Wasserflugzeug anwasserte; dann nehmen wir genau Kurs nach Süden, um bald darauf den Sobat-River mit seinen großen Mäandern zu traversieren. In weiter Ferne erkenne ich die Gegend von Abwong, wo Prof. Heim und ich das grandiose Schauspiel eines Kriegstanzes der noch ganz nackten Dinkas erlebten. Wir fliegen nun über einen einzigen, unermeßlich weit sich ausdehnenden Park von hellem Grün. Hier und da passieren wir, in geringer Höhe fliegend, die Feuerfront eines Steppenbrandes, dessen Rauch die Sonne für Sekunden verdunkelt. Wundervoll ist das Schauspiel der sich rasch nach Süden vorfressenden, blutroten Flammengarben, vor deren gieriger Gefräßigkeit die Tiere sich flüchtend retten.

60

Nach einer Stunde Südkurs ersucht mich Baron Rothschild, sein ehemaliges Elefantenjagdgebiet von Shambe und Bor am Bahr el Gebel, das ich sonst 80 Kilometer westlich gelassen hätte, anzufliegen. Gerne willfahre ich dieser Bitte in der Hoffnung, auf recht viele der Dickhäuter zu stoßen. Unsere Erwartungen sollten bald übertroffen werden!

Kaum nähern wir uns dem Pflanzendickicht des Nils, der hier von den Arabern als Gebirgsfluß (Bahr el Gebel) bezeichnet wird, als wir aus 200 Meter dunkle, ovale Punkte erkennen, um die sehr kleine, hellweiße Pünktlein schwirren. Wir gehen nun tiefer auf 50 und 20 Meter herab und sausen über eine Herde von etwa 18 Elefanten, zum Greifen nahe, hinweg. Während Hunderte von Gazellen, die wir bereits weit vorher schon gesichtet haben, in rasendem Galopp vor unserem brummenden Vogel auseinanderstieben, trottet der König der Dickhäuter gemächlich weiter. So wenigstens erscheint es uns, vom Flugzeug aus gesehen. Unsere Elefantenjäger an Bord aber wissen, daß die scheinbare Ruhe und Gemächlichkeit bloß eine Täuschung ist. Sie, die vor ein paar Jahren da unten standen, und nun Aufregung und Gefahr der Jagd noch einmal erleben, haben das markerschütternde Trompeten einer solchen Herde immer noch im Ohr, jenes Trompeten, das heute überdonnert wird vom Lärm unserer Motoren. Ein Gras- und Buschmeer umgibt uns, fast berühren wir die Zweige der niederen Bäume. Noch einmal kehren wir um, um das grandiose Schauspiel zu genießen. Weißbefiederte Kuhreiher verraten die Elefanten, deren schwarze Rücken und große Ohren allein aus dem hohen Gras herausragen. Diese Vögel sind die ständigen Begleiter der mächtigen Dickhäuter, denen sie kunstvoll die Würmer aus der Haut herauspicken.

Wir traversieren den etwa 100 Meter breiten Nil, der hier ein Gewirr von Windungen, Seitenkanälen und schwimmenden Papyrusinseln bildet. Wenn ich vor drei Jahren beim Flug über den «Sudd» wegen der starken Erhitzung des wassergekühlten Motors vorsichtshalber nicht tiefer als 800 Meter über dem Boden fliegen durfte, so habe ich heute keine Bedenken mehr, auf 10 Meter hinunterzugehen. Gerade die Hitze von über 35 Grad scheint unseren luftgekühlten Motoren zu behagen, sie laufen ruhig und erschütterungsfrei. Man braucht also nicht an eine Notlandung zu denken, die man nur mit Schaudern in Betracht ziehen würde: Ein langsames Versinken in Schlamm und Sumpf, aus dem kein Entrinnen möglich ist, wäre das Ende des stolzen Fluges!

Überall springen am Ufer des Nils und namentlich in den abgelegenen Seitenkanälen aus dem Schilfrohrdickicht Krokodile ins Wasser; die schwarzen, plumpen Körper der Nilpferde tauchen bei unserem Nahen blitzschnell unter und lassen Luftblasen an der Oberfläche aufquirlen. Mit einer automatischen Filmkamera bewaffnet, sitze ich vorn auf meinem Führersitz. Jetzt sichten wir beide, Künzle und ich, weit vor uns drei, vier, nein sechs mächtige Herden von je 12 bis 20 Elefanten. Wir peilen unsere Maschine in die Längsrichtung der schwarzen Kolosse ein und sausen nun, höchstens noch 20 Meter hoch, über die Rücken von Hunderten von Elefanten hinweg, während meine Kamera mit doppelter Geschwindigkeit kurbelt. Obwohl der ganze Vorgang wenige Sekunden dauert, wird er mir unauslöschlich in Erinnerung bleiben: hell glitzern in der Mittagsonne die weißen Stoßzähne der gleichsam an eine vorsintflutliche Zeit erinnernden Ungeheuer. Noch zweimal wiederholen wir das gleiche Manöver, um möglichst viel auf den Film zu bannen; dann wenden wir uns südwärts, noch hier und da auf kleinere Elefantentrupps stoßend. Um 14 Uhr 30 lande ich auf dem für unsere Maschine etwas engen Flugplatz von Mongalla, herzlich willkommen geheißen vom englischen Distriktcommissioner. Fünfunddreißig Celsiusgrade im Schatten, an der brennenden Sonne eine Gluthitze, wenigstens für uns fünf, die noch vor drei Tagen bei bloß fünf Grad Wärme in Ägypten gestartet waren. Die Tropenhelme leisten ihre unentbehrlichen Dienste. Gut, daß die eingeborenen Soldaten die Hauptarbeit des Auftankens der Maschine übernehmen. Ich selber achte sehr darauf, die Sonne so viel als möglich zu meiden, sind es doch gerade drei Jahre her, daß ich hier nach einem arbeitsreichen Tagewerk am Abend einen leichten Hitzschlaganfall erlitt als Folge meines allzuvielen Herumspringens mit schweren Photoapparaten. Denn nur wenige Sterbliche kommen so rasch wie wir in eine der heißesten Tropengegenden der Welt.

Mongalla–Nairobi

Hotels gibt es in Mongalla nicht, man ist ganz auf die Gastfreundschaft der wenigen englischen Beamten angewiesen. Wir verbringen die Nacht zusammen im «Resthouse», wo wir die Feldbetten in den Durchzug gestellt haben, um so einigermaßen Kühlung zu finden. Während beim Morgengrauen die drei Motoren ihr Lied in den klaren Morgen schmettern, wetteifern die Tauben und Krähen mit Girren und Krächzen, und die Luft ist erfüllt mit dem Zirpen von Millionen von Grillen.

Der Start aus dem kleinen Platz heraus erfolgt bei Sonnenaufgang um halb 7 Uhr. Er gelingt trotz der schwerbeladenen Maschine vorzüglich. Die Luft hat sich über Nacht auf 25 Grad Celsius abgekühlt und trägt bedeutend besser als am Nachmittag des Vortages. Wir nehmen direkt Kurs auf Südosten. Dadurch verkürzt sich der Landweg von 1500 Kilometern, für den mindestens vier Tage Autofahrt benötigt würden, auf 900 Kilometer gerader Luftlinie, die wir wohl in sechs Stunden zurücklegen werden.

Bald nach dem Verlassen von Mongalla tauchen die ersten Berge auf. Der Nil, der uns auf 5000 Kilometer Länge ein treuer Begleiter gewesen ist, entschwindet dem Gesichtskreis. Nach dreiviertel Stunden passieren wir den stolz aufstrebenden, oben abgerundeten Granitgipfel des Longano. Die Luft ist noch absolut ruhig, keine Bö stört unseren herrlichen Flug. Unter uns dehnt sich die mit Bäumen bedeckte Steppe aus, durchzogen hie und da von einem ausgetrockneten Flußbett, besiedelt mit vielen kleinen Dörfern. In der Ferne, links vor uns, erheben sich dunkle Gebirgszüge bis 3000 Meter Höhe. Allmählich steigen auch wir immer höher und höher, denn unsere gerade Flugroute geht über den 4300 Meter hohen erloschenen Vulkan Elgon. Um 9 Uhr 10, nachdem wir bereits etwa 400 Kilometer hinter uns haben, kann ich schon den gewaltigen Kegel erkennen, der sich mit einer Basis von über 80 Kilometer Durchmesser aus dem Sumpfgebiet des Kiogasees und dem Kavirondogolf des großen Viktoria-Nyanza aufschwingt. Noch einmal liegt, wie im oberen Sudan, ein großes, grünes Sumpfland mit kleineren und größeren Seen unter uns, dann passieren wir die Abhänge des Elgon, die bis auf 3000 Meter Höhe von einem geschlossenen Gürtel hochstämmigen und dichten Laubwaldes überwuchert sind. Über wilde Schluchten, über herrliche Baumkronen, dann ganz nahe über die grünen, mit alpiner Flora bedeckten oberen Abhänge eilen wir pfeilgeschwind dahin. Leider ist der Kraterrand in dichte Wolken gehüllt, so daß ich in der gleichen Richtung, etwa 1 Kilometer vom Gipfel des Elgon entfernt, weiterfliege. Das Gelände wird flacher, die große Hochebene von Eldoret, bepflanzt mit prachtvollen Kaffeeplantagen, bietet an vielen Stellen günstige Gelegenheit für improvisierte Flugzeuglandungen. Eldoret selber, einen größern, von etwa 800 Weißen bewohnten Ort auf 2002 Meter Meereshöhe, lassen wir 3 Kilometer südlich von uns liegen. Über einen dichtbewaldeten Bergrücken, hinter dem sich das Tal des Ndo-River in gewaltigen Steilwänden abtieft, erblickt man in lichter Ferne den Baringosee mit einer kreisrunden, bewaldeten Insel.

Obwohl unser Höhenzeiger immer noch auf 3500 Meter steht, zieht die abwechslungsreiche Hügellandschaft ganz nahe unter uns vorbei. Ein Blick auf die Karte löst das Rätsel. Eben flitzen wir über Timbora, die höchstgelegene Eisenbahnstation des englischen Weltreiches. Die im Jahre 1924 gebaute Eisenbahnlinie, die Eldoret mit der großen Ugandabahn bei Nakuru verbindet, klettert in vielen Windungen auf die respektable Höhe von 2900 Meter hinan. Um 11 Uhr 50 befinden wir uns über dem Nakurusee, an dem Dr. Heim und ich vor drei Jahren das seltene Schauspiel von Zehntausenden, in dichten Schwärmen fliegenden Flamingos erlebten. Bei unserem Nahen sehen wir die Vögel gleich roten Teppichen dicht am Ufer versammelt. Dann verschieben sich diese roten Flecken im blaugrünen See, bis die Vögel, erschreckt über den unbekannten Raubvogel hoch über ihnen, in roten Geschwadern davonfliegen. Ein herrliches Farbenspiel der Natur.

Links zu unseren Füßen öffnet sich der Riesenkrater des Mengai, den ich seinerzeit bestieg. Bald liegt der noch größere Naivashasee mit seinen vereinzelten Flamingo-Geschwadern unter uns. Noch versperrt uns der Riesenkrater des Longonot, dessen klassisch erhaltene Form ich photographiere, den Weg. Nach der Überfliegung des 2800 Meter hohen, vegetationslosen Berges traversieren wir einige Male den Schienenstrang der Ugandabahn, der sich durch eine wundervolle, immergrüne Wald- und Buschlandschaft hindurchschlängelt. Um 12 Uhr 30 liegt, der afrikanischen Landschaft gleichsam einen Faustschlag in ihr reines, jungfräuliches Gesicht versetzend, das modern gebaute Städtchen Nairobi mit seinen neuen hohen Hotelkasten und häßlichen Wellblechbaracken unter uns. Wunderschön sind jedoch in der grünen Umgebung die vielen Wohnsitze der Weißen, fast alle umgeben von blumenreichen, in allen Farben leuchtenden Gärten, die wir jetzt tief, zur Landung schreitend, überfliegen.

Pünktlich, zu unserer seit Wochen zum voraus angesagten Stunde, setzten wir auf der großen Athi-Ebene, inmitten von friedlich weidenden Herden von Zebras, Gazellen und Antilopen, unsere «Switzerland III» ab, sind wir umgeben von Freunden, die seit Wochen und Monaten unsere kommende Jagdexpedition bis ins kleinste vorbereitet haben. Sogar der «Postmaster» von Nairobi hat sich's nicht nehmen lassen, die erste, fahrplanmäßige Luftpost höchst persönlich an der Landungsstelle in Empfang zu nehmen.

Der erste Flug
über den Mount Kenya

«Ist der Mount Kenya seit meinem ersten Afrikafluge schon überflogen worden?», so lautet eine meiner ersten Fragen nach der Ankunft in Nairobi. Mitglieder des hiesigen Flugklubs teilen mir mit, daß der hier ansässige Lord Carbery, den ich vom Europa-Rundflug 1929 her kenne, mit seinem Sportflugzeug, einer «Moth», das an der Basis 70 Kilometer im Durchmesser betragende Gebirsmassiv umkreist habe. Doch über den 5195 Meter hohen Gipfelfelsen sei noch keiner hinübergeflogen. Man rät unserem Fluggast, Baron Rothschild, eindringlich «vom Versuch einer Überfliegung» dieses Schneeberges unter dem Äquator ab. Doch ich bin meiner Sache bei diesem nicht allzu hohen Berge sicher und fühle mich glücklich, noch eben in elfter Stunde hier eingetroffen zu sein, um als Erster den ersehnten Flug zu wagen.

Mit allen möglichen Gründen sucht man uns von der Unmöglichkeit der Überfliegung zu überzeugen. Daß die Luft im heißen Afrika schlechter trägt als in unserer kühleren Heimat, das weiß ich von meiner ersten Afrikatraversierung her zur Genüge. Daß uns aber in der Nähe des Gipfels furchtbare Fallböen Hunderte von Metern in die Tiefe werfen werden, dafür habe ich allerdings nur ein ironisches Lächeln übrig. Schließlich kenne ich die Leistungsfähigkeit unseres erprobten Fokkers und seiner vorzüglichen Motoren, habe ich doch im letzten Sommer oft acht bis zwölf Passagiere mühelos über den 4800 Meter hohen Montblanc geführt. Wegen der Fallböen mache ich mir keine Sorgen; Baron Rothschild ist einigermaßen beruhigt, da ich ihm sage, daß diese uns höchstens hundert Meter herunterdrücken könnten. Als ich mich vor drei Jahren mit Prof. Arnold Heim einige Tage am Fuße des Berges aufhielt, konnten wir feststellen, daß fast jeder frühe Morgen in der Trockenzeit von ruhiger und klarer Atmosphäre war. Der regelmäßig wehende Nordostpassat setzt erst gegen Mittag nach der Erwärmung des Bodens durch die Tropensonne mit voller Kraft ein. Sofern dieser Nordwind keine größere Stärke als 30 bis 40 Kilometer per Stunde aufwies, konnten auch die Wirbelböen oben am Gipfel nicht allzu gefährlich sein. Wenn ich mit einer viel schwächeren Junkersmaschine vor 6 Jahren den noch um 400 Meter höheren Demawend, Persiens höchsten Berg, besiegen konnte, warum sollte es diesmal nicht gelingen?

Mount Kenya! Es war am 3. Dezember 1849, als der Missionar John Lewis Krapf von einem Hügel 149 Kilometer südwestlich des Kenya als erster Weißer den Berg erblickte. Er berichtete seine Entdeckung nach Europa mit der Bemerkung, daß der Gipfel des fernen Gebirges mit einer «weißen Substanz», vermutlich Schnee, bedeckt sei. Jahrzehnte verstrichen, ohne daß man seinen Angaben Glauben schenkte, bis im Jahre 1883 J. Thompson dem Gipfel näher kam und bestätigte, daß die weiße Substanz nicht weißer Kalk sei, sondern Schnee und Eis. Am 13. September 1899 gelang es dem Engländer Halford Mackinder mit Hilfe von zwei Chamonix-Bergführern und 170 schwarzen Trägern, nach schwerer, exponierter Kletterei als Erster den Fuß auf den höchsten Gipfelturm zu setzen. Erst 30 Jahre später, im Januar des letzten Jahres, wurde diese Besteigung durch drei junge englische Alpinisten wiederholt. Geologisch gehört der Mount Kenya zu den Riesenvulkanen Ostafrikas. Der heutige Gipfel setzt sich aus Tiefengesteinen zusammen, die den Schlot des Vulkans erfüllten, der Krater ist vollständig abgewittert. Er muß nach seiner Entstehung im Pliozän (der geologischen Zeitperiode, die der Eiszeit vorausgeht), eine Höhe von über 7000 Metern erreicht haben und somit einst der höchste Berg des dunklen Kontinents gewesen sein.

Damals wäre es also schwieriger gewesen, ihn zu überfliegen, als heute, da wir es voll Zuversicht versuchen: Das drohende Gewittergewölk des Vorabends hat sich über Nacht aufgelöst. Der Frühmorgenhimmel steht voller Sterne, da wir dem Flugplatz zusteuern. Kaum sind wir außerhalb der Gartenstadt, huschen im grellen Scheinwerferlicht unseres Autos, mit grünlich phosphoreszierenden Augenpaaren, weiß- und schwarzgestreifte Zebras und mächtige Wildebeest über die Straße. Das Flugfeld, vier Meilen südwestlich Nairobi, liegt inmitten des großen Wildreservates der Athi-Hochebene, auf der Tausende von Gazellen, Zebras, Antilopen, Büffeln und Hunderte von Straußen friedlich weiden. Im Augenblick, da die Sonne über den fernen Gebirgszügen des Ostens aufgeht, starten wir, diesmal nur zu dritt, nach Norden, und rasch klettert unsere leicht beladene «Switzerland» in die ruhige, klare und frische Morgenluft hinein. Die grüne Hügellandschaft vor uns enthüllt ihr fein ziseliertes Relief, das die noch tiefstehende Sonne mit Licht- und Schattenseiten wundervoll modelliert. Schon nach wenigen Minuten sehen wir deutlich in der Verlängerung unseres Flugkurses den aus einer weit ausholenden Basis sich aufbauenden Gipfelkranz des Kenyagebirges, der uns aus der Entfernung von 140 Kilometern als ein unbedeutender Voralpenkamm erscheint. Wir fliegen über abwechslungsreiches fruchtbares Land. Wohlgepflegte Kaffee- und Sisalplantagen ziehen unter uns vorbei. (Die Sisalpflanze ist eine Agavenart, deren Fasern für die Herstellung von Geweben aller Art Verwendung finden.) Viele Bachrunsen und Flußtäler, mit dichtem Urwald bewachsen, kreuzen unsere Flugrichtung. Fort Hall, durch einen Schienenstrang mit Nairobi verbunden, wird um 7 Uhr traversiert. Malerisch zerstreut liegen überall die gelben Strohdächer der Hütten der Kikujus, oft mitten in dem saftig grünen Blattwerk der Bananenpflanzungen verborgen.

In 3000 Meter Höhe durchstoßen wir eine leichte Wolkenschicht, mit Vollgas in allen drei Motoren klettern wir unaufhaltsam höher und höher. Doch auch der Berg baut sich von Minute zu Minute gewaltiger vor uns auf. Seine Gletscher und Firnfelder locken und gleißen; drohend und abweisend starren seine schwarzen, mit Neuschnee überzuckerten Felsen in den azurblauen Himmel. In mir jubelt es laut, ist es mir doch, als ob ich an einem strahlenden Sommermorgen dem wohlbekannten Alpenwall zusteuere. Die Atmosphäre ist ruhig. Die Missionsstation von Chogoria, das kleine «Resthouse» auf blumiger Alpenwiese, wo ich mit Freund Arnold Heim herrliche Stunden ungetrübten Naturgenießens erlebte, liegen als kleine Punkte Tausende von Metern tief unter uns. Auf der Mattscheibe des Fernrohrs des senkrecht nach unten zeigenden Kursgerätes zieht langsam der dichte, grüne Bambuswald vorbei. Als geschlossener Gürtel umgibt er die Bergflanke von 2400 bis 2900 Meter Meereshöhe. Große, saftige Alpweiden bis auf 3000 Meter Höhe bedecken Kämme und Täler, dann folgt Moorland auf Bergterrassen, die bis auf 4200 Meter Höhe von riesigen Grounseln und Lobelien bedeckt sind. Mehr als einmal glaube ich durch das Fernrohr aufrechtstehende Menschen zu erkennen, es sind jedoch die 2 bis 6 Meter hoch gewachsenen echt afrikanischen, hochalpinen Pflanzen.

Mit scheinbar zunehmender Geschwindigkeit nähern wir uns dem obersten Gipfelaufbau. Was sich jetzt vor uns abrollt, übertrifft weit meine Erwartungen. Wuchtiger und steiler als das Große Schreckhorn der Berneralpen, in der Form jenem sehr ähnlich, türmen sich vor uns in 600 bis 700 Metern hohen Felswänden die beiden eng aneinandergewachsenen Gipfel des Kenya, der Nelion und Batian, über die Flügel unserer «Switzerland» empor. Furchtbar steile Eisrinnen durchfurchen die stolze Felsbastion, Hängegletscher mit blaugrün schillernden Eisschründen kleben in tiefen Felsnischen. Da wir die Höhe des Gipfels noch nicht erreicht haben, lasse ich Künzle, der das Steuer führt, nordöstlich des Gipfels weiter ausholen, mit der Absicht, auf der Luvseite, das heißt auf jener Seite eines Berges, wo der vorherrschende Wind anprallt und dadurch zum Aufsteigen gezwungen wird, rascher die nötige größere Höhe für die Überfliegung zu gewinnen.

Um 7 Uhr 30 haben wir 5400 Meter über Meer erreicht; nun setzen wir, von Norden kommend, zu der ersten Traversierung des zweithöchsten afrikanischen Berges an. Drei Minuten später schauen wir als erste Sterbliche über dem scharfen Gipfelgrat auf beiden Seiten Tausende von Metern in die Tiefe. Wir flitzen, mit dem Nordwind im Rücken, im 200-Kilometer-Tempo nach Süden in das leere Nichts hinaus. Erst auf der Leeseite werden wir von einigen Fallböen gepackt, doch jetzt kann uns ja nichts mehr passieren, wir haben «plenty of space» vor uns. An einem Felsen werden wir nicht mehr anprallen.

Nochmals kehren wir zurück, diesmal an der noch wuchtiger und steiler erscheinenden Westflanke mit ihren fünf Gletschern vorbei. Zum letztenmal donnern wir über die beiden Gipfel; dann nehmen wir Abschied von diesen einsamen, erst zweimal von Menschen betretenen Höhen. Mit leicht gedrosselten Motoren allmählich tiefer sinkend, fliegen wir zurück nach Nairobi. Obwohl wir bis auf 5400 Meter Höhe gestiegen waren, so spüren wir alle keine Beschwerden; eine Folge des allmählichen langsamen Auf- und Abstieges und geringer körperlicher Anstrengung. Was wird wohl der besorgte Hausarzt meines verehrten Passagiers dazu sagen, der ihm geraten hat, nicht über 2500 Meter Höhe zu fliegen?

Schon nach zweieinhalbstündigem Fluge, ungefähr der Dauer eines Matterhornfluges von Zürich aus entsprechend, lande ich wieder auf der Athi-Ebene von Nairobi, wo Mitglieder des Flugklubs uns zu unserem Erfolge herzlich gratulieren.

Die erste Überfliegung des Kilimandjaro

Wenn ich dank den guten Flugeigenschaften unserer «Switzerland III» den Mount Kenya mühelos bezwungen, warum sollte es mir nicht auch gelingen, als Erster den noch fast 1000 Meter höheren Eisriesen des Kibo, des höchsten Gipfels des Kilimandjaro zu überfliegen? Wohl hatte ich schon längst diese Fliegervisite in unser Reiseprogramm aufgenommen, doch dachte ich dabei mehr an eine Umfliegung des mächtigen Gebirges in einer maximalen Flughöhe von 5000 Metern. Nach näherem Studium der einschlägigen Literatur, vor allem aber nach den persönlichen Mitteilungen der im letzten Jahre zu Fuß auf den Kibo gestiegenen Schweizer Dr. Maurer in Alexandrien und des Zürcher Arztes Dr. Geilinger, gelangte ich zu der Überzeugung, daß eigentlich nur Fliegeransichten vom obersten Gipfelplateau mit dem tiefen Einbruchkrater Neues und Niegesehenes ergeben würden. Dazu kommt der sportliche Reiz einer ersten Überfliegung von Afrikas höchstem Berge, deren Möglichkeit trotz unserer starken Verkehrsmaschine von den englischen Fliegern in Nairobi bestritten wird. Obwohl vom Gelingen überzeugt, bin ich mir der Schwierigkeiten vollauf bewußt. Nur mit einer so leicht als möglich beladenen Maschine, ohne alle Reserveteile, ohne Notproviant und Wasser kann der Erfolg erzwungen werden. Allein über den Gipfel zu fliegen kommt deshalb nicht in Betracht, weil ich in diesem Falle nur wenige photographische Aufnahmen machen könnte. Es erscheint mir wichtiger, soviel gute Bilder und Filme wie möglich nach Hause zu bringen, als bloß die Tatsache einer Erstüberfliegung zu melden. Aus diesen Erwägungen heraus plane ich einen Flug zu zweien mit Alfred Künzle als Begleiter. An die Mitnahme auch nur eines Passagiers ist aus den angeführten Gründen leider nicht zu denken, wenn ich den Erfolg nicht von vornherein in Frage stellen will.

Das ist mein Plan, die Ausführung selber hat noch Zeit. Ich nehme mir vor, während unseres fünfwöchigen Aufenthaltes in der Serengetisteppe den Flug gelegentlich an einem ausgesucht schönen Tage von unserm Camp aus auszuführen. Vorläufig handelt es sich darum, am Tage nach dem Kenya-Fluge die 240 Kilometer, die uns vom Camp trennen, zu bewältigen. Das Camp selber liegt in der Nordwestecke der Serengetisteppe, auf 1600 Meter Höhe, etwa 80 Kilometer von der nächsten Eingeborenensiedelung entfernt. Die Reise ist eine Kleinigkeit. Wir erledigen sie in der Morgenfrühe in einer Stunde und vierzig Minuten. In direktem Kompaßflug geht es über den Natronsee von Magadi und über 3000 Meter hohe, mit Urwald bedeckte Gebirgszüge. Und da liegt schon prachtvoll hergerichtet, malerisch unter Akazienbäumen im Schutze eines mächtigen Granitfelsens unser Camp vor uns.

Doch wenn ich mir nun gedacht hatte, daß es mit dem Fliegen für einige Tage zu Ende sei, so sollte ich mich getäuscht haben. Am Vortage unserer Ankunft war unser «White Hunter», ein Berufsjäger, der die Aufgabe hat, die fremden Jäger vor das Wild zu bringen, von einem im Busch versteckt sich aufhaltenden Leoparden ganz unvermittelt und überraschend angefallen worden. Tief hatte die von einem Schuß verwundete Bestie ihre furchtbar scharfen Krallen in Brust und Oberarm eingegraben, war aber zum Glück gleich wieder fortgesprungen, als der unerschrockene Jäger sich mit dem Gewehrkolben Luft verschafft hatte. Die Verwundungen schienen nach oberflächlicher Betrachtung nicht gefährlich zu sein. Doch heute stellten sich hohe Wundfieber ein, eine Überführung ins Spital erscheint dringend notwendig. Unsere Autos brauchen für den 400 Kilometer langen Landweg fünf bis acht Tage, um nach Nairobi zu gelangen. Die Straßen sind vom Regen durchweicht, oft sinken die Wagen bis zu den Achsen in Schlamm und Schmutz. Die vielen Flußläufe, die nichts von Brücken wissen, sind durch die Hochwasser angeschwollen. Der Kranke kann also mit den Automobilen nicht gerettet werden. Das vermag nur die Flugmaschine. Baron Rothschild ordnet deshalb noch am gleichen Tage die Überführung des Verwundeten an. Damit rückt für mich der

74

Kilimandjaro unerwartet in greifbare Nähe. Von Nairobi aus verkürzt sich der Weg um 200 Kilometer, was eine Lastverminderung von mindestens 200 Kilogramm Benzin bedeutet. Damit verbessern sich die Chancen des Höhenfluges. So betten wir denn den Verwundeten in unsere Flugmaschine und erreichen Nairobi nach böigem Flug nachmittags 4 Uhr. Der Patient wird noch am gleichen Abend einer Operation unterzogen. Unser «White Hunter» ist gerettet!

Da das Wetter für den nächsten Tag Gutes verspricht, lasse ich unsere Maschine für den Kilimandjaroflug klarstellen. Am 8. Januar frühmorgens um 5 Uhr fährt die Besatzung der «Switzerland III» im Auto der Shell-Company, die unseren gesamten großen Benzinbedarf vorzüglich befriedigt hat, durch die sternenklare Tropennacht hinaus auf den Flugplatz von Nairobi. Es gilt, die einsamen Höhen des Königs der afrikanischen Berge zu erreichen, bevor die Sonne durch ihre wärmenden Strahlen die Luftmassen turbulent und infolgedessen weniger tragfähig gemacht hat.

Im Scheinwerferlicht des Autos kontrolliert Wegmann die drei Motoren; Künzle und ich laden alles, was nicht niet- und nagelfest ist, aus den Gepäckräumen aus. Sogar das Sieb unseres Klosetts muß daran glauben, obwohl das gegen die europäische Vorschrift verstößt. Heute fliegen wir ja nicht über dicht bevölkerte Städte, so daß diese sonst entschieden berechtigte Einrichtung im glücklicherweise noch «freien Afrika» sicherlich nicht verlangt wird. Leider verzögert sich unser Start, da einige Zündkerzen ausgewechselt werden müssen. Für einen gewöhnlichen Überlandflug wäre ich auch bei etwas geringerer Tourenzahl des mittleren Motors gestartet, heute jedoch muß jeder von ihnen sein Äußerstes hergeben, soll unser Flug gelingen.

Um 6 Uhr 30 starten wir endlich über Herden von Zebras und Antilopen, die schon die ganze Zeit unsere Vorbereitungen vom Ende des Flugplatzes aus mit gespitzten Ohren verfolgt haben. Es hätte nicht viel gefehlt, so wären einige der wild auseinanderjagenden Grant-Gazellen unter unsere Räder gekommen, so nahe flitzen wir an ihnen vorbei. Doch im letzten Moment springen sie mit virtuoser Beweglichkeit seitwärts aus unserer Fahrbahn heraus.

75

Wir nehmen Kurs nach Süden. Schon nach wenigen Minuten sehen Künzle und ich vom Führerstand aus die charakteristischen Umrisse der zwei selbständigen Gipfel des Kilimandjaro, links den spitzen Kegel des Mawenzi, 5143 Meter hoch, rechts davon den kalottenartigen, nach allen Seiten fast gleichmäßig abgerundeten, hell schimmernden Schild des Kibo, 6010 Meter hoch. Am 11. Mai 1848 war es, daß die Missionare Krapf und Rebmann als erste Weiße diese Berge erblickten. Erst im Jahre 1889 gelang es dem Deutschen Hans Meyer, den Kibo als Erster zu ersteigen und Kunde von seinem vergletscherten Kraterplateau zu bringen. Drei Schichtvulkane, die durch gegenseitige Überlagerung ihre Auswürfe zu einem riesigen Gebirge von 90 Kilometer Länge und 60 Kilometer Breite verschmolzen, bilden den Kilimandjaro. Der Shirakrater westlich des Kibo ist der kleinste und älteste der Vulkane. Dieser stark zerstörte Krater, der aus unserer großen Flughöhe nur noch als ein unbedeutender Kamm des Kibo erscheint, dürfte einen Umfang von 5 Kilometern besessen haben. Nach der Entstehung des Shira bildete sich der Mawenzi, dessen östlicher Kraterrand bei Aschenausbrüchen zerstört und im Laufe der Jahrtausende durch die Verwitterung in steile Felstürme aufgelöst wurde. Erst später türmte sich der Kibo zwischen Mawenzi und Shira auf.

Die Athi-Hochebene versinkt rasch unter uns. Um 7 Uhr traversieren wir in einer Höhe von 4000 Metern die Eisenbahnlinie, die die großen Natronfabriken am Magadisalzsee mit der Ugandabahn verbindet. Eine trostlose, baum- und strauchlose, braunrote Wüstenlandschaft dehnt sich wohl 100 Kilometer weit vor uns aus. In der Kabine stelle ich meine sämtlichen fünf Photo- und Kinoapparate aufnahmebereit in Reih und Glied, um sie in den Minuten stärksten Erlebens sofort zur Hand zu haben. Die Außentemperatur war beim Start in 1500 Meter Höhe über Meer 22 Grad Celsius, bei 2000 Meter 20 Grad, bei 3000 Meter 13 Grad, bei 4000 Meter 7 Grad und jetzt, wo wir um 7 Uhr 25 bereits die respektable Höhe von 5000 Meter erklettert haben, immer noch 3 Grad Wärme.

Wir passieren die großen, blau spiegelnden Salzseen von Amboseli und Lopinya. Jetzt kommen wir in die Niederschlagszone des Kilimandjaro, die sich in der beginnenden Busch- und Waldzone unter uns deutlich abzeichnet. Auf Steuerbord sinken die Kraterberge des Erok (2553 Meter) und Longido (2614 Meter) zu kleinen, nichtssagenden Hügeln zusammen, während der Kibo seinen in makellosem Weiß glänzenden Eisschild immer noch hoch über uns in den dunkelblauen, wolkenlosen Himmel wölbt. Um 7 Uhr 45 zeigt der Höhenmesser 5600 Meter an, die Außentemperatur ist unterdessen auf minus 1 Grad Celsius gefallen. Trotzdem haben wir dank der Kabinenheizung in unserer Maschine eine angenehme Wärme von über 20 Grad.

Ich bin mir klar bewußt, daß nur dank des Aufwindes an der breiten Nordfront des Berges unser schweres Verkehrsflugzeug eine so abnormale Höhe von 6000 Metern erreichen könne. Deshalb halte ich mich von Anfang an im Bereich der aufwärts gerichteten Luftströmungen, wie sie seit einigen Jahren durch die Kunst des Segelfluges uns Fliegern eigentlich erst bekannt geworden sind. Da sich die Luftströmungen je nach dem Abstand vom Berg günstiger oder weniger günstig auswirken, gilt es, die beste Steiglage auszusuchen und auszunützen. Vorsichtig betätigt Künzle das Höhensteuer, denn wir müssen noch gut 600 Meter steigen, wollen wir die Geheimnisse des Kraterbodens ergründen. Zieht er das Höhensteuer zu stark an, so steigt wohl der Bug unseres Flugzeuges, dafür aber sacken wir in der dünnen Höhenluft infolge des dadurch bedingten Geschwindigkeitsverlustes wiederum um die errungene Höhe hinunter. Schließlich haben wir jedoch mittelst Vergleichung des Geschwindigkeitsmessers mit dem Aneroid die günstigste Steiggeschwindigkeit herausgefunden, und zu unserer großen Freude stellen wir fest, daß wir, wenn auch sehr langsam, an Höhe gewinnen. Aber auch ohne Höhenmesser spüre ich an mir selbst die große Höhe, denn im Vertrauen auf meine robuste Gesundheit habe ich keine Sauerstoffapparate mitgenommen. Während Künzle, der bis jetzt ohne die geringste körperliche Anstrengung fast bewegungslos am Steuer sitzt, noch keine Beschwerden fühlt, machen sich bei mir Kopfschmerzen und erhöhter Pulsschlag bemerkbar. Nach jeder Aufnahme, nach dem Drehen der Kinokurbel, muß ich tief Atem schöpfen. Der Sauerstoffmangel, der die Leistung unserer Motoren schon um mehr als die Hälfte vermindert hat, macht auch jede menschliche Tätigkeit viel anstrengender. Doch die freudige Aufregung, die angespannte Willenskraft läßt alle körperlichen Anstrengungen vergessen.

Zusehends sinkt das Eisdach Afrikas, scheinbar nur zentimeterweise, tiefer. Wir fliegen auf dessen Nord- und Ostseite, immer noch in respektvoller Entfernung bleibend, große Schleifen. Um 8 Uhr 30 erblicke ich über der konkaven Gletscherkappe der Ostflanke des Kibo den scharfen, in steilen Felswänden zum Krater abfallenden Südwestgrat, der den höchsten Punkt von 6010 Metern aufweist. Diese Peilung ergibt, daß wir nun auch das sechste Tausend ab Meereshöhe erreicht haben. Für die noch fehlenden 200 bis 300 Meter, die für eine gefahrlose Überfliegung notwendig sind, brauchen wir noch weitere 10 Minuten Steigzeit. Unterdessen enthüllt sich uns ein ganz merkwürdiges, unerwartetes Bild. Auf der im Durchmesser wohl 5 bis 6 Kilometer betragenden Eiskalotte zeichnet sich im Zentrum der äußere Ring des alten, erloschenen Kraters mit scharfen Fels- und Eisrändern ab. Allmählich vertieft sich der Ring zu einer riesenhaften Arena, an deren Grund das 2½ Kilometer breite Einbruchsloch des ehemaligen Feuerschlundes gähnt, gleichsam an das Riesenauge eines märchenhaften Gebildes längst vergangener Erdentage erinnernd. In der Mitte mit einer streng geometrischen Figur von gleichförmigen Ellipsen, die sich beim Höhersteigen zu konzentrischen Kreisen runden – so liegt, mit Eis- und Schneelappen bedeckt, der höchste Gipfel des schwarzen Kontinents zu unsern Füßen.

Wir oft habe ich nicht schon vom Flugzeug aus Dinge erschaut, die noch keines Menschen Auge vorher erblickt hatte, ohne daß ich dabei eine besondere Ergriffenheit verspürt hätte. So selbstverständlich erscheint uns Fliegern das neue Erleben. Heute aber, da ich aus bisher nie erlebter Höhe auf dieses phantastisch geformte, ungeheure Gipfeldach hinunterschaue, da sich seine Geheimnisse Schlag auf Schlag enthüllen, durchströmt mich heiß die Freude des Gelingens, der Stolz des Entdeckers.

In 6400 Meter Höhe donnert die «Switzerland» über den Kibo. Gerade über dem unheimlich tiefen Kraterloch wird sie von Böen erfaßt, daß ich mich fest anklammern muß, um nicht umgeschleudert zu werden. Während einer halben Stunde, in der ich Hunderte von Filmmetern drehe, ziehen wir große Kreise um und über den Kibo, dessen drei größte Eisströme, Credner-, Drygalski- und Penk-Gletscher, auf der Westseite über 1200 Meter tief an den grauen Lavahängen hinunterfließen.

Der 5355 Meter hohe Mawenzi droht östlich vom Kibo mit bizarren Felstürmen über einem wallenden Wolkenmeer, das sich in wenigen Stunden seit Sonnenaufgang gebildet hat und zusehends immer höher steigt. Ich spare mir den Besuch dieser hohen Felsenburg für später auf, gebe Künzle das Zeichen zum Drosseln der Motoren und zum Rückflug nach Nairobi. Plötzlich bemerke ich, daß sein Gesicht einen bleichen, fahlen Ausdruck erhält, mit dunklen Rändern um die Augen. Er klagt über fürchterliche Kopfschmerzen, so daß ich das Steuer der Maschine übernehme, damit er sich in der Kabine erholen kann. Doch in der warmen Luft wird sein Zustand nicht besser, er erbricht sich und kommt, sichtlich frischer aussehend, wieder nach vorn ans Steuer. Obwohl unsere Motoren fast ganz abgestellt sind, sinken wir nur langsam. Wie ein leibhaftiger Riesenvogel segelt unsere nur leicht beladene Maschine in der immer unruhiger werdenden Luft. Während einer Spirale in etwa 4000 Metern Höhe über dem Amboseli-Salzsee sehe ich, wie der Gipfel des Kibo allmählich in Wolken untertaucht. Bald ist er in den kalten Schnee- und Eiswolken, die die Besteigung des Berges so gefährlich machen, unseren Blicken für immer entzogen.

Etwas ermüdet von all dem Glanz der Eisregionen und der unaufhörlichen Spannung lande ich um 10 Uhr 40 nach gut vierstündigem Höhenflug auf dem Flugplatz von Nairobi.

Ein Flug über das Hochland
der afrikanischen Riesenkrater

Zwanzig Tage Jagd auf afrikanisches Groß- und Kleinwild liegen bereits – wie im Fluge vergangen –, ausgefüllt mit köstlichen Erlebnissen, hinter uns. Unsere Motorwagen, mit denen wir Hunderte von Meilen in unwegsamen, von Menschen nur selten begangenen Gegenden zurückgelegt hatten, haben eine Ruhe- und Revisionspause bitter nötig. So wurde mein Vorschlag, eines der interessantesten Gebiete der Welt, nämlich das Hochland der Riesenkrater, zum ersten Male in seiner ganzen Größe zu überfliegen, von Baron Rothschild und seinen Jagdfreunden mit Freuden begrüßt. Damit sollte auch mein seit Jahren gehegter Wunsch, der leider wegen verschiedener technischer Widerwärtigkeiten bei der ersten Afrikatraversierung nur Wunsch geblieben war, in Erfüllung gehen.

Bei funkelndem Sternenhimmel haben wir heute im Morgengrauen unsere «Switzerland» flugklar gemacht. Unter dem metallnen Brüllen der Motoren verstummte das klägliche Schreien der heulenden Hyänen, die sich draußen auf unserem Flugplatze um die Kadaverreste eines Löwenschmauses stritten.

Die letzten leuchtenden Sterne verblassen. Im Osten, hinter der sich unendlich weit ausdehnenden Grassteppe, rötet sich in feurigen, fast unwirklich erscheinenden Farben der Himmel. Vor Sonnenaufgang sind wir – zu fünft – hoch über der grünen Ebene der Serengeti und fliegen nach Ostsüdost, dem fernen Zackenmeer der Vulkanlandschaft entgegen, die sich hinter unserem königlichen Jagdrevier auf einem Raume, größer als die Schweiz, ausbreitet.

Nach einer halben Stunde, in der wir das Wunder des Sonnenaufgangs erlebten, ist der Ostrand der Grassteppe traversiert, fliegen wir schon über die von Wassererosion durchfurchten Lavahänge der dicht ineinander gewachsenen Krater westlich des Njarasa-Grabens, die mit Gras und Dornbüschen bis hinauf zu den Gipfelregionen überwuchert sind. Aus dem Gipfelmeer erhebt sich unmittelbar vor uns, in Form und Farbe auf die frühere heroische Zeit des aktiven Vulkanismus hinweisend, der furchtbar steile, aus kahlen, hellbraunen Tuffen aufgetürmte Kegel des Lengai (2915 Meter), dessen Krater Sodaschlammströme, sogenannte «Teufelsnadeln», birgt. Links daneben, hinter dem tiefen Grabental des Magadsees, schaut der auf einer Basis von 40 Kilometern Durchmesser sich aufbauende, mit Dornbusch und dichtem Urwald bewachsene 2942 Meter hohe Krater des Gelai zu uns herüber. Zu unserer Rechten präsentieren sich die ineinander geschachtelten, in späterer geologischer Zeit wieder zerschnittenen Krater des Elanairobi (3210 Meter), Ololmoti, der «Kochtopf» der Eingeborenen, sowie weiter südlich der Loolmalassin (3648 Meter), einer der höchsten der vielen Krater. Um 6 Uhr 55 kreisen wir noch etwa 400 Meter höher über dem Krater des Lengai, der immer noch periodisch tätig ist und erst im Jahre 1917 von einer heftigen Gasexplosion erschüttert wurde. Staunend überblicken wir die eigenartige, erst aus der Vogelschau ihre letzten Geheimnisse enthüllende Landschaft. Ihre vielen Riesenkraterlöcher starren wie Augen vorsintflutlicher Sagentiere in unsere Höhe von 4000 Meter hinauf. Ein Vergleich mit den Phlegräischen Feldern bei Neapel drängt sich mir unwillkürlich auf, nur daß sich hier der Maßstab ins Zehn- bis Zwanzigfache steigert!

Im Osten hat sich unterdessen, je höher wir allmählich steigen, der Kibo immer mächtiger aufgetürmt. Wie ein Riesenschild, dessen weißer Knauf über dem grünen Urwaldgürtel thront, so gleißt und glänzt, obwohl noch 170 Kilometer von uns entfernt, das stolze Gletscherdach Afrikas über der 1200 Meter hohen Steppe. Unser Besuch gilt heute dem östlichen Gipfel, dem 5355 Meter hohen Mawenzi, auf den wir unseren Kurs richten.

Auf Steuerbord defilieren langsam die bewaldeten Riesenkrater des Essimingor, Burko, Tarossero und Mondul an unseren Augen vorbei, doch nimmt der Meru unsere ganze Aufmerksamkeit für sich in Anspruch, ein mächtiger, breit ausladender, bis auf 3300 Meter Höhe dicht bewaldeter Schichtvulkan mit äußerer und innerer Somma. Im Schatten des tiefen Kraters sieht man deutlich den Aschenkegel des noch nicht vor allzu langer Zeit erloschenen Vulkans. Allerdings haben sich Lavaausbrüche in geschichtlicher Zeit, die bei Afrika ja nicht lange zurückreicht (ist doch erst im Jahre 1848 das Gebiet vom ersten Weißen besucht worden), nicht mehr ereignet, dagegen entwickelt der Berg zeitweilig beträchtlichen Dampf. Waren bis jetzt die überflogenen Gebiete vollständig unbewohnt, so sehen wir am Fuße des Meru und Kilimandjaro überall Kaffee- und Sisalplantagen sowie kleinere Siedelungen von Weißen und Eingeborenen. Die erste, noch von den Deutschen erbaute Straße zieht unten vorbei. Sie verbindet Arusha am Südhang des Meru mit Moshi, der am Fuße des Kilimandjaro inmitten von grünen Farmen malerisch gelegenen Siedelung, die Zeugnis ablegt von der vorzüglichen Kolonisationsarbeit der Deutschen, die auch heute noch von den hier ansässigen Engländern gerühmt wird.

Das Dörfchen Shira breitet sich 8 Uhr 20 senkrecht unter uns aus. Wir nähern uns dem zersägten Shirakamm (4200 Meter), der den kleinen Rest des einst ältesten der drei Kilimandjaro-Krater bildet und einen Teil der Westflanke des Kibo, des jüngsten und zugleich auch höchsten Vulkans darstellt. In 5200 Meter Flughöhe fliegen wir nun an der konkaven Südflanke des Kibos vorbei mit den drei großen Gletscherzungen, die noch etwa 300 Meter tiefer an den kahlen Lavahängen hinunterfließen. Hier und da rüttelt eine Fallböe an den Schwingen unseres Vogels, wodurch sich jedoch unser zweiter Pilot, der am Steuer sitzt, nicht beirren läßt. Er fliegt genau den Kurs, den ich ihm von der Kabine aus mit einem elektrischen Fernzeiger übermittle. Nur so ist es mir möglich, den gewünschten Ausschnitt aus unserem Flug-Panorama rasch auf Film und Platte zu bannen. Um 8 Uhr 30 umkreisen wir die über 500 Meter senkrecht abfallenden Felsenflanken des Mawenzi in nächster Nähe, immer noch zirka 150 Meter tiefer als der höchste Gipfelturm von 5355 Meter. Nie werden wir die Sekunden vergessen, in denen sich die von der grellen Höhensonne plastisch beleuchteten Tuffelsen, die tief eingefressenen Couloirs gleichsam aufrollten. Jetzt huscht der einzige Kargletscher, der sich auf der Südwestseite noch erhalten konnte, im Sucher meiner Filmkamera vorbei. Noch zweimal lassen wir dieses grandiose Schauspiel sich wiederholen, dann kreuzen wir den 4500 Meter hohen Sattel zwischen Kibo und Mawenzi. Von den gefährlichen Fallböen, vor denen meine Fluggäste von Sportfliegern in Nairobi eindringlich gewarnt wurden, ist nicht viel zu spüren. Unsere brave «Switzerland» wird leicht mit ihnen fertig.

Nach einer Viertelstunde überwältigenden Schauens und Staunens müssen wir leider von dieser unerhörten afrikanischen Hochgebirgspracht, von diesen mächtigen geologischen Naturwundern scheiden. Unser Flugweg zurück zu unserem Landungsplatz ist über 300 Kilometer weit, und eine Notlandung wegen Benzinmangels würde trotz unseres Notproviants von 30 Kilogramm hochkonzentrierter Nahrungsmittel und 30 Liter Trinkwasser je nach der Landungsgegend vielleicht Verhungern und Verdursten bedeuten.

Den Rückweg nehme ich südlicher als den Hinflug, direkt über den Meru und Essimingor zum Nordrand des Manjarasees, wo wir zum zweitenmal die große Iraku-Bruchstufe traversieren, deren 300 bis 400 Meter hohe Steilwände nach Norden und Süden wohl über 100 Kilometer weit genau verfolgt werden können.

Um 10 Uhr liegt der Manjarasee tief unter uns mit 2 bis 3 Kilometer breiten, offenbar ganz ausgetrockneten Salzrändern, wie aus der weißen Farbe zu schließen ist. Dort, wo im Süden die Bruchränder im Dunst der Ferne untertauchen, ragt in scharfen Umrissen ein hoher Berg empor! Meine Passagiere halten ihn für den Kibo, so gewaltig ist sein Aufbau. Doch die Peilung ergibt, daß es sich nur um den 132 Kilometer von uns entfernten, südlichst gelegenen Riesenkrater des Hanang (3400 Meter) handeln kann. So weit reicht also unsere grandiose Fernsicht!

Kurs nach Osten nehmend, allmählich bis auf 3200 Meter Höhe absteigend, gelangen wir an den Rand wohl eines der größten Krater der Erde, des Ngorongoro. Durch Wolkentore hindurch schauen wir in seine flache Pfanne mit einem Durchmesser von 22 Kilometern. Steilwände von 500 bis 700 Meter umwallen ihn, ein blauer, mit weißen Salzrändern eingefaßter See spiegelt aus grüner Grassteppe, die die Riesenarena des einstigen Kraterbodens bedeckt. Das in die Hunderttausende gehende Heer von Wildebeest und Zebras ist offenbar in die in vollem Graswuchs stehende Serengetisteppe hinunter gewandert, denn wir können nur wenige schwarze Punkte erkennen.

Ich verzichte deshalb auf den beabsichtigten Tiefflug und wende mich dem 3188 Meter hohen Oldeani zu, dessen zersägte Kraterwand sich unheimlich düster von den inzwischen aufgestiegenen Gewitterwolken abhebt. Nur noch wenige Meter höher fliegen wir über die Urwaldriesen, die dem 4 Kilometer im Durchmesser betragenden Kraterrand ein phantastisches Aussehen verleihen.

Nach Nordwesten versperrt uns nun kein Berg mehr den Rückflug. Vor uns dehnt sich weit die Grassteppe aus, in deren warme, tiefere Luftschichten wir allmählich hineingleiten.

Das wellige Gelände bis zum Lgarya-Salzsee – vor zwei Wochen schoß hier Baron Rothschild seinen zweiten, prachtvollen Löwen – ist mit Gras, Schirmakazien und Dornbusch bedeckt. Kleine Herden von Giraffen naschen langhalsig von den zarten Blättern der Baumkronen, fliehen aber bei unserem Nahen erschreckt davon.

Nach Überfliegung des herrlich blau spiegelnden Sees öffnet sich unseren Blicken das Grasmeer der Serengeti ohne Strauch und Baum. Das, was sich nun in der nächsten halben Stunde vor unseren Augen abspielt, läßt sich kaum beschreiben. Befinden wir uns doch über einer der tierreichsten Gegenden der Welt! Wir fliegen in Kirchturmhöhe, zeitweilig nur noch 10 Meter hoch über dem mit gelben und weißen Blumen übersäten Grasparadies. Vor und hinter uns, links und rechts, flüchten und rennen, als ob es sich um Leben oder Tod handelte, Hunderte, nein, Tausende von Zebras, Gazellen und Antilopen aller Art in unserer Flugrichtung. Wie toll tummeln sich die dunklen Wildebeeste, eine Kuhantilopenart von büffelartigem Aussehen. Sie rennen – Haupt und Mähne gesenkt – mit peitschendem Schwanz dahin. So weit unser Blick reicht, nichts als springendes Wild. Wohl eine Geschwindigkeit von über 50 Kilometer pro Stunde entwickeln die

Grant-Gazellen. Da rennen zwei dieser zierlichen Tiere mit ihren Hörnern zusammen, fallen auf den Boden, um sich gleich wieder zu erheben und weiterzuhasten. Hier verkriechen sich Rudel von grauen Wildschweinen mit ihren Jungen, sich kurz vor ihren Höhlen mit Blitzesschnelle noch einmal umdrehend, um rückwärts mit einer braunen Staubwolke in den Erdlöchern zu verschwinden. Vogel Strauß steckt seinen Kopf nicht ins Gefieder, wie es im Märchen heißt, sondern auch er beteiligt sich mit Höchstgeschwindigkeit am Rennen über die Steppe. Nur eine Gattung Tiere bleibt nach kurzem vergeblichem Bemühen, zu entkommen, unschlüssig stehen und schaut frech zu uns herauf. Es sind die Hyänen, die wir überall vereinzelt herumschleichen sehen, diese abscheulichen feigen Mörder und Aasfresser, die alles, was ihnen mühelos zwischen ihr fürchterliches Gebiß kommt, bis auf die Knochen vertilgen. Gebannt und atemlos folgen wir diesem unglaublichen wundervollen Schauspiel. Es kostet mich Mühe, mir zu vergegenwärtigen, daß es nackte Wirklichkeit ist, was sich hier abspielt, und nicht etwa das abenteuerliche Traumbild eines Jägers.

Leider habe ich schon nach einer Viertelstunde alle meine Filme verschossen. So löse ich Künzle am Führersitz ab, obwohl immer wieder neue Heere von Tieren anrücken. Da ertönt aus der Kabine plötzlich der laute Ruf Captain Woods: «Two lions!» Aufs höchste gespannt, blicke ich um mich und sehe, etwa 60 Meter von mir entfernt, zwei Löwen, die aus dem hohen Gras auftauchen und davontrollen. Rasch eine scharfe Kurve, daß die linke Flügelspitze beinahe die Löwen berührt. Die beiden Prachtskerle, offenbar ihre Lage erkennend, sehen ein, daß ein Entrinnen aus dem Machtbereich des brüllenden Riesenvogels nicht möglich ist. Den Kopf zu uns hinaufgerichtet, legt sich der eine ins Gras, während der andere daneben steht, beide mit weit geöffnetem Rachen, Kampfbereitschaft ausdrückend. Ein ergreifendes stolzes Bild der unberührten wilden Natur! Simba, der unumschränkte Herrscher dieser unbewohnten Gegenden – um ihn herum die flüchtende, jagende Meute der Antilopen – und über ihm wir fünf schwachen Menschlein in einem Riesenvogel, dessen kraftvolles Dröhnen den Tieren dieser Steppe zum erstenmal in die Ohren lärmt.

Bis wir unser Camp erreichen, begegnen wir immer wieder neuen zahllosen Herden von Tieren; ich glaube bestimmt nicht zu übertreiben, wenn ich behaupte, daß in diesen dreiviertel Stunden Flug über die Serengeti mehr als 50 000 Stück Wild an unserem Gesichtskreis vorbeizogen. Um 11 Uhr 20, nach einem fast 5½stündigen Fluge von über 800 Kilometer Länge, lande ich auf unserem idealen Flugplatz. Eine halbe Stunde später ruht unsere «Switzerland» geschützt vor dem herannahenden Gewitter unter unserem improvisierten Zelt, und die braven Schwarzen servieren uns den in der Frühe nicht beendeten Lunch, bestehend aus köstlich schmeckendem Wildbret.

Über die Sahara zum Tschadsee

Gerade im Monat Dezember scheint Afrika eine besondere Anziehungskraft auf mich auszuüben. Wieder war es im Dezember – diesmal des Jahres 1930 –, daß ich zu einem Afrikaflug aufbrach. Mr. Kingsley Macomber, ein führender amerikanischer Geschäftsmann und Besitzer einer üppigen Dampfjacht, empfand das Bedürfnis, Afrika aus der Luft zu betrachten. Zum drittenmal vertauschte ich auf diese Weise den frostigen Zürcher Winter gegen die warmen Gefilde des dunklen Erdteils. Ich nahm einen zweiten Flugzeugführer und einen Bordwart mit. Hauptmann Wood war auch wieder dabei; und wiederum setzte ich mein Vertrauen in einen dreimotorigen Fokker mit dem Zeichen «CH 192».

Das Reisegebiet lag diesmal weiter westlich, denn anstatt des Nils und Sudans sollten Sahara und Tschadsee der Schauplatz des Abenteuers werden. Demgemäß flog ich über die Dent du Midi und den Montblanc nach Marseille. Dreieinhalb Stunden nach dem Abflug von Zürich landeten wir in der Hafenstadt. Am nächsten Morgen zogen wir unsere dröhnende Bahn über den Mündungsfächer der Rhone und unterbrachen in Perpignan, um Post abzuliefern. Von da zwang mich ein Pyrenäensturm, der Küste zu folgen. Wir blieben möglichst nahe an den Wellen, oft nur 30 Meter über ihnen, um den unruhigsten Luftschichten auszuweichen. Nach anderthalb Stunden sah ich die Gasbehälter, Eisenbahnbrücken und Fabrikschlote der emsigen Hafenstadt Barcelona.

Erfreulicherweise genoß Macomber den Flug trotz des Schaukelwetters und fühlte sich so wohl wie in seinem Schloß zu Monte Carlo. Immer an der spanischen Küste entlang kamen wir nach Cartagena, wo wir wieder Post ablieferten, die erste Luftpost, die von der Schweiz nach Spanien kam. Dann ging es über Land nach dem schönen Hafen von Malaga. Unterwegs gewann ich Einblick ins Hochgebirge der Sierra Nevada.

Dann tauchte das trotzige Gefels von Gibraltar auf. Über der Meerenge wogten Nebel, die wir indes bald durchstießen. Die Berge von Marokko glänzten im Sonnenschein. Unter uns sahen wir Tetuan und das kriegerische, blutgetränkte Rif am Fuße steiler Hügelketten. Als wir auf 3000 Meter hinaufkletterten, wurde es empfindlich kühl. Über Schluchten, Zackenkämme und fruchtbare Flußniederungen gelangten wir auf die Hochfläche nach Fes. Seine blendend weißen Häuser hoben sich scharf von der grünen Landschaft ab. Für die 1300 Kilometer von Barcelona hatten wir genau acht Stunden gebraucht.

Von Fes flogen wir die 240 Kilometer nach Casablanca, um Macombers Luxusjacht zu besuchen, die hier vor Anker lag. Dann noch ungefähr dieselbe Entfernung nach Marrakesch, der Pforte der Sahara. Wegen des unsicheren Wetters verweilten wir zwei Tage in dieser noch sehr echten morgenländischen Stadt, wo uns die französischen Fliegeroffiziere freundlich bewirteten. Marrakesch ist die Stadt in Marokko, die bisher fast gar nicht unter Touristenschwärmen gelitten hat. Aus den Schönheiten alter Paläste und Minarette atmet noch eine fast mittelalterliche Stimmung. Meine Sammlung konnte ich hier durch ungestellte Volksbilder bereichern. Da gab es Schlangenbeschwörer, Märchenerzähler, Kurpfuscher, stolze Berber und das bunte Volksgedränge in den Straßen und auf den Plätzen.

Sofort nach dem Eintritt besseren Wetters flogen wir von Marrakesch in die Atlasberge und über Oued Zem zurück nach Fes. Die Fortsetzung von Fes über den Mittleren Atlas in 2½ Stunden nach Colomb Béchar wurde anfänglich durch das Wetter beeinträchtigt. Der Fokker schüttelte sich aber nur und verfolgte unbeirrt seinen Pfad. Über der Wüste beruhigte sich die Luft. Wir landeten bei den grünen Palmen und sonnbeglänzten Kasernen von Colomb Béchar. Die Befestigungen und Blockhäuser dieses Vorwerks an der Wüste leuchten grell weiß in der Tagesglut. Auf dem Flugplatz versammelten sich Spahis in roten Mänteln, Zuaven in weißen Pumphosen, afrikanische Schützen im roten Tarbusch und europamüde Fremdenlegionäre, um unseren Abflug zu sehen. Ich fühlte mich meiner Sache durchaus sicher, denn alle Vorbereitungen waren mit der peinlichsten Gewissenhaftigkeit und Genauigkeit getroffen worden. Wir flogen früh am Morgen ab, beschrieben eine Abschiedsrunde über der Festung und nahmen fast genau südlichen Kurs auf den undeutlichen Horizont, wo die versengte Wüste in den blassen Himmel verschwomm.

Die mannigfaltigen und in ewiger Bewegung befindlichen Formen der Sanddünen nehmen sich von oben her besonders reizvoll aus. Wir erhielten wirkungsvolle Eindrücke von diesem Irrgarten der Wüste, wo nicht einmal alte Spuren eines Weges von irgendeinem Leben zeugten. Beruhigt lauschten wir dem eintönigen Surren der Motoren, denn eine Notlandung eröffnet hier keine erfreulichen Ausblicke. Auch ohne Bruch wäre die Sache gefährlich genug, denn der nächste starke Sandsturm könnte Mensch und Flugzeug für immer begraben. Bei der fliegerischen Eroberung der Sahara sind bisher schon 20 französische Heeresflugzeuge spurlos verschwunden.

In dem eintönigen graubraunen Dünenfeld erschien ein eiförmiger, grünlicher Fleck, und bald senkte sich der CH 192 zu den schwankenden Palmen und maurischen Zinnen des Forts Beni-Abbès hinab. Der Saurafluß, der hier die Wüste benetzt, schlängelt sich zwischen den Palmen dahin. Zur großen Freude der Besatzung machten wir einen Aufenthalt, denn das Leben der Saharaschützen bietet keinerlei Abwechslung, wenn man von gelegentlichen Scharmützeln mit den Tuareg absieht. Mehr als anderthalb Stunden konnten wir diesen Einsiedlern aber nicht schenken. Nach einem Gang um die Festung und durch das Araberlager verabschiedeten wir uns wieder.

Tief fliegend folgte ich einer Karawanenfährte, auf der in Zwischenräumen lange Ketten von Dromedaren sichtbar wurden, die schläfrig durch den Sand tappten. Nirgends zeigte sich der Unterschied zwischen alt und neu, zwischen noch fast biblischer Kulturstufe und Wundern neuzeitlich technischen Fortschritts offensichtlicher als hier. Auf der einen Seite die gemächliche Kamelkarawane, bei der man an räuberische Araber und an «schwarzes», für den Harem eines reichen morgenländischen Händlers bestimmtes Elfenbein denkt, auf der anderen Seite unser Fokker, der mit 160 Stundenkilometer über die Wüste dahinbraust, während die Fluggäste in einem bequemen Armsessel sich den Freuden des Fluges hingeben.

Kurz nach Mittag entdeckten wir wieder Grünflecke im Sandmeer. Araber traten aus vereinzelten Hütten unter Palmen und starrten gleichmütig zu uns herauf. In kleinen Dornenpferchen sah man ihre gelblichweißen Gäule, die nie im Leben ein Stalldach gekannt haben. Es gehört zu den bittersten Trauerspielen der Wüste, daß viele dieser Siedlungen unter dem immer in Bewegung befindlichen Sand nach und nach begraben werden. Die Sandkörner fressen sich langsam in den Pflanzenwuchs hinein, und ich sah einige Dattelpalmen – sie liefern diesen einsamen Siedlern ein wichtiges Nahrungsmittel –, deren Stamm schon zu zwei Drittel im Sande steckte. Jetzt kamen ein paar größere Oasen in Sicht. Als wir über die niedrigen Hütten knapp einen Meter über den Palmenwipfeln dahinbrausten, rissen die Bewohner nach allen Richtungen hin aus, Schutz und Trost bei Allah zu suchen. Vergeblich hielt ich nach den Sebcha-Salzsümpfen Ausschau, die auf der Karte stehen. Doch zerbrach ich mir nicht weiter den Kopf, denn ich bin es längst gewöhnt, von den Karten solcher Gegenden keine allzu große Genauigkeit zu fordern. Wir setzten den Flug in derselben Richtung wie bisher fort. So weit das Auge reichte, dehnte sich die Wüste, deren Farbenwunder für die Eintönigkeit der Oberfläche entschädigten. Aus purpurnen Talschatten hoben sich leuchtende Sandkämme, an denen sich die Sonnenstrahlen der Tagesneige mit buntem Gefunkel brachen. Sehr selten gedieh ein ruppiger Dornbusch in irgendeinem kleinen Loch. Häufiger sah man die Überreste umgekommener Karawanen in Gestalt von bleichenden Knochen und Schädeln, die an längst vergessene Trauerspiele gemahnten.

Wo befanden wir uns? Da ich nicht über das Ziel schießen wollte, widmete ich mich aufmerksam den Ortungsgeräten, denn auf die Karte durfte ich mich wie gewöhnlich nicht verlassen. Wir flogen weiter, stellten aber bald fest, daß wir von der Richtung abgewichen waren. Nach kurzer Berechnung bog ich um 90 Grad nach Westen um. Dort sollten die Oasen von Tirat liegen. Die Hitze wurde fast unerträglich. Die Sonne trieb das Quecksilber erbarmungslos in die Höhe, und die Luft nahe am Boden mußte mindestens 50 Grad haben. Sogar im Flugwind kam es uns vor, als säßen wir vor dem offenen Feuerloch eines Dampfkessels.

Fern im Dunst erschienen in den verschiedensten Formen blaue Gewässer und grüne Haine, nur um zu verschwinden, sobald wir näher kamen. So erlebten wir, ohne Gefahr, was die Araber den Trug der bösen Geister nennen und was verdurstenden Reisenden so oft als Fata Morgana, als Luftspiegelung, erschienen ist.

Unter Berücksichtigung der Abtrift im Nordwind, sagte ich mir, müßten wir bald auf die Karawanenstraße vom Timimoun nach Adrar stoßen, und freute mich, bald landen zu können. Eine halbe Stunde später erblickten wir sie tatsächlich und konnten ihre Windungen bis zum Horizont verfolgen. Die drei letzten Stunden des Flugs brauchte ich mich um unseren jeweiligen Standort nicht zu kümmern, denn aus der weiten Wüste liefen ausgetretene Kamelpfade nach einem Punkt zusammen, der schützenden Oase von Adrar.

Im Vergleich zu den Sanddünen und Haufen, an die wir nun nachgerade gewöhnt waren, erwies sich der Landeplatz zu Adrar eben wie ein Billardtisch. Da es schon zu spät war, um den ursprünglichen Flugplan vor Anbruch der Dunkelheit durchzuführen, landeten wir und übernachteten in dem französischen Fort. Nach einem herrlichen Sonnenuntergang und kurzem Zwielicht begannen Hyänen und Schakale im silbernen Mondschein zu jaulen. Sie umschlichen die Mauern und suchten die Wasserbehälter oder das lieblich duftende Fleisch zu erreichen. Fledermäuse auf der Jagd nach Beute flatterten zwischen dem Gemäuer und den Palmen hin und her.

Wir verließen Adrar, ohne nachzufüllen. Es war nun leicht, auf dem richtigen Wege durch die Sahara zu bleiben, denn wir brauchten nur niedrig zu fliegen und der viel benutzten Autostraße zu folgen, mit der die Franzosen das gewaltige Gebiet erschlossen haben. Nach einer Stunde gelangten wir zum Fort Estienne in Reggan, wo ich das Flugzeug unter die Palmen setzte und mit 1300 Liter Shellbenzin nachfüllte. Nach Jahrhunderten friedlichen Schlafes ist diese Oase jetzt zu einem wichtigen Heeresstützpunkt ausgebaut worden. Das kleine Gasthaus prahlt mit elektrischem Licht, reinen Betten, erfrischenden Duschen und einem Kurzwellenempfänger. Die vorzügliche Küche mit ebenso vortrefflichen französischen Weinen gestaltete den Aufenthalt sehr angenehm. An den Eingeborenen bemerkte man ausgesprochen negroide Gesichtszüge. Der Ort darf als letztes Vorwerk Europas an den Grenzmarken Dunkelafrikas gelten.

Der Morgenhimmel war bedeckt, und es schien sogar regnen zu wollen, was so gar nicht zu den Vorstellungen paßte, die unsereiner von der Wüste hat. Daher beeilte ich den Abflug, ehe sich das Gelände in einen Sandsumpf verwandelte. Die schnell zunehmende Wärme war verdächtig, und drohendes gelbes Gewölk bestärkte unsern Argwohn, daß ein Sandsturm im Anzuge sei. Wie bereiteten uns sofort auf alle Möglichkeiten vor, denn einem richtigen Sturm gegenüber würden wir hilflos sein. Vor uns bauschte sich plötzlich eine große kupferfarbene Wolke, aus der riesige Sandhosen von dem Nordwind über die Wüste gewirbelt wurden. Heiße Luftströme trieben auf uns zu und brachten schon Sandstaub. Dann aber, im letzten Augenblick und zu meiner großen Beruhigung, brach das siedende Ungetüm kurz vor uns zusammen und gab den Weg frei.

Aus Regenwolken in der Ferne schloß ich auf Wasser und bebautes Gelände. Wir kamen durch ein paar Regenschauer und dann wieder an die Autostraße und folgten ihr, obgleich sie stellenweise völlig unter Flugsand verschwand. Um auf allerlei Widrigkeiten, wie Gegenwinde oder Sandstürme, vorbereitet zu sein, hatte ich vier große Kannen mit Benzin in der Kammer mitgenommen. Hauptmann Wood und der Bordwart füllten dieses von hier aus mit einer Handpumpe in die Flügelbehälter. Nach 650 Kilometer verließ ich die Straße, die hier von den Dünen zu einem weiten Bogen nach Westen gezwungen wird, und stieg auf 2100 Meter, um dem Staubnebel zu entgehen. Als die Umrisse des Ahaggargebirges auftauchten, erblickte ich unter uns die ersten Anzeichen eines grüngelben Pflanzenwuchses, den die Regengüsse der letzten Tage anscheinend aus dem Boden gelockt hatten.

Beim achthundertsten Kilometer ging die Wüste allmählich in Steppe über, die mit Krüppelgebüsch gesprenkelt war. Kleine Gazellen brachten etwas Leben in die Landschaft. Sie wurden flüchtig, sobald sie uns bemerkten. Bald darauf sah ich die ersten Menschen, nämlich Nomaden auf der Suche nach Weideland. Die Hitze nahm südwärts immer mehr zu, und der stets etwas trübe Saharahimmel wich dem wolkenlosen Blau des Sudans. Plötzlich erschien ein langes Glitzerband, das sich nach beiden Seiten in die Ferne verlor, der Niger, Afrikas drittgrößter Strom. Um 2 Uhr 15 flogen wir tief über sein mächtiges Gewässer, das hier 300 bis 500 Meter breit ist und eine weite Schlinge beschreibt, die sich bei Bourem südwärts wendet. Zahllose Vögel flatterten über den Schilfdickichten und Sümpfen der beiden Ufer. Auf Tümpeln blühten weiße, gelbe und blaßrote Wasserlilien. Hie und da plumpste ein Krokodil ins Wasser, als wir es aus dem Mittagsschläfchen schreckten. Die Dörfer zu beiden Seiten des Flusses verrieten reges Leben. Wir sahen die Neger ganz deutlich beim Reisstampfen. Zwanzig Minuten später befanden wir uns über dem großen Dorf Gao, wo einige europäische Häuser um den Funkturm das Vordringen der Zivilisation selbst in diesem abgelegenen Winkel bekunden. Wir landeten und übergaben dem freundlichen Postmeister sogleich die erste Flugpost aus der Schweiz nach Französisch-Westafrika.

Am Abend saßen wir auf der Veranda des vortrefflichen, kürzlich eröffneten Hotels. Mit den wenigen französischen Beamten und Offizieren feierten wir den Wüstenflug mit einer Mahlzeit, die Krokodillende als örtlichen Leckerbissen aufwies.

Heute ist die Autostraße für den Flieger eine wesentliche Erleichterung, die Sahara gefahrlos zu überfliegen. Sie ist 2300 Kilometer lang, beginnt im Norden am Ende der Eisenbahn und ermöglicht es, den Niger in vier bis sechs Tagen vom Mittelmeer aus zu erreichen. Man verdankt sie der Hartnäckigkeit und Furchtlosigkeit von George Estienne, der sich jahrelang der gefährlichen Erkundung der besten Trasse widmete. Anfänglich half ihm sein Bruder, der später in Marrakesch fiel. Diesen tüchtigen jungen französischen Offizier traf ich hier in Gao. Wir saßen bis tief in die Nacht beisammen und plauderten über seine Erfahrungen und über die Zukunft des Luftverkehrs in der Sahara. Er, der jeden Zollbreit der Wüste kannte, stimmte mir bei, daß Sicherheit das erste Erfordernis im Personenverkehr sei. Er bewunderte die Güte unserer Ausrüstung. Wir waren beide davon überzeugt, daß die so wichtige Flugverbindung mit Innerafrika nicht lange auf sich warten lassen werde. Die Ebenheiten der Sahara begünstigten das Anlegen von Häfen und Tankstellen. Das damals noch in den Anfängen stehende Steuern nach Peilfunk und Richtstrahl würde ein Verirren bald so gut wie ausgeschlossen erscheinen lassen. Wir berührten auch den alten Traum, die tiefen Stellen der Wüste mit Mittelmeerwasser zu füllen und dergestalt riesige Seen zu schaffen, die ein feuchteres Klima erzeugen sollen.

Kano in Nordnigerien, unser nächster Hafen, sollte der Ausgangsort für das Hauptziel der Reise, den Besuch des Tschadsees, werden. Dieser große innerafrikanische See liegt zwischen Nigerien und Französisch-Äquatorialafrika. Nach fünfstündigem Fluge über dürre, dünn bevölkerte Ebenen erreichten wir Maidugari, wo wir tanken wollten. Leider waren die Vorräte noch nicht eingetroffen, so daß wir in dieser «Gartenstadt» übernachten mußten. Die Hunderte von Lehmhütten mit Strohdächern liegen allesamt unter breit ausladenden Riesenbäumen, die eine Laube über dem Dorfe bilden. Europa wird in dieser afrikanischen Stadt durch das Haus des britischen Residenten vertreten, ferner durch die öffentliche Schule und als Zeichen friedlicher Kolonisation durch ein reinliches, gut ausgerüstetes Krankenhaus für Neger. Diese Gebäude hat man sehr geschmackvoll der Landschaft angepaßt. Weniger schön sind die Wellblechhütten neuer Ansiedler. Die Haussa sind ein aufgewecktes Volk. Auf der Rundfahrt in einem wackligen Kraftwagen sahen wir viele Beispiele für das durch Schulen und Werkstätten geförderte Bestreben, die Eingeborenen zu Helfern der weißen Siedler heranzubilden. Heilkunde und Gesundheitspflege haben viel für die 10 000 Einwohner des Ortes getan. Durch freie Krankenhausbehandlung sucht man das Wohlbefinden und die Arbeitskraft der Bevölkerung auf eine möglichst hohe Stufe zu heben.

Das Benzin traf am folgenden Morgen ein, so daß wir sofort nordost-wärst zum Tschadsee aufbrechen konnten. Wir strichen in etwa 50 Meter Höhe über das von der Sonne versengte Grasland dahin. Macomber stimmte meinem Plan zu, erst den See zu überfliegen, dann am Südufer nach Wild zu suchen und den beinahe 600 Kilometer lan-gen Rundflug am Ausgangsort zu beenden. Dabei kamen wir dann auch über das fast unerforschte Hochland von Bauchi. Je weiter wir nach Norden vorrückten, desto öder wurde die Landschaft, desto sel-tener wurden die Anzeichen menschlicher Besiedlung. Die weiten, offenen Flächen sind wie für den Luftverkehr geschaffen, dem ich hier eine gewaltige Zukunft voraussagte.

Bald gelangten wir an den breiten Sumpfgürtel, der den See kilometer-breit umgibt. Verwesende Baumstämme und verfilzte Papyrusdickich-te bilden ein unübersteigliches Hindernis. Sumpfgas bricht in großen Blasen aus dem Morast hervor. So wehrt sich der Tschadsee bisher erfolgreich gegen die Ausbeutung; und von seiner näheren Umgebung weiß man ungefähr ebensoviel wie von den Gebirgstälern des Mondes, eher weniger. Der See selbst bot ein friedliches Bild, leichte Wellen kräuselten seine Oberfläche und verloren sich in tiefliegendem Dunst am Horizont.

Wir hatten Glück, so schönes Wetter zu haben, denn der See kann manchmal ohne ersichtlichen Grund sehr ungestüm werden. Forscher in kleinen Booten sind den gewaltigen Brechern oft mit knapper Not entgangen, während den Einbäumen der Neger sicherer Untergang droht. Die Buchten und Lagunen am Ufer bilden ein wahres Vogel-paradies. Man sieht Flamingos, die den Hals zum Knoten schürzen, Ibisse, Enten und Wasserhühner aller Art. Da die drei Motoren größte Sicherheit beim Niedrigfliegen verbürgten, huschten wir mit nur 30 Meter Abstand über die Sümpfe und genossen wundervolle Einblicke ins Vogelleben.

In der Mitte des Sees wendeten wir nach Süden und suchten das Ufer nach Großwild ab. Außer den allgegenwärtigen Krokodilen sahen wir einige Rudel Antilopen, Gazellen und Hartebeeste, wie wir sie zu Zehntausenden in Ostafrika gefunden hatten. Flußpferde, auf die wir gehofft hatten, ließen sich leider nicht blicken; sie sind tagsüber scheu. Nach englischen Forschern hat der See einst 200 000 Quadratkilometer bedeckt. Jetzt stehen in der Regenzeit nur 50 000 unter Wasser, die sich in der Trockenzeit auf die Hälfte vermindern. In einem erdgeschichtlich sehr kurzen Zeitraum ist der See auf ein Zehntel seiner ursprünglichen Größe geschrumpft. Die einstige Tiefe von 60 Meter ging auf 3 Meter zurück. Verschiedene reizvolle Fragen über den See harren noch der Lösung.

Wir kamen über ein Dorf, das aus ein paar Pfahlbauten bestand, die teilweise von Wasser umgeben waren, ein Überbleibsel früherer Jahre, als die Eingeborenen vor arabischen Sklavenjägern in dieses unzugängliche Gebiet flohen. Dann überflogen wir die vielen kleinen Zuflüsse des Dschadserans, die von den Mandura- und den Bauchibergen herabkommen, die durch ihre Zinnvorkommen berühmt sind. Nach dreistündigem Fluge landeten wir wieder in Maidugari, um für den Rückflug nach Kano zu tanken. Es gab einen Aufenthalt, weil dicke Dornen den Reifen eines der Landeräder durchbohrt hatten. Glücklicherweise konnten uns die stets hilfsbereiten Engländer eine Pumpe leihen. Beim Landen in Kano erschlafften dann beide Reifen, so daß wir bis Mitternacht arbeiten mußten, bis wir das Flugzeug aufgebockt hatten, um die Räder zu entlasten. Am nächsten Abend aber hatte der Fokker wieder zwei pralle Reifen und war wieder startbereit.

Macomber war sehr begeistert über den gelungenen Flug zum Tschadsee, mußte uns aber zu seinem und unserm Leidwesen in Kano verlassen, so daß er den Flug über den Niger und Senegal zum Atlantischen Meer nicht mehr mitmachen konnte. Unvorhergesehene Geschäfte riefen ihn ab.

Kano, die Hauptstadt der gleichnamigen Provinz, die zu Nordnigerien gehört, ist mit 50 000 Einwohnern die größte Negerstadt in Afrika. Die Einwohnerschaft besteht vorwiegend aus reinen Negern, den Haussa. Sie wurden vor mehr als einem Jahrhundert von den Fulbe unterworfen, einem hellerhäutigen Stamm, der sich zum Islam bekennt. Die Fulbe bilden seitdem die Herrscherkaste. Als hervorragende Händler und Gewerbetreibende bestimmen sie die Wirtschaft eines großen Gebietes vom Nil zum Atlantischen Ozean. In Kano pulst ununterbrochen ein überaus lebhafter Verkehr, den die blaugekleideten Schutzleute des Emirs sehr geschickt regeln. Überall tauchen ihre beturbanten Köpfe in der Volksmenge auf; und ihre kräftig geschwungenen Lederpeitschen sorgen für Einhalten der Vorschriften. Ich verbrachte meine ganze Freizeit in den engen, gewundenen Gassen und auf den Marktplätzen, wo die in einer Art Gilden organisierten Händler ihre Buden haben. Es glückte mir, ausgezeichnete Filme von dem Leben und Treiben hier zu drehen.

Bei unserer Rückkehr vom Tschadsee fragte der Emir von Kano den englischen Statthalter, ob wir ihn nicht auf einen Rundflug über seine Stadt mitnehmen könnten. Macomber erklärte sich natürlich einverstanden, während ich mich auf gute Bilder freute. Am Morgen des 29. Dezembers räumten Krieger der emirlichen Leibwache in höchst schmucken Galauniformen den Flugplatz, den bald darauf eine unübersehbare Menge aufgeregter Eingeborener umringte. Ich fürchtete, meine königlichen Gäste würden ziemlich durchgeschüttelt werden, denn aus der Sahara blies der Harmattan, ein recht stürmischer Wind. Trompetenstöße und Trommelschlag ließen die Stimme des Volksgewühles anschwellen und eröffneten ein malerisches Schauspiel.

Eine mächtige Staubwolke wirbelte auf uns zu. Mit gewaltigem Hufgedröhn galoppierte eine Abteilung feuriger Haussareiter über die Ebene, der Anführer schwang ein blitzendes Schwert über seinem Kopfe. Dahinter folgten die königlichen Fahnenträger auf Pferden, deren reichverziertes Zaumzeug an mittelalterliche Turniere gemahnte. Zu plötzlichem Stillstand gezwungen, bäumten sich die Rosse hoch auf, so daß die Hinterbeine den Sand furchten. Weiße Zähne bleckten in den schwarzen Gesichtern der Krieger. Der unternehmungslustige dunkle Herrscher kam mit seinem Gefolge in einem blitzenden Rolls Royce angefahren. Stolz wie ein Pfau strahlte er im morgenländischen Prachtgewand. Gäste entstiegen der Reihe königlicher Wagen, die folgte. Ein würdiger Großwesir brachte einen goldenen Stab und reichte ihn seinem Gebieter, der als Zeichen seines Dankes ausgiebig auf den Boden spuckte und dann drohend die Faust gegen uns schwang. Dies ist in Kano Ausdruck freundlichen Grußes. Der bei seinem erlauchten Nachbarn auf Besuch weilende Emir von Katsena wollte ebenfalls an dem Flug teilnehmen und begrüßte uns auf dieselbe Weise. Die Volksmenge verfolgte die Feierlichkeit mit andächtiger Teilnahme und tiefen Verbeugungen. Ein hoher englischer Beamter stellte mich den beiden Herrschaften vor, die mit tönendem Wortschwall den Wunsch ausdrückten, über den Palast zu fliegen.

Ernst und gemessen schritten sie auf das Flugzeug zu, stets ihrer königlichen Würde eingedenk. Angesichts einer Negerbevölkerung hat die morgenländische Üppigkeit der Tracht noch begreiflichen Sinn, denn an ihr ermißt sich der Rang. Der Emir von Kano trug reichgestickte Lederpantoffeln mit Büscheln aus glänzenden schwarzen Straußenfedern. An den Beinen hingen Gewinde aus Perlmutterknöpfen, die bei jedem Schritte klirrten wie die Kristalle eines Kronleuchters im Zugwind. Um den Hals schlang sich eine Kette aus Giraffen- und Gazellenhörnern nebst kleinen Schlangenhautbeuteln, die wahrscheinlich Koransprüche enthielten. Wäre er kein König gewesen, so hätte ihn die riesige und ebenmäßige Gestalt zum Boxer befähigt. Übrigens wird der Faustkampf in Nigerien eifrig gepflegt.

Die sechs Gäste bestiegen das Flugzeug und fanden sich ohne Umstände auf ihren Plätzen zurecht. Selten habe ich so ruhige und selbstbeherrschte Vergnügungsreisende geführt. Sie waren leicht zu behandeln wie Kinder und strahlten schon übers ganze Gesicht, als wir den Boden noch gar nicht verlassen hatten. Ich stieg schnell auf 1000 Meter hinauf und sah bald die ganze Stadt in dem trüben Licht unter uns, das durch die Wolken sickerte.

Wir wurden von starken Böen ziemlich geschüttelt, als der Fokker von einem Luftstrom zum andern geworfen wurde. Meine Fluggäste waren aber so mit dem Bild unter uns beschäftigt, ihre Nasen an die Fenster gedrückt, daß sie das überhaupt nicht merkten. Sie zeigten nicht das geringste Zeichen von Furcht und waren vollkommen von der Aussicht in Anspruch genommen. Wenn nur europäische hohe

Tiere gleich sorgen- und furchtlos bereit wären, die feste Erde selbst bei völlig ruhigem Wetter und in den sichersten Maschinen zu verlassen! Diese Neger sind überhaupt, im Gegensatz etwa zu den Marrakeschern und Tuaregs, höchst fortschrittlich und technischen Neuerungen zugänglich. Der Königspalast hat bereits Rundfunk und Kino. Zweifellos hat dieser ihr erster Flug einen sehr tiefen Eindruck auf die Leute gemacht.

Ich drosselte die Motoren und glitt tief über die Lehmzinnen des Palastes, denn der fliegende Emir hatte den Wunsch ausgesprochen, seinen Untertanen sichtbar zu werden, während er durch die Luft schwebte. Ein Blick in die Kammer hinter mir überzeugte mich davon, daß die heftigen Stöße des Nordwindes keinerlei Unheil stifteten. Unten stand der königliche Haushalt völlig auf dem Kopf. Die Frauen des Herrschers und die Eunuchen quollen aus den Türen und drängten in die Höfe, wo sie aufgeregt winkten. Aller Handel auf dem Markt ruhte. Eine Menge von vielen Tausenden begann, dem Flugzeug nachzurennen, als wollten sie ihrem weltlichen und geistlichen Herrn bei seinem ersten Aufstieg in den Himmel folgen. Es schien meinen Fluggästen Spaß zu machen, daß sie von oben her jeden Hof und Winkel der Stadt einsehen konnten. Als ich in steilem Sturzflug landete, schien ihnen das noch mehr Spaß zu machen. Der Flug dauerte zwanzig Minuten. Nachdem mir jeder dankbar und freundlich die Hand geschüttelt hatte, mußten sie sich meiner Kamera stellen. Dem Brauch der Wüste entsprechend, verhüllten die Emire dabei den Mund mit einem Zipfel ihrer Turbane. Dann stiegen sie aus, nahmen die Zepter, die sie aus Vorsicht auf der Erde zurückgelassen hatten, wieder von ihren Großwesiren in Empfang und begaben sich unter wildem Jubel der Menge in feierlichem Zug zu ihren Wagen. Ein letztes Händeschütteln – in seiner Aufregung drückte der Emir von Katsena meinen Arm mit beiden Händen – und die Menge machte den Autos Platz, die in einer Staubwolke verschwanden.

Wir blieben eine Woche in Nigerien. Dann begann der Rückflug zum Atlantischen Ozean. Wir wandten uns westwärts dem Senegal zu. Mit einem fördernden Harmattan unter den Schwingen erledigten wir die

450 Kilometer nach Sokoto in 2 Stunden und 10 Minuten. Vor hundert Jahren saß in Sokoto der Sultan des großen Reiches der Fulbe, das Kano und Katsena in sich begriff. Dank seiner Lage auf dem Handelswege nach dem Sudan war Sokoto einst sehr reich und zählte 100 000 Einwohner. Seit der Eröffnung des Wasserweges auf dem Niger, und noch mehr seit dem Bau der Eisenbahn nach Kano, hat es seine Bedeutung verloren und schrumpft immer mehr zusammen.

Zwei Stunden später erreichten wir den Niger und landeten auf dem Militärflugplatz von Niamey. Um 10 Uhr morgens lag somit schon ein kleiner Bummel von 700 Kilometer hinter uns, so daß bis zum heutigen Ziel, Ouagadougou, nur noch 500 Kilometer zu bewältigen waren. Wir füllten auf und stiegen mittags rasch auf 1500 Meter, um den Böen der heißen Bodenluft zu entgehen. Der Fokker zog seine gleichmäßige Bahn über die ziemlich einförmige Buschlandschaft. Unser Hilfsflugzeugführer Zimmermann saß am Steuer, der Bordwart vertiefte sich in einen spannenden Roman, Hauptmann Wood und ich machten ein Nickerchen.

Wir trafen zu früh in Ouagadougou ein. Wir waren nämlich nicht, wie es der Brauch ist, der langen und gewundenen Autostraße, sondern der geraden Kompaßrichtung gefolgt. So war der französische Fliegeroffizier ziemlich überrascht, dem unser Abflug von Sokoto gemeldet war und der uns erst einige Stunden später erwartet hatte. Abgesehen von dem großen Eingeborenendorf sind ein paar prunkvolle weiß getünchte Paläste in maurischem Stil und ein ziemlich schäbiges Königsschloß alles, was von der Herrlichkeit des einst mächtigen Mossireiches übergegblieben ist. Heute sitzt hier der französische Statthalter des Oberen Voltagebietes, das 3 Millionen Einwohner hat.

Am nächsten Tag kamen wir nach 3½ Stunden wieder an den Niger, indem wir geraden Kurs über das eintönige Buschland flogen, das nur gelegentlich von Wasserläufen und durch den engen Schwarzen Volta unterbrochen ist. So schnitten wir einen Umweg von rund 600 Kilometer ab, die wir hätten fliegen müssen, wären wir dem Niger auf seinem großen Bogen gefolgt, der ihn nach Timbuktu bringt. Wir flogen bis Kulikoro, dem Endbahnhof der Nigerbahn, von wo an der

Fluß bis hinab nach Niamey schiffbar ist. Dann folgten wir seinem Lauf für 45 Kilometer, bis die Funkmasten, modernen Häuser und Eingeborenenhütten von Bamako in Sicht kamen. Dort landete ich auf dem vortrefflichen Flugplatz und konnte das Flugzeug für die Nacht zum erstenmal seit vier Wochen wieder in einen geschlossenen Schuppen stellen. Hier war es, wo ich von meinem geliebten Innerafrika Abschied nehmen mußte, denn der nächste Abschnitt des Flugs sollte uns schon zur Küste des Atlantischen Ozeans bringen, und dann ging es nordwärts wieder heim.

In der Morgendämmerung des nächsten Tages überflogen wir die bebuschten Tafelberge, wo der Senegal entspringt. Den Fluß entlang erreichten wir Kayes, wo getankt wurde. Von hier stießen wir in südwestlicher Richtung vor und kamen so zu dem dritten großen Fluß unseres Flugs, dem Gambia. Wir folgten ihm nach Westen und erwischten mittags 12 Uhr den ersten Blick auf den Atlantik. In Bathurst, der kleinen Stadt auf einer Landzunge an der Gambiamündung, schauten wir vergeblich nach Macombers weißer Jacht aus. Somit flogen wir, wie vereinbart, zu der britischen Funkstelle am Kap St. Mary weiter, wo uns der Flugplatzwärter mit einer weißen Flagge winken sollte, wenn wir zu landen hätten. Da das Zeichen unterblieb, erreichte ich auf nördlichem Kurs bald das offene Meer.

Die Luft war angenehm kühl. Wir überflogen das Delta des Salums mit seinen Schwärmen von Flamingos und Pelikanen. Wir hielten etwa 20 Meter über dem flachen Strand auf Kap Verde, den westlichsten Punkt Afrikas, zu, wo die fast ganz europäische Stadt Dakar liegt. Die Franzosen sitzen hier schon seit der Zeit von Richelieu. Die ersten Siedler trafen im Jahre 1640 ein. Heute ist Dakar der Mittelpunkt der Verwaltung für das riesige Gebiet von Französisch-Westafrika, das sich vom Atlantischen Ozean zum Tschadsee und weit in die Sahara erstreckt. Dakar ist auch wichtig als Hafen und als Zwischenflughafen der Luftlinien zwischen Europa und Südamerika. Ich landete etwa 40 Kilometer landeinwärts in Thies, wo die französische Luftflotte einen neuen Flugplatz erst vor ein paar Monaten angelegt hatte. Der Funk meldete, daß die Häfen in Mauretanien und Rio de Oro Mangel an Benzin litten, weil heftige Stürme das Einlaufen der Tankschiffe verzögerten. Daher luden wir 2000 Liter Treibstoff und 200 Kilo Öl ein. Die steife Nordbrise erleichterte den Abflug mit der schweren Zuladung.

In aller Herrgottsfrühe beim Schein eines blassen Mondes verfolgten wir die öde Küste Mauretaniens nach den spanischen Besitzungen von Rio de Oro. Diese Gegend wird von den Fliegern gefürchtet, weil die Einwohner die unangenehme Gewohnheit haben, notlandende Flugzeuge auszuplündern. Sie schießen sogar auf niedrig fliegende Maschinen, um die Insassen festzuhalten und Lösegelder zu erpressen. Die französische Gesellschaft soll daher sogar Verträge mit den mächtigen Häuptlingen geschlossen und ein einheitliches Kopfgeld von «nur» 50 000 Franken vereinbart haben.

Erst vor wenigen Tagen waren zwei Postflieger durch Nebel und Motorenversager nachts zum Notlanden gezwungen worden. Es gelang ihnen, die Funkverbindung aufzunehmen und ihren ungefähren Ort zu melden. Einer der Führer erzählte mir, daß er erst nach drei Tagen von den Flugzeugen gefunden wurde, die zur Rettung ausgesandt waren. Die vier Insassen, Führer, Funker, Dolmetscher und der italienische Konsul in Fes, waren in der glücklichen Lage, die geringen Eßvorräte durch Schokolade ergänzen zu können, die sie in den Postsäcken entdeckten. Der andere Postflieger geriet in eine Wolke von Heuschrecken, die das Kühlergitter verstopften, wodurch das Wasser ins Kochen geriet und zu plötzlicher Landung 250 Kilometer nördlich vom Kab Juby nötigte. Ihn erlöste man jedoch schon am folgenden Tage.

Ich durfte mich indes auf meine Motoren verlassen, denn fiel einer aus, so konnte ich auch mit zweien den nächsten Hafen gewinnen, ohne an Höhe zu verlieren. Wir glitten demgemäß ohne Zwischenfall auf den ebenen Sand zu Villa Cisneros. Die spanische Besatzung empfing uns sehr herzlich und gewährte uns die Gastfreundschaft ihrer Messe. Am nächsten Morgen brach ich schon um 4 Uhr von dem ausgezeichnet beleuchteten Flughafen auf. Wieder führte mich der weiße Streifen der an die Küste schäumenden Brecher. Um 6 Uhr ging die

Sonne in feuersprühender Pracht auf. Grüne und blaue Wolken schwammen am Himmel. In der dürren Landschaft sah man nur kümmerliches Wüstengesträuch. Um 8 Uhr kam Kap Juby in Sicht, wo ich wegen eines ungleichmäßig laufenden Motors landete, obgleich ich eigentlich ohne Aufenthalt nach Agadir wollte.

Ich glaubte, um 11 Uhr weiterfliegen zu können, aber schon bei der ersten Versuchsrunde begann der mittlere Motor übel zu rauchen. Zweifelsohne hatte sich der Sand der Sahara in die Kolben eingefressen. Wir landeten also wieder und schoben das Flugzeug in einen Schuppen. Schon beim ersten Zylinder zeigte sich starke Abnützung der Zylinderflächen, Kolben und Lager. Die Wüste und das Sandgebläse des Harmattanwindes hatten die Maschinenteile gründlich ausgeschmirgelt. Wir mußten alle Zylinder entfernen.

Der liebenswürdige spanische Flughafenkommandant überließ mir seinen besten Maschinenschlosser, was aber nichts daran änderte, daß wir dreizehn Tage auf die Ersatzteile warten mußten, die ich drahtlich in Zürich bestellte. Leider war Kap Juby ungefähr der trostloseste Ort, den man für einen zweiwöchigen Ferienaufenthalt aussuchen konnte. Eine Zunge der Sahara leckt hier bis ans Meer hinan, so daß das Hinterland gänzlich aus Sand besteht, aus Sand und wiederum Sand. Zudem gibt es in der näheren Umgebung keine Dörfer, wenn man von einigen Lehmhütten und den verstreuten Zelten der Wanderhirten absieht. Der Ackerbau fehlt gänzlich. Alles, was die Besatzung braucht, sogar Trink- und Waschwasser, wird von den Kanarischen Inseln herbeigeschafft. Nicht einmal Ausflüge gewähren Bewegung und Abwechslung, denn Räuberbanden bedrohen jeden, der sich einige Kilometer weit vor den Ort wagt.

Immerhin verstrichen die dreizehn Tage recht schnell, denn die Offiziere der spanischen Kolonialtruppe bemühten sich, das Leben möglichst angenehm zu gestalten. Nach den vorangegangenen fünf anstrengenden Wochen war es uns auch ganz lieb, einmal gründlich ausruhen zu dürfen. Die Ersatzteile trafen mit besonderem Postflugzeug ein, so daß wir am 20. Januar zum Endflug nach der Schweiz aufbrechen konnten. Der spanische Statthalter von Rio de Oro war unser

Fluggast. Nach kurzem Aufenthalt in Agadir zum Tanken überflogen wir die wilden Schluchten und Klüfte der westlichen Atlasausläufer, die uns etwas für die Ebenheiten ums Kap Juby entschädigten. Allmählich mehrten sich die Anzeichen des Kampfes, den der Mensch mit der Wüste führt. Wir sahen Felder, Gärten und Dörfer, die ein Straßennetz zusammenhielt. Am späten Nachmittag landeten wir in Casablanca, wieder vom Gelärm einer neuzeitlichen Stadt umrauscht. Wir stürzten uns auf die Zeitungen, legten sie aber bald wieder auf die Seite, denn die sogenannten Neuigkeiten nahmen sich neben den afrikanischen Erinnerungen doch recht fade aus.

Nichts störte den neunstündigen Flug über Tanger, Südspanien, Barcelona und die Pyrenäen nach Perpignan. Am 23.Januar erledigten wir die letzte Strecke bis Zürich.

Nach Abessinien

Am Morgen des 2. Februar 1934 stand CH 192 wieder reisefertig im nebligen Zürcher Flughafen. In der geräumigen Kammer war ein goldbestickter Plüschthron mit dem Wappen des Negus Negesti verladen. Der wackere dreimotorige Fokker hatte schon 250 000 Verkehrskilometer auf der Flugstrecke Zürich–Berlin hinter sich und noch dazu den Ausflug zum Tschadsee. Im flugplanmäßigen Luftdienst war er inzwischen durch amerikanische Schnellflugzeuge ersetzt worden. Es traf sich gut, daß der Kaiser von Abessinien gerade damals nach einem starken Verkehrsflugzeug für Addis Abeba suchen ließ, denn bisher hatte man dort nur kleine Heeresmaschinen verwendet. Die Wahl fiel auf CH 192, und der Kauf wurde schnell abgeschlossen. Mit einigen Filmoperateuren an Bord sollte ich den Fokker seinem neuen Besitzer in der Hauptstadt von Abessinien zuführen. Der Weg ging über Griechenland, Palästina, Ägypten und zuletzt über das abessinische Hochland, auf das noch kein Flieger hinabgeschaut hatte.

Der CH 192 war mit allem Nötigen beladen, die sechs Fluggäste saßen in der Kammer und die Bodenmannschaft meldete, daß alles bereit sei. Meadows, ein englischer Bordwart von den Armstrong-Siddeley-Werken und mein getreuer Helfer, gab das Zeichen. Ich schob den Gashebel vor, und wir rollten mit wachsender Geschwindigkeit davon. Ein Zug am Steuerhebel, und wir schossen aufwärts durch den Nebel. Mein achter Afrikaflug hatte begonnen. Bald schwebten wir über den Wolken und überblickten die Alpenkette von der Zugspitze zum Montblanc. Die Eisriesen glitzerten in der Morgensonne. Durch eine Lücke in den Wolken erspähte ich den Gurgler Gletscher in den Ötztaler Alpen, wo ich vor drei Jahren mit demselben Flugzeug meinen Freund Professor Piccard nach seinem ersten Stratosphärenflug gefunden hatte. Quer über die Ostalpen gelangten wir nach dem tief-verschneiten Flugplatz von Klagenfurt in Kärnten, von wo wir die Reise am folgenden Morgen nach Belgrad fortsetzten.

In drei Stunden waren wir an der Donau und folgten ihren Windungen, bis uns dichter Nebel überfiel. Bald war die Erde unsern Blicken entschwunden. Schon wollte ich nach einiger Zeit nach Westen umkehren, als ich durch eine Lücke in dem Wolkenvorhang den Strom sah und dann auch die Schlote von Semlin kurz vor Belgrad ausmachen konnte. Ich ging bis auf 30 Meter über dem Boden nieder, um mich von Süden her an den Flughafen anzupirschen, der nach der Karte in der Nähe liegen mußte. In diesem Augenblick verschluckte uns wieder dickes Nebelgebräu, zu dem sich noch die Abenddämmerung gesellte. Im Zwielicht bemerkte ich fortschreitende Eisbildung auf dem Rumpf und den Flügeln. Eis ist wohl der heimtückischste Feind des Fliegers.

Jetzt galt es, schnell zu handeln. Ich gab Vollgas und stieg in den helleren Abendhimmel über uns, der indes keine Lösung der Frage bot. Nordwärts durch eine andere Lücke hinabgleitend, entdeckte ich ein ebenes Ackerfeld an der Donau, das noch in letzter Minute eine glatte Landung mit abgestellten Motoren ermöglichte. Es war die allerhöchste Zeit, denn abgesehen von zunehmender Dunkelheit, die alles in einen grauen Schimmer hüllte, hätte ich mich keine zehn Minuten mehr in der Luft halten können. An den Flügeln und auf der metallenen Luftschraube haftete schon eine zentimeterdicke Eiskruste. Außerdem waren die Geräte für das Blindfliegen eingefroren. Wir traten auf die hartgefrorenen Schollen hinaus, wo uns schon ein aufgeregter Schafhirt aus dem Abendnebel entgegengelaufen kam, der glücklicherweise etwas Deutsch verstand. Kaum hatte ich die erste Frage an ihn gestellt, da sahen wir die Scheinwerfer eines Wagens auf uns zu eilen. Es war die Wache vom Semliner Flughafen, wo man uns längst erwartete. Die Leute hatten die Motoren gehört und den Notlandeplatz gut erraten. Ohne es zu wissen, waren wir über den nur 3 Kilometer entfernten Flughafen hinweggeglitten. Ebenso erfreut wie erstaunt stellte man fest, daß wir unter den widrigen Verhältnissen unbeschädigt geblieben waren.

Der nächste Morgen dämmerte kalt und grau. Mit Eiszapfen behangen, stand der Fokker im schneidenden Nordost. Serbische Bauern in dicken, schmierigen Schafpelzen betrachteten ihn neugierig und vielleicht sogar mit einer gewissen Schadenfreude. Meadows und ich verbrachten den größten Teil des Tages mit krampfhaften Versuchen, die Motoren in Gang zu setzen. Zunächst waren nur ein paar Fehlzündungen der ganze Erfolg unserer Mühe. Schon hatten wir alle Hoffnung aufgegeben, als sie sich endlich zu lustigem Röhren bequemten. Unser Triumph war aber von kurzer Dauer, denn in diesem Augenblick wogte ein so undurchsichtiger Nebel heran, daß wir an keinen Abflug denken durften. Da es schon auf 3 Uhr ging und um 5 Uhr dunkel wurde, beschloß ich mißmutig, den serbischen Bauern weitere Belustigungen vorzuenthalten und in das Hotel zurückzukehren. Jetzt aber wandte sich das Glück zu unsern Gunsten, denn der Nebel hob sich ganz unerwartet und plötzlich 60 Meter über die Erde. Ich nutzte die Gelegenheit sofort und erreichte, von einem serbischen Fliegeroffizier geführt, in wenigen Minuten den schönen Belgrader Flughafen.

Infolge der trostlosen Wetterberichte mußten wir hier zwei Tage ausharren, denn über der Adria wurden Schneestürme gemeldet, dicker Nebel über dem Balkan und heftige Regengüsse an der griechischen und türkischen Küste. Endlich meldete Athen klares Wetter. Da Istanbul indes noch in Regenwolken stak, beschloß ich, den unangenehmen Verhältnissen auszuweichen und schnurstracks die ägyptische Sonne aufzusuchen, anstatt, wie ursprünglich gedacht, über den Balkan, Syrien und Palästina zu fliegen. Gleich hinter Belgrad gerieten wir wieder in düsteres, wirbelndes Gewölk. An den Fensterscheiben bildete sich Eis. Trotz des Einsatzes aller Pferdekräfte kamen wir sehr langsam hoch, denn die schnell zunehmende Eislast drückte schwer. Endlich hörte ich in 1600 Meter Höhe die ersten Regentropfen gegen den Rumpf klatschen. Mit lautem Getöse entledigte sich die Schraube des frostigen Panzers, und die Gefahr der Vereisung war vorüber, die so manchem Flieger verhängnisvoll geworden ist. Ich stieg höher, und der Himmel wurde langsam heller. Bei 2000 Meter kamen wir plötzlich in warmen Sonnenschein.

Dieser selbe Sonnenschein begleitete uns den ganzen Tag lang durch Südslawien und die Ägäischen Inseln nach Athen, wo wir glücklich landeten und sogar vor der Drahtnachricht eintrafen, die ich von Belgrad aus gesandt hatte, um unsere voraussichtliche Ankunft anzukündigen. Am nächsten Morgen steuerte ich auf Alexandria zu. Ich verglich die Sicherheit und Selbstverständlichkeit unseres jetzigen Fluges mit den Aufregungen und der Ungewißheit früherer Unternehmungen, als Kreta unter uns erschien und die Gipfel seiner hohen Schneeberge durch die Wolken leuchteten.

Eine Zeitlang flog ich in 2400 Meter Höhe über einer dichten Wolkenbank. Schließlich kam die kahle Küste von Ägypten in Sicht. Fünf Stunden nach dem Abflug von Athen landeten wir sanft in Abukir, dem großen Militärflugplatz von Alexandria. Wir waren den kürzesten Weg über das Mittelmeer geflogen.

Wir hatten Ägypten in vier Abschnitten erreicht, in etwas weniger als 19 Flugstunden. Da Abessinien nur drei Tage von hier entfernt lag, wollte ich Palästina doch noch mitnehmen. Daher flog ich nach Gaza – von Alexandria beträgt die Entfernung rund 400 Kilometer – und näherte mich so dem Heiligen Lande von Süden her anstatt von Norden, wie ursprünglich geplant. Über das Nildelta ging es nach Port Said und von da über eine Ecke des Mittelmeeres zu den Bergen von Dschalimea, an deren Fuß das Dorf Gaza unter Palmen schlummert. Hier fanden wir einen gut ausgerüsteten Flugplatz mit englischen Blockhäusern für die Soldaten und bequemen Zelten für die Luftreisenden. Die Zollbeamten hielten uns nicht lange auf, so daß wir schon eine Viertelstunde später unter weißem Zeltdach an reichbesetzter Tafel von den braunen Kellnern der Imperial Airways bedient wurden. Gaza hat sich sozusagen über Nacht zu einem wichtigen Knotenpunkt des internationalen und interkontinentalen Luftverkehrs entwickelt. In dem noch vor wenigen Jahren unbedeutenden Araberdorf kreuzen sich heute die hauptsächlichsten europäischen, afrikanischen und asiatischen Fluglinien. Von hier gehen die großen Flugzeuge der englischen, holländischen und französischen Gesellschaften über die Wüste nach Indien, nach dem Fernen Osten, nach Australien.

Wir machten eine Wagenfahrt nach Jerusalem und filmten trotz schlechten Wetters sowohl das arabische Leben wie die neuen jüdischen Siedlungen. Dann ging es weiter über Jaffa und Ramleh zurück nach Gaza, wo Meadows inzwischen die Motoren überholt hatte. Ein zweieinhalbstündiger Rundflug führte uns dann längs der Küste und über die Apfelsinenhaine von Jaffa nach der neugegründeten Judenstadt Tel Aviv. Sie ist vollkommen europäisch und zählt schon 50 000 Einwohner gegen 500 im Jahre 1910. Überall sieht man Erfolge der jüdischen Siedler, die das ehemalige Ödland in fruchtbare Felder und Gärten verwandeln. Besonders stachen die gelb und rot leuchtenden Tomatenpflanzungen in die Augen.

Dann kam Haifa, der modernste Hafen dieser Küste. Endlich wandten wir uns landeinwärts den Hügeln zu und flogen schließlich einige Runden über Jerusalem selbst, dieser höchst interessanten Stadt der Gegensätze mit ihrer unglaublich bunten Geschichte von Römern und Juden, Christentum und Islam, Sarazenen und Kreuzfahrern, Juden und Arabern. – Bei Eintritt der Dunkelheit landeten wir in dem englischen Flughafen von Ramleh. Am nächsten Morgen flogen wir über das Tote Meer und südwärts über die kahlen Berge des Jordanlandes nach Petra mit dem Riesentempel am Fuße steiler Felswände. Hier befand sich vor 2000 Jahren eine große Ansiedlung. Bald darauf landeten wir auf dem Flugplatz des englischen Wüstenpostens Maan. Von hier fuhren wir in zwei Stunden im Wagen zu dem Gebirgsdorf El Dschi, wo braune arabische Schutzleute unsere Pässe musterten und die Weiterreise nach Petra gestatteten. Als Bedeckung bekamen wir beduinische Reiter mit, die, lange Feuersteingewehre über der Schulter, in weißen Burnussen und flatternden Mänteln, auf drahtigen Gäulen vor uns hertrabten. Wir folgten dieser Vorhut auf Eseln, denen sich wieder eine Schutzwache arabischer Krieger anschloß.

In dieser Reihenfolge überschritten wir das steinige Bett des fast wasserlosen Wadi Musa (Mosestales) und kamen in eine Engschlucht

111

zwischen senkrechten, hohen roten Felsen, die nur einen schmalen Himmelstreifen freigaben. Der von Feigenbäumen und Oleanderbüschen eingesäumte Pfad war stellenweise so eng, daß wir im Gänsemarsch durchschlüpfen mußten. Bei einer Biegung zügelten wir unwillkürlich die Tiere angesichts des überraschenden Ausblickes auf den Tempel El Kasne. Die Abendglut beleuchtete die wunderbare Fassade, ein Bildhauerwerk aus rosenrotem Stein in spätgriechisch-römischem Stil. Da ragten die im Jahre 131 v.Chr. unter Trajan gemeißelten Säulen. Tausende von Sklaven müssen jahrelang gearbeitet haben, all diese wundervollen Figuren aus dem blanken Fels zu meißeln. El Kasne heißt soviel wie der «Schatz». Die Beduinen glauben, daß die Urne über dem Mittelbogen die fabelhaften Gold- und Juwelenschätze der Pharaos birgt. Kugelspuren zeugen von Versuchen, das Gefäß zu sprengen. Die erhabene Einsamkeit verstärkt die Wirkung des großartigen Bauwerkes, das der goldgehörnten Isis gewidmet ist.

Die Schlucht weitete sich, und wir erreichten das Zeltlager in einem mit malerischen Bautrümmern erfüllten Tale. Wir verbrachten vier Tage mit dem Erforschen der Tempel, Rundtheater und Grabmale dieser Felsenstadt, die einst 80 000 Einwohner faßte.

Vor dem Heimritt nach Maan erkletterten wir noch den gewundenen und gestuften Pfad zum Kloster El Deir und von da den Opferberg, wo Amariah, König der Israeliten, 10 000 Menschen vom Opferstein in den Abgrund stoßen ließ, wie die Sage berichtet. Von Maan flog ich in zwei Stunden geradeswegs nach Kairo und landete, wie bei dem letzten Flug, auf dem großen Militärflugplatz von Heliopolis. Am nächsten Morgen ging es weiter, 800 Kilometer den Nil hinauf nach Assuan.

Ich drosselte die Motoren und kreiste niedrig über den Tempeln von Theben, dem Grab Tut-ench-Amuns und den Bauten von Karnak. Dann ging es weiter, und der erste Katarakt kam in Sicht, ein Haufen weißer Punkte in dem dunklen Band des Nils. Nachdem ich über eine Reihe kleiner Inseln geflogen war, schien ein breiter fester Wall den Weg zu verlegen. Dann donnerten wir über den gewaltigen Nildamm, der fast zwei Kilometer breit ist und einen großen See aus der kahlen Wüste gezaubert hat. Ich suchte nach den Resten des Tempels von Philä, dessen Säulen bei meinem letzten Besuch gerade noch aus dem Wasser geguckt hatten, jetzt aber war nur noch das Dach zu sehen. Der Flug von Kairo nach Assuan hatte fünf Stunden gedauert.

Abends bewunderte ich den Sonnenuntergang von der Terrasse des berühmten Katarakten-Hotels, wo man alle Sprachen der Welt durcheinander schwirren hört. Neben mir saß der Marquis von Clydesdale, der liebenswürdige junge Flieger, der als erster über den Everest geflogen ist. Er erzählte mir von seinen Eindrücken über dem Hochgipfel des Himalajas und von den Gletscherwundern Asiens. Vor einigen Jahren hatte ich diesen englischen Sportflieger im Winter im Engadin getroffen, wo ich Rundflüge mit Fremden veranstaltete. Wie das Küken unter der Henne fand sein winziger Eindecker Schutz gegen den Schneefall unter den Flügeln meiner mächtigen Verkehrsmaschine. Dort sammelte er Erfahrungen in der Gebirgsfliegerei. Wir plauderten bis tief in die Nacht von unsern Erlebnissen.

Ich glaube fest daran, daß der kameradschaftliche Verkehr zwischen den verschiedenen oft weit auseinanderwohnenden Völkern am schnellsten durch uns Flieger angebahnt wird. Wir lassen die Räume und Zeiten des Weltverkehrs zusammenschrumpfen, so daß uns die alten Entfernungen und Entfremdungen fast mittelalterlich anmuten. Unter anderm unterhielten wir uns auch über das spannende Tagesereignis, den Wettflug von London nach Melbourne. Clydesdale glaubte voraussagen zu können, daß die bisherige Bestleistung von zwölf Tagen um die Hälfte verbessert werden würde. Das tatsächliche Ergebnis der 18 000 Kilometer – drei Tage durch den «Comet» – war mehr als ein Sieg der menschlichen Werkschaft und Ausdauer. Es hat uns gezeigt, daß die Mauern und Hemmungen zwischen den Völkern angesichts der 300 Stundenkilometer des Flugzeuges fast ebenso lächerlich wirken wie die Postkutschen und Schlagbäume der Urgroßväter.

Den Nil entlang ging es weiter nach Wadi Halfa an der Grenze des Englisch-Ägyptischen Sudans, wo wir kurze Zeit durch den Zoll aufgehalten wurden. Schon wollte ich wieder abfliegen, als das Adlerauge eines Beamten das Ersatzauspuffrohr im Gepäckraum entdeckte. Er hielt diesen Fund für ein Geschützrohr, was gewaltige Aufregung verursachte, weil die Durchfuhr von Waffen durch Ägypten streng verboten ist. Da ich mich an die oberste Behörde wenden mußte, konnten wir die Reise erst mit zweistündiger Verspätung fortsetzen.

Ich schnitt den Nilbogen nach Abu Hamed ab und folgte zuerst der berühmten nach Khartum führenden Wüstenbahn. Eine vor uns aufsteigende dunkelgelbe Wolke zwang mich, auf 2400 Meter zu steigen, um den Sandwirbeln zu entgehen, die unter uns alles in bräunliches Dunkel hüllten. Plötzlich schoß eine dunkle Masse aus der Finsternis und wurde schnell größer, als sie näher kam. Es war ein aus Kapstadt kommendes Riesenflugzeug der Imperial Airways.

Nun war der Fluß Atbara mein Führer. Er fließt nur bei Hochwasser im Sommer in den Nil. Allmählich hob sich die Gegend zu grünen Tälern zwischen kuppelförmigen Bergen, zu deren Füßen die Stadt Kassala liegt, wo wir landeten. Der englische Statthalter Mr. Watt brachte uns im staatlichen Rasthaus unter, das ein Garten mit schönen Bäumen und Blumen umgibt.

Ich beugte mich über die große braune Karte mit nur wenig dünnen blauen Linien und einem blauen Fleck, dem Tanasee. Bisher kennen wir nur wenige Berge und Orte in Abessinien. Immerhin gab es da einige Höhenzahlen, die tief blicken ließen: 2300, 2500, 3300 und schließlich 4100 Meter. Allem Anschein nach gab es einige harte Nüsse zu knacken! In Kassala befanden wir uns nur 450 Meter über dem Meer. Der Karte nach mußte der Aufstieg zum abessinischen Hochland kurz und schroff sein. Zum erstenmal sollte ein Flugzeug diese rauhen Gebirge überqueren, denn die abessinische Regierung hatte sie bisher für den Luftverkehr gesperrt.

Nur 800 Kilometer trennten uns vom Bestimmungsort Addis Abeba, also eine nach heutigen Begriffen ganz alltägliche Flugstrecke. Aber eine Notlandung in den von räuberischen Stämmen heimgesuchten Gebieten bot keine erfreulichen Aussichten. Die englischen Offiziere in Kassala warnten uns vor den Gefahren, die uns bedrohten. Aber die

Vertrauenswürdigkeit des Fokkers bannte alle Schrecken, so daß nur der Reiz des Abenteuerlichen blieb.

Die wenigen Flieger, die das 2400 Meter hohe Addis Abeba schon besucht hatten, waren ausnahmslos längs des Roten Meeres durch die flachen Küstenlandschaften von Eritrea und Französisch-Somaliland gekommen. Von dem Hafen Dschibuti an der Bucht von Aden brauchten sie dann nur der 800 Kilometer langen französischen Eisenbahn zur Hauptstadt zu folgen. Von Jerusalem aus hatte ich meine Ankunft für den 22. Februar angesagt. Der Kaiser bat mich aber drahtlich, einen Tag später zu kommen, weil ein großer Empfang für den sehnsüchtig und langerwarteten «Dreimotorigen» in dem eigens hierzu gebauten neuen Flughafen geplant war. Die Ankunft durfte aber nicht mit der am 22. stattfindenden Trauerfeier für den verstorbenen König der Belgier zusammenfallen. Somit mußte ich am nächsten Tage in Addis Abeba eintreffen. Die Flugdauer dorthin schätzte ich auf vier bis fünf Stunden.

Dutzende von fast kohlschwarzen Sudansoldaten in schnittiger Uniform beobachteten am nächsten Morgen gespannt unsere Vorbereitungen. Ihnen gesellte sich eine ganze Abteilung des kriegerischen Stammes der Fasy Wady. Diese schön gebauten Kerle mit dem struppigen Haupthaar ehrten uns sogar durch einen wilden Kriegstanz, der recht harmlos begann, aber ohne das Dazwischentreten des englischen Bezirksamtmanns in eine tüchtige Rauferei ausgeartet wäre.

Vertrauensvoll setzte ich mich auf den südlichen Kurs. Gras- und Dornensteppen wechselten mit Parklandschaften ab. Dann folgten endlose Hügelzüge, wo ich vergeblich nach flachen Plätzchen suchte, auf denen ich bei Motorversagern hätte landen können. Zwischen grauen Granitklötzen sah man kahlen Felsboden und zerschrundete Roterde. Im Osten erhob sich der Gipfel des 4400 Meter hohen Berges Abbo Dschared über ein Gewirr von Klüften und Zacken. Der Ras Daschan, Abessiniens höchste Spitze, umgab sich mit Dunstschleiern. Nach zwei Stunden gewährte der blaue Spiegel des Tanasees eine erfreuliche Abwechslung in der Gebirgswüste. Das Gelände staffelte sich jetzt zu bebauten Flächen mit kleinen Dörfern aus kreisrunden Hütten. Gelegentlich zeigten sich Gruppen von dunkelgrünen Olivenbäumen und stolzen Kokospalmen. Auf nahezu jeder Hügelkuppe steht eine Kapelle inmitten eines heiligen Haines, den die Axt verschont. Ums Dorf zieht sich eine starke Dornenhecke als Schutz gegen reißende Tiere und räuberische Menschen.

Der Tanasee versorgt den Blauen Nil mit lehmigem Wasser, dem Ägypten seine Fruchtbarkeit und die vieltausendjährige Kultur verdankt. Die wirtschaftliche und politische Bedeutung des Sees liegt somit auf der Hand. Wir überflogen die leicht gekräuselte Oberfläche in südlicher Richtung. Auf kleiner Insel erhebt sich ein weißes Kloster inmitten der Einsamkeit eines irdischen Paradieses. Der Blaue Nil oder Abbai (wie ihn die Eingeborenen nennen) windet sich durch großartige Felsenschluchten, deren Verlauf die Karte nur sehr ungenau wiedergibt, denn stellenweise bemerkte ich Abweichungen bis zu 40 Kilometer. Daher verließ ich mich ganz auf den Kompaß und hoffte, östlich von der Hauptstadt auf die einzige Eisenbahn des Landes zu stoßen.

Inzwischen waren die Berge langsam über 3000 Meter gestiegen, so daß wir uns trotz der ansehnlichen Meereshöhe ziemlich nahe über dem dürftigen Weideland befanden. Wir überflogen nochmals den Nil, der hier die Grenze zwischen der Hauptprovinz Schoa und dem Hochgebirgsland bildet. Obgleich einige höhere Gipfel in der Nähe aufragten, erwies sich das Gelände als verhältnismäßig eben. Nach dem wirren Felsgetümmel bedeutete es geradezu eine Erholung fürs Auge. An sanften Hügelflanken hafteten Dörfer, die zumeist nur aus wenigen Hütten um eine runde Kirche bestanden. Der Wald, an dessen Stelle nun Weiden und Äcker traten, bildete einen lieblichen Hintergrund für die graubraunen Strohdächer.

4½ Stunden nach dem Abflug aus Kassala erblickte ich inmitten einer geräumigen, sonndurchfluteten Ebene vor uns einen breiten Baumgürtel, in dem leuchtende Punkte wie Irrlichter aufblitzten. Gleich darauf fand ich die Eisenbahn, und dann lag die Hauptstadt unter uns, im Schutz von blühenden Eukalyptushainen.

Eine Viertelstunde lang beschrieb ich Runden über Addis Abeba,

116

dessen Häuser sich auf eine bewaldete Ebene verteilen, was gar nicht dem üblichen Bilde entspricht, das man sich von Städten macht. Hier gibt es keine geschlossenen Straßen mit eindrucksvollen Steinbauten oder offene Plätze. Die zahllosen Rundhütten der 140 000 Einwohner liegen verstreut um die durch den Kaiserpalast bezeichnete Mitte. Die einzigen hervorspringenden Landmarken sind der Gibi (Palast), der Bahnhof, die heißen Quellen von Fiola, die Sankt-Georgs-Kirche und der Triumphbogen zu Ehren des Kaisers Menelik. Im Dunkel des Eukalyptuslaubes blinken die Stroh- und Wellblechdächer kleiner Häuser in der tropischen Sonne.

Langsam glitt ich hinab und landete genau um 11 Uhr 50. In einer Flugzeit von 46 Stunden und 28 Minuten hatten wir die 7200 Kilometer von Zürich nach Addis Abeba zurückgelegt.

Eine ungeheuere, hellbraunhäutige, schwarzhaarige und weißgekleidete Menschenmenge verfolgte das Landen mit gespannter Aufmerksamkeit. Soldaten in gutsitzender Uniform bildeten einen Ring gegen den Ansturm allzu eifriger Zuschauer, die das neue kaiserliche Flugzeug bewundern wollten. Am Ende des Platzes erhob sich das Holzgerippe des neuen Schuppens, der den Fokker beherbergen sollte. Hinter dem bewegten Menschengewimmel sah man ein Prachtzelt mit der abessinischen und schweizerischen Flagge am First. Ich rollte vor das Zelt und vernahm erst jetzt das tiefkehlige Brausen der Volksmenge und das Hurrageschrei der Europäer. Noch ehe ich das Fliegerzeug ablegen konnte, hörte ich meinen Namen rufen. In fließendem Französisch forderte mich der Privatsekretär des Kaisers auf: «Kommen Sie bitte sofort ins Zelt. Der Kaiser erwartet Sie und möchte Sie willkommen heißen!»

Nach der langen Reise war ich staubig und alles andere als hoffähig. Trotzdem führte man mich vor den bewundernden Augen der Zuschauer sofort ins Zelt und stellte mich dem Kaiser vor. Er saß auf einem Thron, von den Ministern und andern Würdenträgern umgeben. Ich blickte in ein Paar rätselhafter Augen und fühlte einen sanften, fast weiblichen Händedruck. Die europäischen diplomatischen Vertreter mit ihren Frauen nahmen die ihnen zugewiesenen Plätze ein. Nachdem uns der Zeremonienmeister zu einer Stuhlreihe zu Füßen des Kaisers geführt hatte, trat minutenlange Stille ein, während der ich das mit prächtigen Teppichen verhängte Zelt betrachtete. Eine fabelhaft schöne, bunt gestickte Decke bildete den Thronhimmel.

Haile Sellasies fein gemeißelte Züge sind nur leicht gebräunt und stehen in merkwürdigem Gegensatz zu dem dichten schwarzen Bart. Sein Gesichtsausdruck verrät eine seltsame Mischung aus väterlichem Wohlwollen und morgenländischer Schlauheit. Neben seiner schmächtigen Gestalt wirkten die stämmigen königlichen Prinzen in ihren grünen, goldbestickten Mänteln geradezu riesenhaft. Auf ein Zeichen brachten sanftsohlige Diener kleine Tische mit Kristallgläsern, und einen Augenblick später knallten die Sektpfropfen! Immer noch währte das tiefe Schweigen, während von draußen das Gemurmel der Volksmenge hereindrang. Die Augen der Abessinier hefteten sich an die Lippen ihres Herrn, wie um den leisesten Wunsch abzulesen, bevor er noch ausgesprochen wurde. Endlich erhob Haile Sellasie sein Glas, nickte huldvoll und trank einen Schluck. Die Gäste — es mögen an die 50 gewesen sein — folgten seinem Beispiel und nippten schweigend. Dann nickte mir der Kaiser zu, und ich erhob mich zu einigen wohlgefügten französischen Sätzen des Dankes für diesen Empfang. Der Negus antwortete und drückte seine große Befriedigung aus, die den feierlichen Empfang in jeder Weise rechtfertige.

Nach dieser Förmlichkeit gab mir der Zeremonienmeister den Wunsch seiner Majestät bekannt, das Flugzeug zu besichtigen. Unter dem seidenen Sonnenschirm, der stets das Haupt des Königs der Könige beschattet, schritt der Kaiser durch die Reihen seiner auf dem Bauch liegenden Untertanen. Neben ihm ging sein kleiner Sohn, der Fürst Makonnen. Der Negus freute sich sehr über den Wappenthron, ließ sich auf einem der Führersitze nieder und bat mich, ihm alle Einzelheiten der Steuerung zu erklären. Die klugen Fragen, die er stellte, verrieten einen Mann mit Scharfsinn und bedeutenden Kenntnissen. Nachdem er noch die Schwanzflosse und den Funkempfänger besichtigt hatte, dankte er abermals und lud mich zu längerem Aufenthalt im Lande ein. Vermutlich erhoffte er von der neuen Erwerbung vor allem

118

eine Steigerung seines Ansehens in den Augen des Volkes. Dann stieg er in seinen großen roten Rolls Royce. Hinter ihm bauten sich zwei Prinzen und der unvermeidliche Schirmträger auf. Die sechs Hofwagen verschwanden bald in einer Staubwolke zwischen den Eukalyptusbäumen.

Dann fuhr man uns durch die dichte Menschenmenge zur Unterkunft. Wir kamen über den Marktplatz und an der Hauptkirche vorbei. Über gräßlichen Hütten mit Wellblechdächern ragt das mächtige goldene Kreuz in den blauen Himmel. Das bescheidene, aber saubere Gasthaus eines Griechen nahm uns auf. Nach dem glücklich durchgeführten Auftrag durfte ich mich nun erholen und, aller fliegerischen Verantwortung ledig, der Jagd nach Bildern widmen, die das merkwürdige Land in reicher Fülle zu bieten versprach.

Zunächst beeindruckte mich die erstaunliche und lobenswerte Würde der Abessinier. Die Adligen ritten stolz einher. Hinter dem Pferd folgte ein barfüßiger Diener mit dem über die Schulter geschlungenen Gewehr. Je größer die Zahl des Gefolges, desto höher der Rang des Gebieters. Fast jedermann war bewaffnet im Gegensatz zur Waffenlosigkeit der Eingeborenen in den andern Gebieten Afrikas. In der Tat unterschied sich Abessinien wesentlich von den übrigen Ländern des Erdteils. Von Liberien abgesehen, war es das einzige noch unabhängige Reich. Die rund 12 Millionen zählende Bevölkerung setzte sich aus Negern vom oberen Nil, hamitischen Stämmen vom unteren Nil und arabischen Semiten zusammen. Diese mannigfaltigen Bestandteile hatten sich den Lebensbedingungen des Hochlandes angepaßt und die eigenartige abessinische Kultur hervorgebracht. Am meisten fielen uns die während der römischen Kaiserzeit eingedrungenen abendländischen Kulturerscheinungen auf. Das im vierten Jahrhundert eingeführte Christentum hat sich den islamischen Einflüssen erfolgreich widersetzt und besteht in seiner ältesten Form, die der koptischen Kirche in Ägypten ähnelt.

In dem Bestreben, das Land neuzeitlich zu fördern, hatte sich der Kaiser wohlweislich auch um die Fortschritte des Flugwesens bekümmert. Das bewiesen die sechs leichten einmotorigen Flugzeuge, die uns, tadellos ausgerichtet und mit blinkenden Luftschrauben, auf dem Flugplatz begrüßten. Die Neuigkeit vom großen Dreischrauber hatte sich bis in die entferntesten Winkel des Reiches verbreitet, und das ganze Volk freute sich mit dem Negus über den schönen Zuwachs zur nationalen Luftflotte. Nur die Priesterschaft vermochte sich nicht für das Werkzeug des Teufels zu begeistern, von dem eine Störung ihrer erzväterlichen Behäbigkeit zu erwarten war.

Da der neue Schuppen noch der Fertigstellung harrte, befahl der Kaiser seinem Schwiegersohn, eine behelfsmäßige Unterkunft zu bauen. Zwei Tage später schützte ein luftiges Dach den Fokker vor den Sonnenstrahlen und Regengüssen Äthiophiens. Soldaten der abessinischen Luftwaffe hatten das Flugzeug inzwischen gründlich abgestaubt, geputzt und blank gescheuert, so daß es mit seinen blitzenden Motoren einen vorzüglichen Eindruck machte, als die Kaiserin am folgenden Sonntag zur Besichtigung kam.

Die Abessinier waren stolz auf ihre neue Errungenschaft, aber keineswegs verblüfft, denn dieses Volk ist technisch begabt und verrät viel Sinn für zweckmäßige Einrichtungen. Kraftwagen und Flugzeug wurden schnell als Selbstverständlichkeiten hingenommen. Ein Adliger, der mit einem Gefolge von 50 Mann tagelang geritten war, um den kaiserlichen Fokker zu bewundern, erstaunte unsern Motorenwart mit der ernstgemeinten Frage, ob wir in Europa auch so vorzügliche Maschinen herstellten.

Während Meadows die abessinischen Fachgenossen in die Geheimnisse der Motoren einweihte, machte ich Unterrichtsflüge mit den fünf Führern. Drei von ihnen waren junge, in Frankreich ausgebildete Abessinier. Der Oberflieger war ein Franzose. Ein deutscher Flieger führte ein Junkers-Ganzmetall-Flugzeug. Die beiden Zeitungen in amharischer und französischer Sprache berichteten eingehend über jeden Flug. Je tiefer und lärmender ich über die Dächer der Stadt brauste, desto lauter jubelten die Menschen auf Straßen und Plätzen. Der Kaiser drückte immer wieder seine Befriedigung aus. Auch ließ er sich von meinen Flügen in Persien und Afrika erzählen. Außer den sonstigen Verhältnissen suchte er sich besonders über die Herrscher der andern Länder zu unterrichten. Riesiges Vergnügen bereitete ihm ein Flugfilm aus den Schweizer Alpen, den ich im Palast vorführte.

Haile Sellasie «der Erste, Kaiser von Äthiopien, Löwe vom Stamme Juda, Auserwählter Gottes und König der Könige», war 1930 kurz vor seiner Krönung in Bern gewesen. Er sprach ein geläufiges Französisch, wog aber jedes Wort mit morgenländischer Bedachtsamkeit. Ich bewunderte die Vielseitigkeit, Weisheit und Menschenkenntnis dieses Mannes, in dessen schwächlichem Leib eine ungeheure Willenskraft wohnte. Er hatte Dutzende von mächtigen Nebenbuhlern unter den einheimischen Fürsten besiegt, hatte Meneliks Erben, einen kümmerlichen und regierungsunfähigen Prinzen, abgesetzt und sich zum Alleinherrscher über Abessinien aufgeschwungen. Während meines Aufenthaltes bevorzugte er mich sehr und förderte meine Pläne. Ich durfte den außergewöhnlichen Gottesdiensten beiwohnen und wurde sogar durch eine Heerschau mit Parade geehrt.

Der obenerwähnte Film bildete das Zugstück bei einem Festessen, zu dem mich der Kaiser einlud. Ich besitze noch das schön ausgeführte Einladungsschreiben in amharischer Schrift. Wir wurden in einem kaiserlichen Kraftwagen abgeholt. Die Leibwache präsentierte, als wir den hell erleuchteten Palast betraten. Weißgekleidete Diener führten uns in den Empfangsraum im Stile Ludwigs XIV. Am andern Ende saß der Kaiser etwas erhöht. Über den Frackhosen trug er einen schwarzen, reichbestickten Umhang. Die Eingeladenen erschienen im Frack. Haile Sellasie bot jedem die Hand und sprach ein paar verbindliche Worte. Dann wurden Schnäpse herumgereicht.

Unter den Anwesenden bemerkte man den Außenminister und drei andere hohe Würdenträger, die sich aber still im Hintergrund hielten. Dann ging der Kaiser in den Saal nebenan, wo uns ein Tisch mit goldenem und silbernem Geschirr erwartete. Über die Gedecke hatte man duftende Blumenblätter gestreut. Zuerst kam das bekannte Schweigen, bis der Kaiser seiner Tischdame zulächelte und ein Gespräch mit mir begann. Die andern Gäste fanden es etwas schwierig, sich mit den Abessiniern zu unterhalten, von denen nur einer ein paar

Worte Englisch verstand. Nach dem Kaffee im Empfangsraum zeigte ich den Film aus den Schweizer Alpen. Angesichts des schneegekrönten Matterhorns brachen die Fürsten in Rufe des Staunens und der Bewunderung aus. Allmählich war es spät geworden, und der Hofmeister gab das Zeichen zum Aufbruch. Haile Sellasie verabschiedete sich mit einer huldvollen Gebärde und freundlichen Dankesworten, wonach wir ins Hotel zurückfuhren.

Man sagt, daß sich der Bildungsgrad eines Volkes im Rechtswesen spiegele. Die abessinische Gerichtsbarkeit ist fälschlich als grausam und abstoßend verschrien worden. Tatsächlich hatten wir es mit einer Mischung aus alttestamentlicher Gerechtigkeit und gesundem Menschenverstand zu tun. Überall und zu jeder Zeit fanden Gerichtssitzungen in kleinen Hütten auf Plätzen oder am Wegesrand statt. Läppereien wurden sofort erledigt. Diebe bekamen zumeist eine Tracht Prügel. Kläger und Beklagter wurden aneinandergefesselt, bis der Richter die Zeugen vernommen und das Urteil gefällt hatte. Dieses Verfahren hemmte die Klagelust und führte oft zu einem Ausgleich vor dem Urteil. Im allgemeinen galt der Grundsatz «Auge um Auge, Zahn um Zahn».

In dem großen und in dem kleinen Gibi, wie die Königspaläste genannt wurden, war ein ewiges Kommen und Gehen, denn dort wurden die wichtigsten Strafsachen verhandelt. Hier führte man die Gefangenen mit gefesselten Füßen und streng bewacht vor. Da es keine Anwälte gab, mußte sich der Angeklagte selber verteidigen. Der Schreiber verlas die Anklage; der Richter hörte schweigend zu. Vor ihm lagen die alten Gesetzbücher, aber sein Urteil gründete sich zumeist auf den gesunden Menschenverstand. Die Gefängnisse waren freie Plätze hinter Stacheldraht. Einige Hütten boten Zuflucht vor den Unbilden der Witterung. Die Insassen durften Besuche der Angehörigen empfangen, die ihnen Lebensmittel brachten. Mord ward mit dem Tode bestraft, es läge denn Notwehr vor.

Eines Mittags beobachteten wir drei Aufzüge. Jeder bestand aus Bewaffneten, Priestern, Freunden und Verwandten, die einen Mörder zur Richtstätte begleiteten. Die Unglücklichen warfen sich zum Gebet nieder, bevor sie die Schwelle des Gefängnishofes überschritten. Die Hinrichtung wird von den Verwandten des Ermordeten mit einer kleinen Kanone vollzogen. Oft kommen sie weit aus dem Innern des Landes, um der Rachepflicht zu genügen. Das schwere Tor schloß sich; Priester und Angehörige stimmten einen Grabgesang an. Dreimal knallte es dröhnend. Dann wurden die Leichen herausgetragen und den Angehörigen ausgeliefert.

Mit Lastkraftwagen begaben wir uns auf eine Forschungsreise zum Gallastamme der Arussis. Diese wilden und kriegerischen Wanderhirten waren erst vor wenigen Jahrzehnten nach blutigen Kämpfen unterworfen worden. Noch zur Zeit unseres Besuchs verursachten sie dem Kaiser allerlei Besorgnis. Auf der Fahrt durch die Steppe scheuchten wir mancherlei Wild auf. Die Frauen in den Dörfern flüchteten vor dem ungewohnten Anblick des ratternden Gefährts. Hochmütig blickten die schwarzen Reiter mit Schild und Speer auf die Fremdlinge herab. Die Arussis wurden von den Abessiniern als Heiden verachtet, denn sie verehren eine allgegenwärtige Naturgottheit. Der Mann durfte nur ein Mädchen aus anderm Stamme heiraten, um die Blutsverwandtschaft auszuschließen. Nachdem die Eltern die Mitgift in Gestalt von Kühen, Pferden, Ziegen und Honig ausgehandelt hatten, holte der Krieger die Braut zu Pferd ab. Dann folgten die Hochzeitsfeiern. Fünf Tage nach der Hochzeit mußte der Gatte seiner Frau einen Liebhaber finden, denn so will es der Brauch. Pflanzte der Liebhaber seinen Speer vor der Hütte auf, so durfte niemand hinein, nicht einmal der Mann. Reiche Leute nahmen mehrere Frauen, deren Zahl sich aber auf fünf beschränkte. Die Weiber suchten sich Liebhaber aus, die den Ehemann mit Honig entschädigen mußten.

Wurde jemand krank, so opferte man Ziegen, um die bösen Geister zu besänftigen, die sich des Leibes bemächtigt hatten. Unter Beschwörungstänzen schlachtete man ein Zicklein und ließ das Blut über den nackten Leib des Kranken laufen. Die zarten Stücke wurden gegessen, die übrigen Teile für den Teufel in den Fluß geworfen.

Natürlich lagen diese wilden Wanderhirten in stetem Kampf mit den Nachbarn. Frauen und Mädchen schürten die Flamme. Höchste Ehre gewann der Held, der die Geschlechtsteile des erschlagenen Feindes heimbrachte. Noch bis vor kurzem durfte keiner heiraten, ehe er den Siegespreis errungen hatte. Inzwischen hatten abessinische Strafzüge mit dieser grauenhaften Sitte aufgeräumt. Die Ursache solch mörderischer Gebräuche dürfte in der Armut des Landes zu suchen sein, die nur wenigen Menschen gestattete, ein kärgliches Leben zu fristen.

Abessinien wies somit scharfe Gegensätze auf. Auf der einen Seite sahen wir den Kaiser und die Adligen dem neuzeitlichen Fortschritt geneigt, auf der andern die Somalivölker, die den abendländischen Kulturbegriff und seine technischen Offenbarungen entschieden ablehnten.

Nach Persien

Bald nach meiner Rückkehr von der erfolgreichen Spitzbergenfahrt erhielt ich zu meiner großen Freude durch Vermittlung der Junkerswerke eine Einladung von der persischen Regierung. Ich sollte die Flugverbindungen nach Persien erkunden. Risa Chan Pählewi, der tatkräftige Beherrscher des Landes, wünschte sein Volk von den großen Vorteilen des Luftverkehrs zu überzeugen. Infolge des Mangels an guten Straßen und der Geringfügigkeit des Eisenbahnnetzes stand das Flugzeug hier vor einer dankbaren Aufgabe. Die Warenbeförderung erfolgte zum größten Teil noch durch die schwerfälligen und langsamen Kamelkarawanen. Ehe das persische Reich mit den Junkerswerken einen Vertrag über die Einrichtung regelmäßiger Luftlinien machte, beanspruchte die Reise vom Persischen Golf nach der Hauptstadt Teheran eine Karawanenreise von wenigstens vier Wochen. Heute befördert das Flugzeug Fahrgäste und Gepäck in einem Tage über diese weite Strecke. Gerade in Gebieten dieser Art offenbaren sich die Errungenschaften der Fliegerei ganz überraschend. In den zehn Jahren seit meinem Erkundungsflug im Winter 1924/25 sind gewaltige Fortschritte gemacht worden. Nie werde ich das Gesicht eines ehrwürdigen alten Priesters in Kleinasien vergessen, als ich ihm erzählte, daß ich in 19 Stunden aus dem Herzen Europas hierher gekommen sei. Er faltete die Hände, schloß die Augen und murmelte: «Mein Gott, mein Gott, es gibt keine Entfernungen mehr!»
Im November 1924 begann ich mit den Vorbereitungen zu dem 6000 Kilometer langen Flug von der Schweiz nach Teheran über Italien, Griechenland, die Türkei und Irak. Ich ließ Schwimmer anbringen und verbrachte sechs Wochen mit dem gründlichen Herrichten und Erproben des Flugzeuges. Zwei Mechaniker, von denen einer

mich dann begleitete, unterstützten mich bei dieser verantwortungs-
vollen Arbeit. Endlich war alles Erforderliche beisammen: 4 Bild-
kammern, 2 Filmkammern, Ersatzschwimmer, 36 Zündkerzen, Skier,
Skistiefel, Eßvorräte an Käse, Schokolade und Zwieback. Mit uns
zweien und dem Treibstoff wog die Gesamtlast 700 Kilogramm.

Wir hatten ein Junkers Ganzmetallflugzeug Typ A 20, das sich für
unsern Zweck besonders gut eignete, weil es dem Führer und Beobachter ein nach allen Seiten unbehindertes Blickfeld bot. Mit der
guten durchschnittlichen Reisegeschwindigkeit von 160 Stundenkilometer verband sich vortreffliches Steigvermögen.

Wegen der fortgeschrittenen Jahreszeit und der Sturmgefahr im
Mittelmeer beschloß ich, über Smyrna, Aleppo und Bagdad zu fliegen.
Demgemäß suchte ich bei der türkischen Regierung um die Erlaubnis
zum Überfliegen nach. Gleichzeitig sandte ich das Fahrgestell nebst
Ersatzrädern und Ersatzschrauben nach Smyrna voraus, damit alles
zum Wechseln bei unserer Ankunft dort bereit lag.

Anfang Dezember herrschte eine äußerst günstige Wetterlage zu
beiden Seiten der Alpen. Ich war abflugbereit und wartete noch ein
paar Tage ebenso ungeduldig wie vergeblich auf die Antwort der
Türken. Schließlich machte ich mich auf den Weg, um die Gunst des
Wetters auszunützen. Die türkische Erlaubnis mußte ja unterwegs
sein. Der Abflug vom glatten Spiegel des Zürichsees vollzog sich tadellos trotz der schweren Ladung. Es war am 18. Dezember um 10 Uhr 40
an einem grauen Wintermorgen. Schon nach 20 Minuten schlüpfte ich
durch ein Loch im feuchten Tieflandnebel und schwamm im hellen
Sonnenlicht über den glitzernden Schneehäuptern der Alpen. Wir
flogen genau südlich und schwebten nach einer Stunde schon über
Lugano jenseits der Hochalpen. Unter uns blinkten die Seen des
Tessins. Dann folgten die weiten Ebenen Oberitaliens. Mailand ver-
barg sich in einem Nebel bräunlichen Rauchs, und hinter dem Apennin
schimmerte ein silbernes Band, das sich beim Näherkommen als
Mittelmeer erwies. Um 1 Uhr 15 erreichten wir die Küste 16 Kilometer östlich von Genua und atmeten auf, denn eine Erdnotlandung
mit Schwimmern brauchten wir nun nicht mehr zu befürchten. Wir

hielten uns südwärts längs der steilen Uferklippen. In der leicht vernebelten Ferne machten wir die Umrisse der Berge Korsikas aus. Allmählich suchten wir tiefere und wärmere Luftschichten auf. Kurz vor der Mündung des Arnos flogen wir nur 100 Meter über Viareggio. Da die See unruhig war, ließ ich mich auf dem Arno bei Marina di Pisa nieder, wo der Fluß an die 20 Meter breit ist. Hier landeten wir um 2 Uhr 20 nachmittags.

Die italienischen Ingenieure begrüßten uns herzlich, und ihre Leute zogen das Flugzeug aufs Ufer. Zu diesem Fluge, dem ersten von Zürich nach Marina di Pisa, hatten wir 3 Stunden und 40 Minuten gebraucht. Am nächsten Morgen flogen wir um 10 Uhr 45 ab und erreichten Neapel nach 3 Stunden 55 Minuten ereignislosen, aber sehr interessanten Fluges. Wir landeten sicher vor den Schuppen des italienischen Wasserflughafens.

Kurz vor Mittag des nächsten Tages verließen wir Neapel mit südöstlichem Kurs und schwenkten nur etwas ab, um einen Nahblick aus der Vogelschau in den Krater des Vesuvs zu werfen. Über Castri mußten wir nordöstlich abbiegen, um quer über die rund 100 Kilometer breite italienische Halbinsel zu fliegen. Bisher hatte ich die Maschine geschont mit Hinsicht auf die Anforderungen in Persien. Jetzt aber mußte ich das letzte aus ihr herausholen, um die 2000 Meter hohen Berge und heftige Gegenströmungen zu überwinden. Es wurde ein recht unangenehmer Schüttelflug, denn jedesmal, wo wir einen der runden Bergrücken überflogen, schleuderte es uns in die Höhe und drückte uns auf der andern Seite wieder hinunter. In der Annahme, etwas zu weit nördlich gehalten zu haben, bog ich nach Südosten ab. Bald winkte denn auch das blaue Ionische Meer, erst blaß, allmählich, je mehr wir uns Tarent näherten, immer dunkler und dunkler werdend. In Tarent trafen wir nach 1 Stunde und 20 Minuten ein.

Von hier war es eine Kleinigkeit über das ebene und fruchtbare Land nach Brindisi an der Adria, wo uns der großartige Wasserflughafen aufnahm, 3 Stunden und 35 Minuten, nachdem wir Neapel verlassen hatten.

Uns zu Ehren gaben die italienischen Offiziere einen Ball in den üppigen Meßräumen. Gern hätten wir die warmherzige Gastfreundschaft und den köstlichen Sonnenschein am nächsten Morgen noch länger genossen. Aber erst lagen 1600 Kilometer hinter uns, und die abenteuerlichen Schwierigkeiten standen uns noch bevor.

Zunächst kamen 160 Kilometer offenes Meer. Ich freute mich, als wir trotz des scharfen Wellenganges leicht abkamen. Noch dazu hatten wir 100 Kilo Übergewicht einschließlich 360 Liter Benzin. Zwei italienische Flugzeuge begleiteten uns ein Stück hinaus. Über Korfu gelangten wir nach einer Stunde an die griechische Küste. In den Bergen Griechenlands störte uns schlechtes Wetter. Als wir endlich Athen erreichten, spähte ich vergeblich nach einem Flughafen oder sonst tauglichen Landeplatz aus, so daß ich das offene Meer aufsuchen mußte. Ich landete gegenüber einem großen Gebäude, das ich für ein Zeughaus hielt. Indes drohte uns ein starker Wind aufs Ufer zu werfen. Daher erhob ich mich sogleich wieder und beschloß, in dem engen Hafen zu landen. Dazu mußte ich mich durch Masten und Schlote winden. Nach mannigfachen Kunststücken fand ich ein offenes Plätzchen inmitten der den Hafen füllenden Schiffe. Der Wind erschwerte die Sache bedeutend. Bisher war überhaupt noch kein Wasserflugzeug im Hafen gelandet. Später erfuhren wir, daß der Wasserflughafen 8 Kilometer weiter draußen in Phaleron an der Bucht von Salamis liegt. Dorthin konnten wir erst am nächsten Morgen übersiedeln.

Freunden in Smyrna drahtete ich, sie möchten mich am 23. erwarten. Ich wußte allerdings immer noch nicht, ob die Regierung in Ankara den Flug über Anatolien erlaubte. Indes zweifelte ich keinen Augenblick an der günstigen Antwort und schob die Verzögerung auf den kürzlich erfolgten Regierungswechsel in der Türkei. Überdies war eine Abordnung der türkischen Heeresfliegerei im vergangenen Jahr so herzlich in der Schweiz aufgenommen worden, daß ich nur an einen freundlichen Empfang denken konnte.

Wir verließen Athen am 23. und flogen durch ekliges stürmisches Wetter über das Ägäische Meer genau östlich an die kleinasiatische Küste. Ich kletterte in die Höhe, um den Wolken und Seewinden zu entgehen. In Sonnenschein gebadet, blickten wir bald auf die Insel

Chios unter uns. Ich glitt zur Bucht hinunter und kreiste in 300 Meter Höhe über der Stadt, ohne einen Landeplatz zu entdecken. Schon wollte ich abschwenken und mein Heil anderswo längs der Küste versuchen, als ich türkische Soldaten und eine Gruppe von Europäern nahe einer kleinen Landungsbrücke erkannte. Gleich darauf sah ich ein Zelt und vermutete hier den türkischen Wasserflughafen.

Gegen die scharfe, kalte Brise aus Norden spritzte ich auf den Steg zu und saß dann 10 Meter von ihm auf einer Schlammbank fest. Ein türkischer Offizier rief mich auf Deutsch an: «Bleiben Sie dort, bis der Arzt kommt.» Ich hielt es immer noch für selbstverständlich, daß man uns gut aufnehmen werde und daß die Erlaubnis zum Fortsetzen des Fluges inzwischen längst aus Ankara eingetroffen sei.

Eine Viertelstunde später landeten zwei türkische Savoiaflugzeuge dicht bei mir, eins davon mit Maschinengewehr. Das bestärkte mich nur in meiner Überzeugung, daß alles in bester Ordnung sei. Meinem Begleiter erklärte ich, daß wir es wohl mit der Abordnung zu tun hätten, die uns begrüßen und nach Smyrna bringen sollte. Einer der Herren am Ufer stieß einen durchdringenden Schweizer Jodler aus, was die Nähe von Freunden verriet. Nur vermochte ich mir nicht zu erklären, warum sie nicht auf Sprechweite herankamen. Nach einer guten halben Stunde watete endlich ein türkischer Soldat zu uns heraus und bedeutete durch Zeichen, daß er mich an Land tragen werde. Dort führten mich die Offiziere in eine Wachtstube und sagten, daß ich hier auf die Ankunft des Arztes aus der Stadt warten müsse. Die fünf Schweizer ließen sie nicht heran. Mit Kaffee und Zwieback durfte ich mir die Zeit vertreiben. Das Zimmer war klein und kahl, von einem wackligen Tisch und drei Stühlen abgesehen. Ein paar Soldaten räkelten sich in der Ecke und betrachteten mich mit dösigen Augen. Angesichts dieser Vorsichtsmaßregeln stiegen mir nun doch gelinde Zweifel auf und veranlaßten mich zu größter Zurückhaltung im Gespräch mit den türkischen Offizieren. Bald legte sich eisiges Schweigen auf die trostlose Kammer. Durchs Fenster beobachtete ich Kamelkarawanen, die langsamen, majestätischen Schrittes die gepflasterte anatolische Heerstraße entlangtappten. Sie wurden von Bauern in bunten Mänteln und Kappen geführt. Es kam mir wie ein traumhaftes Filmbild vor. Vor vier Stunden hatte ich noch in einer europäischen Stadt gesessen. Jetzt umgaben mich Geheimnis und Romantik des Morgenlandes. Draußen vor dem Fenster spielte ein kleiner Ausschnitt aus Tausendundeiner Nacht.

Schon wartete ich über eine Stunde in der dreckigen Wachtstube, als ich plötzlich aufgeregtes Getrappel und Stimmengewirr im Gang vernahm. Der Arzt trat ein, ein hochgebildeter Türke mit rotem Fes. Er fragte mich eifrig in französischer Sprache aus, und ich mußte lächeln, als er meine Antworten gewissenhaft in sein Taschenbuch schrieb. Von rechts nach links malte er seine türkischen Schriftzeichen aufs Papier. Hier erst ward mir so recht bewußt, daß ich mich in einer andern Welt befand, unter Leuten mit einer gänzlich andern Denkweise. Schließlich verabschiedete sich der Arzt, ohne mich zu untersuchen. Als er weg war, stürzten endlich die fünf Schweizer herein und begrüßten mich. Sie erzählten mir, daß mein Flugzeug beschlagnahmt worden sei, weil Smyrna und Umgebung noch als Kriegsgebiet galten. Ich war der erste Flieger, der sich seit dem Kriege hierher getraut hatte. Die beiden türkischen Flugzeuge waren ausgesandt, mich von der Bucht von Smyrna fernzuhalten. Wie sie das im Ernstfall gemacht hätten, blieb mir bis heute unklar, denn ich kann nicht glauben, daß sie auf ein Schweizer Zivilflugzeug gefeuert hätten.

Es wurde mir verboten, mich meinem Flugzeug zu nähern, ehe Weisungen aus Ankara eintrafen. Somit konnte ich nicht einmal einige kleine Ausbesserungen oder etwa gar die Verwandlung ins Landflugzeug vornehmen. Ich wehrte mich heftig gegen diese ungastliche Behandlung, denn es war unbedingt nötig, Bagdad zu erreichen, bevor die große Regenzeit einsetzte. Dann konnte ich von dort in einem Zuge über die persischen Berge nach Teheran fliegen. Auf Grund der bisherigen vortrefflichen Leistungen des Flugzeuges und angesichts des herrlichen Wetters hatte ich gehofft, fahrplanmäßig zu Neujahr ans Ziel zu gelangen. Bei allem Zutrauen, das ich zu meinen Mitteln und Plänen hegen durfte, hatte ich aber versäumt, den Gehirnzustand der Jungtürken in die Rechnung zu stellen. Drei Wochen lang hielt man mich in Smyrna fest, obgleich ich täglich drahtlich um Hilfe bat, die der türkische Botschafter in Bern immer wieder zusagte. Weihnachten und Neujahr gingen vorüber, ohne daß ich erfuhr, wann man mir die Fortsetzung der Reise gestatten wolle. Ankara schwieg wie das Grab. Hielt man mich etwa für einen Spion? Meine Landsleute behaupteten, ich würde glänzend behandelt, denn man habe mich nicht einmal ins Gefängnis geworfen. Wütend sah ich Tag um Tag den wundervollen blauen Himmel und das schöne Flugwetter. Kein Wölkchen zeigte sich. Täglich pilgerte ich morgens zum Kommandanten des Flughafens, der mich täglich mit demselben freundlichen Lächeln wissen ließ, daß er noch nichts von Ankara gehört habe. Schließlich wurde mir der Anblick dieses Menschen geradezu verhaßt. Endlich, nach 22 Tagen fürchterlichen Wartens, durfte ich weiterfliegen, hauptsächlich dank den unablässigen Bemühungen eines Freundes, eines reichen Kaufmannes in der Stadt. Die erste Mitteilung erreichte mich in Gestalt einer nichtamtlichen Drahtnachricht des türkischen Außenministers. So kam ich wieder zu meinem Flugzeug, das sich in einem scheußlichen Zustand befand. Drei Wochen lang hatte es ungeschützt im Freien gestanden, den Sandstürmen ausgeliefert. Einige Teile mußten ausgebessert oder ersetzt werden. Die Zylinder waren mit einer feinen Sandschicht überzogen, die mich das Schlimmste befürchten ließ. Auch zum Austauschen des Untergestells mußte ich besondere Erlaubnis erwirken. Dann dauerte es noch zwei Tage, ehe ich den Lattenverschlag mit dem Fahrgestell aus dem Zoll kriegte. 20 türkische Soldaten hoben nun das Flugzeug auf einen Bock, worauf wir die plumpen Schwimmer mit leichten Rädern vertauschten.

Am fünfundzwanzigsten Tage meines unfreiwilligen Aufenthaltes in Smyrna stand das Flugzeug reisefertig im Hof einer alten Kaserne, als die Nachricht eintraf, Stabschef General Fewsi Pascha habe die Erlaubnis zum Abflug gegeben. Fieberhaft beendeten wir die letzten Vorbereitungen, die damals viel umständlicher waren als heutzutage. Mit einem jungen türkischen Fliegeroffizier ging ich in die Stadt, um die Pässe zu holen, die uns bei der Ankunft abgenommen worden waren. Nach zweistündigem Suchen fischten wir sie aus den Papierhaufen, die sich in der Amtsstube umhertrieben. Abends feierten wir Abschied, denn unter den ansässigen Engländern, Franzosen, Deutschen und Schweizern hatten wir viele Freunde gewonnen. Dergestalt ward uns wenigstens Einblick in die Zustände und Lebensbedingungen in der neuen Türkei vergönnt.

Die größte Sorge machte mir der Abflug am nächsten Morgen, denn der Kasernenhof war nur 30 Meter breit, 200 Meter lang und auf drei Seiten mit hohen Mauern umgeben. Würde ich wohl über die Telegraphendrähte am andern Ende hinwegkommen? Hoffentlich hielt wenigstens der Nordwind an, denn der würde uns in die Luft helfen.

Im dämmernden Morgen fuhren wir zu unserm «Flugplatz» hinaus und setzten den Motor in Gang. Wir verloren viel Zeit mit der Benzinpumpe, die verstopft war; und es kostete zweieinhalb Stunden schwerer Arbeit, bis der Motor zufriedenstellend lief. Meine europäischen Freunde durften nicht dabei sein, aber die ganze türkische Besatzung hatte sich versammelt, um den aufregenden Abflug aus der engen Grube zu beobachten. Keiner der türkischen Flieger glaubte an die Möglichkeit. Erst machten wir zwei Probeläufe. Dann entledigten wir uns des schweren Nachfüllbehälters, stellten uns in der äußersten Ecke auf und hoben uns donnernd in den Wind. In einem Augenblick waren alle Zweifel und Sorgen verschwunden. Wir waren wieder frei und durften ersehnten Zielen zustreben.

Draußen hatte ich schon ein flaches Gelände bestimmt, von dem wir mit der vollen Ladung von 675 Kilogramm aufsteigen konnten. Dort wartete mein Bordwart mit dem Behälter und andern Sachen, die er mit einem Lastwagen hingeschafft hatte. Ich landete wieder, alles wurde sorgfältig verladen und verstaut, dann flogen wir, diesmal unter weniger aufregenden Begleiterscheinungen, ab und verließen Smyrna für immer.

Indes durfte ich nicht geradeswegs nach Aleppo fliegen, denn es lag wiederum Kriegsgebiet dazwischen. So war ich zu einem langen Umweg von 600 Kilometer nördlich über Istanbul gezwungen. Beinahe wäre ich der Versuchung unterlegen, stracks nach Aleppo zu fliegen und das prachtvolle Wetter in dieser Richtung auszunützen. Ich

wandte mich aber doch dem bewölkten Norden zu, um meinen Landsleuten in Smyrna etwaige Ungelegenheiten zu ersparen. Wir flogen
fast genau nördlich durch dichte Wolkenbänke. Ohne jede Vorbereitung war es natürlich schwer, den richtigen Kurs zu halten, denn ich
besaß nur eine Karte aus dem Taschenatlas im Maßstab 1:4 000 000.
Somit mußte ich unter die Wolken gehen. Ich stieß aus 2400 auf 200
Meter in einer so steilen Spirale, daß ich frei durch die Luft zu fallen
schien, obgleich ich mich am Sitz festgeschnallt hatte. In böiger Luft
erreichte ich das Marmarameer nach zweieinhalb Stunden. Durch
steifen Gegenwind kämpfte ich mich über den 20 Kilometer breiten
Wasserstreifen. Weiter ging es ebenso einfach wie langweilig nach
Istanbul. Der Flughafen von San Stefano war nicht zu verfehlen. Dort
landete ich viereinhalb Stunden nach dem Abflug von Smyrna.
Trotz des Regens beschloß ich, am nächsten Morgen weiterzufliegen,
denn von der Türkei hatte ich gerade genug. Der Kommandant des
Flughafens war freundlich und hilfsbereit, begriff aber nicht, warum
wir bei solchem Wetter aufbrechen wollten.
Wetterberichte kannte man hier noch nicht. Indes vermutete ich bessere Luft im Südosten und hoffte, dem aus Westen vordringenden Tief
vorauszueilen. Eins aber hatte ich mir fest vorgenommen, nämlich
weder in Ankara noch in Konya zu landen, wie die türkischen Behörden wünschten.
Leider kamen wir nicht vor 10 Uhr weg, was wenig Zeit für den nächsten Sprung von über 1000 Kilometer nach Aleppo übrigließ. Zudem
liegt dieses ja 10 Längengrade weiter östlich, so daß die Sonne dort
40 Minuten früher untergeht. Außer den drei gefüllten Behältern hatten wir noch sieben Blechkannen Benzin zu je 18 Liter geladen, die
beim Beobachter verstaut wurden. Mein Begleiter saß somit etwas
eng. Trotz der schweren Last schwang sich das Flugzeug aber schnei-
dig in die Luft. Der Motor schnurrte gleichmäßiger denn je. Bald
schwebten wir über dem Goldenen Horn und dem Bosporus. Zuerst
flogen wir tief durch Wolken und Regen. Dann aber suchten wir die
Höhe auf, und die Erde verschwand wie unter einer weißen Watte-
decke. Da sich diese Wolkendecke ununterbrochen nach Osten er-

streckte, mußte ich entweder ohne Bodenortung nach dem Kompaß fliegen, in der Hoffnung, später ein Loch zu finden, oder ich mußte niedergehen und dicht über der Erde fliegen. Dabei hätte ich mit Hilfe meines kleinen Atlanten steuern und etwaigen Bergen oder sonstigen Hindernissen ausweichen müssen. Ich entschied mich für die erste Möglichkeit, denn vor allem war ich bestrebt, das türkische Gebiet so schnell wie möglich hinter mich zu bringen. Stetig kletterte ich bis 3600 Meter hinauf und hielt die Richtung 130° Südost, wodurch ich Ankara gute 240 Kilometer links liegen ließ. Im Osten tauchte schließlich eine lange Bergkette auf. Nach dreistündigem Fluge befand ich mich längs des 2000 Meter hohen Gebirges Sultan-Dagh. Dann erschienen im Süden tüchtige Gipfel, die 3300 Meter aufragten. Zu meiner großen Freude zerstreuten sich die Wolken hier und gaben bald den Fuß der Berge frei. Ich erkannte den See Egerdir und wußte mich auf dem rechten Weg.

Mein Bordwart konnte jetzt den Hauptbehälter aus den Nebenbehältern und diese aus den Blechkannen füllen. So gewann er endlich Raum für die verkrampften Beine. Mit hörbarer Wonne warf er die leeren Kannen über Bord. Der Erciyas-Dagh (3900 Meter), der höchste Berg Kleinasiens, blieb links liegen, und wir gelangten allmählich in das ersehnte Schönwettergebiet. Vor uns breitete sich ein goldschimmernder Lichtstreif, das Mittelmeer, das wir nach fünfstündigem Fluge wieder erreichten. Die Sonne stand schon tief, als wir die Bucht von Alexandretta überquerten, von der Aleppo noch 113 Kilometer entfernt liegt. Vernünftigerweise hätte ich nun auf den Grünflächen von Alexandretta landen sollen. Aber die Karte verschwieg mir, ob die Stadt in der Türkei oder im französisch verwalteten Syrien lag. Unter keinen Umständen wollte ich nochmals Gefahr laufen, wieder den Türken in die Hände zu fallen. Trotz der schnell hereinbrechenden Finsternis wandte ich mich deshalb der langen Gebirgskette zu und hoffte, noch glücklich im französischen Flughafen Muslime bei Aleppo zu landen.

Wir schossen mit der damals sehr bedeutenden Geschwindigkeit von 190 Kilometer durch die Luft. Dem Auspuff entknallte ein feuriger

Höllenschweif. Da fiel mir ein, daß ich doch einmal nach dem Benzinstand schauen müsse. Im Scheine der Taschenlampe wurde ich zu meinem Schrecken gewahr, daß beide Zeiger auf Null standen. Nach dem bisherigen Überschlag hätte der Brennstoff noch für eine halbe Flugstunde ausgereicht. Vermutlich leckte die Leitung. Die Lichter von Aleppo waren noch nicht sichtbar; und das Landen mit stehendem Motor wollte ich auf jeden Fall vermeiden. Somit blieb nur die sofortige Notlandung. Im Gleitflug kam ich nahe an den Boden und fand bald einen Acker unter mir. Mit leichtem Stoß berührten die Räder die Erde. Wir liefen aus und kamen recht plötzlich zum Stillstand. Die schwere Belastung des Schwanzes bewahrte uns vor einem Überschlag. Ein gepflügtes Feld war unser Ruheplätzchen.

Unbeschädigt sahen wir uns inmitten einer großen, sanft gewellten Ebene. Tiefes Schweigen rundum und keine Menschenseele. Bei einem Erkundungsgang entdeckte ich ein Araberdorf zwei Kilometer hinter der nächsten Bodenwelle. Indes zogen wir vor, im Flugzeug zu übernachten, wo wir uns notfalls verteidigen konnten. Nach einigen Minuten brummte der Kocher, und wir setzten die Hafergrütze auf, die das willkommene Abendessen bildete. Wir wollten gerade schlafen gehen, als fünf Araber aus der Dunkelheit auftauchten. Sie erwiesen sich als harmlos und freundlich und luden mich durch Zeichen ins Dorf. Ich wollte aber meinen Begleiter nicht allein zurücklassen und lehnte daher die Einladung ab. Mit ehrfürchtigem Staunen bewunderten die Leute das Flugzeug von allen Seiten beim Scheine der Laterne. Dann schoben sie ab. Kurz vor dem Einschlafen bemerkte ich einen Feuerschein. Einer war zurückgekommen und hatte ein Lagerfeuer entfacht. Er lud mich zum Essen ein, das ich gern mit ihm teilte. Den Rest der Nacht verbrachte ich an Bord bei scharfer Kälte, die mit unerträglicher Hitze abwechselte, sobald ich mit Meta heizte, das ich auf dem Metallfußboden gefahrlos anzünden durfte.

Am nächsten Morgen war es schon um 6 Uhr hell. Es wunderte mich nicht wenig, daß ich das Wasser im Kühler gefroren und ein Rohr geplatzt fand. Nie hätte ich in dieser Gegend eine solche Kälte erwartet. Glücklicherweise war der Schaden gering und ließ sich leicht beheben, nachdem wir das Getriebe aufgetaut hatten. Bei näherem Nachsehen ergaben sich noch über 20 Liter Benzin, genug, um den 30 Kilometer entfernten Flughafen Muslime zu erreichen. Inzwischen hatten sich Scharen von Arabern eingefunden, und es kostete viel Mühe, sie davon abzuhalten, sich oder das Flugzeug zu beschädigen. Neugierig lugten sie in jeden Winkel. Meine Flüche aus rauher Schweizerkehle schienen einigermaßen zu wirken – ich glaube fast, die Leute hielten sie für schlechtes Arabisch.

Der Abflug von dem weichen Sturzacker war nicht ganz einfach. Aber nach einem Anlauf von 120 Meter senkte sich das Gelände plötzlich, was ein schnelles und glattes Abkommen ermöglichte. Zehn Minuten später landeten wir in Muslime, 16 Kilometer nördlich von Aleppo. Die französischen Offiziere nahmen uns sehr gastfreundlich auf. Nach dem Frühstück in der Messe bat man mich, meinen Namen an die Wand zu schreiben unter die Namen der Flieger, die bisher die lange Strecke aus Europa zurückgelegt hatten. Mein unmittelbarer Vorgänger war der verstorbene Sir Sefton Brancker mit seinem Flugzeugführer Alan Cobham. Ferner las ich noch die Namen von Pelletier d'Oisy, dem berühmten französischen Flieger, der in zwei Tagen von Paris nach Aleppo geflogen war, des argentinischen Majors Zanni sowie der amerikanischen Weltflieger Smith, Nelson und Wade. Ich verbrachte zwei Tage in der reizvollen alten Stadt, die von vergangenen Jahrhunderten träumt. Noch lange werde ich mich der liebenswürdigen Aufnahme durch die französischen Fliegeroffiziere erinnern.

Das Flugzeug wurde inzwischen gründlich überholt und Benzin aufgefüllt. Dann erhob ich mich zu dem 800 Kilometer weiten Flug über die Wüste nach Bagdad. Bald erreichten wir den Euphrat, dem wir nur zu folgen brauchten. Über der unsäglich öden Syrischen Wüste kamen wir gut vorwärts, als mir der Bordwart einen eilig gekritzelten Zettel reichte: «Bitte drosseln. Vergaß Nebenbehälter an Hauptbehälter anzuschließen.» Ehe ich antworten konnte, war er auf den Flügel hinausgeklettert, ohne des scharfen Schraubenwindes zu achten. An der Vorderrippe hob er einen Deckel und stellte die Schlauchverbindung her.

Inzwischen hatte ich viel Höhe verloren und strich ganz nahe über einer langen Kamelkarawane dahin. Auch sie strebte Bagdad zu, mußte aber wohl noch acht Tage durch die Wüste wandern, während wir unser Ziel in wenigen Stunden erreichen konnten.

Erleichtert atmete ich auf, als mein Begleiter sein gefährliches Unternehmen beendigt hatte. Zudem erzeugte er auf dem Flügel starke Luftwirbel, die das Steuern beeinträchtigten und uns aus dem Kurs warfen. Als er endlich wieder in seiner Wanne hockte, sausten wir mit 160 Kilometer die Karawanenstraße entlang, wo die Kamele erschrocken auseinanderstoben.

Leider begann eine Benzinleitung zu lecken. Da ich nicht so viel kostbaren Stoff verlieren wollte, machte ich eine Zwischenlandung auf dem französischen Flugplatz Den-e-Ser (11 Uhr), wo der Mangel schnell behoben wurde. Nach einer halben Stunde ging es weiter den Euphrat entlang bis Feludja, wo die Karawanenstraße den Fluß überschreitet und sich nordostwärts zum Tigris wendet. Wolken feinen Sandes verwischten die Sicht, so daß ich den Bagdader Flughafen nicht sofort fand. Ich zog einige Kreise über den Moscheen, niedrigen Häusern und menschengefüllten engen Straßen. Dann entdeckte ich das große sandige Feld und die Schuppen des englischen Flughafens 15 Kilometer weiter draußen. Wir landeten um 2 Uhr 45 nach 5 Stunden und 25 Minuten.

Die Fliegeroffiziere des 55. Geschwaders begrüßten mich herzlich. Der Hafenleiter Hauptmann Silly sprach zu meinem Erstaunen fließendes Schweizerdeutsch. Er war fünf Jahre in meiner Heimatstadt Sankt Gallen zur Schule gegangen. Vom Luftfahrtministerium in London war ich schon für Ende Dezember angesagt worden. Seitdem hatte man mich hier erwartet, man wußte ja nicht, daß ich in der Türkei zurückgehalten worden war. Die französischen Posten dagegen hatten meinen Durchflug fortlaufend gefunkt, zuletzt von Abon Kemal. Wäre ich nicht innerhalb einer Stunde eingetroffen, so hätte man mich sofort durch Flugzeuge suchen lassen. Der nächste Tag war ein Sonntag, und Hauptmann Silly erbot sich liebenswürdigerweise, mir Bagdad zu zeigen. Abendland und Morgenland erzeugen hier eine tolle Mischung. Zwischen Kamelen rollen die neuesten Kraftwagen der britischen Beamten und reichen Kaufleute.

Inzwischen besserte sich das Wetter. Ein scharfer, kalter Nord blies von den fernen persischen Bergen, deren beschneite Umrisse sich deutlich im Dunsthauch abzeichneten. Da man mir versicherte, daß dies gutes Wetter bedeute, brach ich am 27.Januar auf, ohne auf den langersehnten Wetterbericht aus Teheran zu warten.

Wir hatten kaum zwei Kilometer über die sich scheinbar endlos dehnende Wüste zurückgelegt, als plötzlich eine Zündkerze mit lautem Knall aus dem vorderen Zylinder sprang. Ich kehrte sofort um und landete fünf Minuten später wieder im Hafen. Der Motor schüttelte heftig, als ob er auseinanderspringen wollte. Schon beim Abflug hatte ich eine Unregelmäßigkeit verspürt. Scheinbar lag es am Benzin, und wir erkundigten uns nach seiner Mischung. Es stellte sich heraus, daß aus Versehen eine für meinen empfindlichen Motor zu starke Mischung eingefüllt worden war. Mir taugte am besten eine Mischung aus Benzin und reinem Benzol. Mit dem Umfüllen wurde es Nachmittag und zu spät zum Antritt der Reise. Wieder verlor ich einen wertvollen schönen Tag. Es fehlten eben die für solche Langstreckenflüge unerläßlichen gestaffelten Bodenbereitschaften. Glücklicherweise hatte sich der Fehler sofort verraten. Eine Notlandung in der mesopotamischen Wüste oder gar in den zerklüfteten und einsamen persischen Bergen wäre sehr schlimm gewesen.

Doch mein Stern blieb mir hold. Der nächste Tag strahlte schön und klar. Trotz des Abflauens der kalten Nordbrise zeigte das Quecksilber früh im Schatten 5 Grad unter Null, etwas Unerhörtes für Bagdad, das zu den heißesten Städten der Welt zählt. «Sie werden es verdammt kalt haben auf dem Wege nach Teheran», meinten die englischen Flieger. Auf Grund ihrer Kriegserfahrungen waren sie von den Luftverhältnissen über Persien nicht allzusehr begeistert. Überdies konnte man sich damals auf keine Karte von Persien verlassen. Bisher war sogar niemand geradeswegs von Bagdad nach Teheran geflogen.

Vor dem endgültigen Abflug machte ich einige Runden, um den Treibstoff zu prüfen. Der Motor pulste mit unentwegter Regelmäßigkeit;

das Flugzeug zitterte im Einklang. Ich blickte auf den eisgekrönten persischen Grenzkamm und fühlte mich von der Gewißheit des Erfolges durchdrungen. Voll unerschütterlichen Vertrauens drückte ich den englischen Kameraden die Hand zum Abschied.

Wir schwebten! So weit das Auge blickte, dehnten sich unfruchtbare Sandflächen einförmig 400 Kilometer nach Norden, Westen und Süden, von den trockenen Betten weniger versiegter Ströme durchschnitten. Hier und da fielen weiße Streifen auf, die man hätte für Schnee halten können. Es waren indes die Salzkrusten verdunsteter Seen. Die aus Bagdad entspringenden Karawanenstraßen verzweigten und verzettelten sich nach allen Richtungen. Im Maße wie ich höher stieg, verschwammen sie in die braungelbe Weite. Die schwarzen Zelte der Beduinen und Araber zurücklassend, setzte ich den Kurs mit Hilfe von Kompaß, Uhr und Sonne auf genau 67° Ostnordost und strebte in gerader Linie den fernen Bergen zu.

Der kürzeste Weg nach der 300 Kilometer entfernten Stadt Kirmanschah führte zwischen zwei fast 3000 Meter hohen Bergketten dahin. Kirmanschah ist die erste größere Stadt auf persischem Boden und der Schlüssel zu den Routen nach Hamadan und Teheran. Dann ist der Weg klar und leicht zu folgen, vorausgesetzt, daß die Luft auch weiter nördlich so klar blieb wie bisher. Sowie ich die Lücke zwischen den beiden Bergketten – sie ist etwa 65 Kilometer breit – ausgemacht hatte, ließ ich sie nicht mehr aus den Augen. So konnte ich nach und nach die Stärke der Abtrift errechnen, die die starken Nordwinde verursachten. Auf diese Weise war es möglich, den Kurs auf der Karte festzulegen und einen Umweg sowie die fast unausbleibliche «Hundebeinkurve» zu vermeiden. Allerdings hätte ich mir diese Mühe sparen und bequemere Notlandungen sichern können, wäre ich mit einem kleinen Umweg von 80 Kilometer der jetzt verschneiten Straße nach Kirmanschah über Chanikin gefolgt. Indes reizte mich der gerade Weg. Zudem lief der Motor dank der aufopfernden Fürsorge meines Begleiters so gut, daß ich einen Defekt für ausgeschlossen hielt. Nur wußte ich damals nicht, daß die zu überfliegende Gegend von den wilden Hirtenstämmen der Luren bewohnt wurde. Erst vor wenigen

Monaten hatten sie die Bombenflieger des persischen Kriegsministers Risa Chan zu spüren bekommen, eine peinliche Enttäuschung für Leute, die sich in ihren Felsennestern völlig sicher wähnten. Bei einer Notlandung hätten sie kaum viel Federlesens mit uns gemacht, sondern den höchst einfachen Gesetzen der Blutrache gehorcht. Selbst mit Sprachkenntnissen wäre es schwer gewesen, sie von unserer Harmlosigkeit zu überzeugen. Zwei deutsche Flieger, die im persischen Heer dienten, erzählten mir später in Teheran von den grauenhaften Martern der Luren, vor denen die mittelalterlichen Foltern oder die Scheiterhaufen der Inquisition geradezu verblaßten.

Eine Stunde hinter Hinaidi bei Bagdad kam ich über die ersten Hügel des persischen Grenzgebirges. Aus 3000 Meter Höhe genossen wir einen klaren Einblick in die Tobel und vom Regen ausgewaschenen Schluchten der stufenförmig aufgebauten und von wilden Sturzbächen durchströmten Felsenwildnis. Wo diese Wasser in die Ebene hinausflossen, sah man kleine, saftig grüne Inseln; im allgemeinen aber wird das Land von den unfruchtbaren, rotbraunen Felsen beherrscht, die von der unbarmherzigen Wüstensonne ausgetrocknet sind. Dieser rund 30 Kilometer breite Schichtgesteinswall bildet zwischen Irak und Persien eine natürliche Festung. Er erstreckt sich nach Norden und Südosten, so weit das Auge reicht, und wird auch nicht von einem einzigen Streifen ebenen Grundes unterbrochen.

Ich umklammerte die Bildkammer mit halb erfrorenen Fingern und ließ das Flugzeug auf eine der wildesten Berglandschaften zugleiten, die mir jemals zu Gesicht gekommen ist. Weiterhin verflachte sich das Felsgetümmel etwas, und wir folgten nun für 50 Kilometer einem flachen Rücken, der bis 2000 Meter Höhe bewaldet und von einigen Tälern durchschnitten war, in denen man zerstreute Gruppen von Hütten ausmachen konnte. In der Flugrichtung vor mir erhob sich ein mächtiges Gebirge mit 3700 Meter hohen Gipfeln. Nördlich davon schienen noch höhere Berge aufzuragen.

Merkwürdig, wie die Gedanken schweifen, wenn man so dahinfliegt. Längst vergessene Abenteuer huschen über die Leinwand der Erinnerung. Fast möchte ich glauben, daß unsereiner stärkere Eindrücke bewahrt als der erdgebundene Sterbliche. Das Fliegen hebt den Menschen sozusagen über sich selbst hinaus in eine Ebene neuer Weltenschau. Inmitten solcher Betrachtungen bemerkte ich plötzlich ein weißes Straßenband und dann eine Brücke in der trostlosen Bergeinsamkeit. Auf der Karte konnte ich nicht genau ausmachen, wo wir uns befanden. Da wir aber schon fast zwei Stunden unterwegs waren, und da die große Gebirgsmasse vor mir auftauchte, vermutete ich die Nähe von Kirmanschah. Ich spähte aufmerksam in jedes Tal und entdeckte schließlich um 12 Uhr 5 die gelben Lehmhäuser der Stadt unter mir. Ich fühlte mich erleichtert, denn beim Mangel zuverlässiger Karten und auffälliger Landmarken kann man sich in diesem unfreundlichen und einsamen Bergland bald verirren.

Ich folgte der deutlichen Straße, bis sie bei ungefähr 1500 Meter wieder unter dem Schnee verschwand. Nach dreiviertel Stunden erreichte ich Kengawer, das der Schnee fast völlig tarnte. Dann bog ich von der Heerstraße ab und überflog 100 Meter höher die 3600 Meter hohe Alwanokette. Über Hamadan war es bitterkalt. Diese zweitgrößte Stadt auf meinem Wege (2000 Meter) war auch vollständig eingeschneit. Dann folgte ich eine halbe Stunde lang dem breiten Tal des Karasees. Die Berge rechts und links von mir wichen allmählich in die Ferne zurück. Um der strengen Kälte zu entgehen, stieg ich tiefer und tiefer hinab und erreichte ein kleines Dorf an den Abhängen der großen Hochfläche von Teheran.

Ein durchsichtiger Vorhang schien sich aufzutun. Aus den rotbraunen Weiten der Wüste blitzte eine gewaltige Wasserfläche. Das war der große Salzsee, grün und glatt, von weißen Ufern eingesäumt. Er mochte an die 80 Kilometer breit sein. Dahinter schoß der Riesenkegel des Demawend (5670 Meter) in den Himmel, seine Nachbarn um 2000 Meter überragend. Rein weiß stand sein Umriß gegen das wolkenlose Blau. Ich hatte schon viel von diesem erloschenen Vulkan gelesen und gehört, und bildete mir ein, einen guten Begriff von seiner Größe und Gestalt zu haben. Und dennoch dünkte es mich wunderbar und unbeschreiblich, was ich durch die kristallklare Luft 200 Kilometer vor mir liegen sah, als ich ihm in 2700 Meter Höhe entgegenflog.

Es war der überwältigendste und herrlichste Blick, den die Natur gewähren kann. Raum und Größe sind unfaßbar geworden. Da es auf die naheliegenden Unterschiede ankommt, dürfen wir ruhig einen Vergleich mit den Bergriesen Innerasiens anstellen. Der Everest erhebt sich kaum mehr über das tibetische Hochland als der Demawend über seine Umgebung. Dieses ungeheure Schauspiel bildete den würdigen Abschluß eines Fluges, auf dem ich schon so viel des Schönen genossen hatte.

In 40 Flugstunden hatten mich mein guter Stern und das wackere Flugzeug aus den geliebten Heimatbergen an diese Erscheinung im Äther herangetragen. Vergeblich trachtete ich die Offenbarung der Natur im Bilde festzuhalten. Die Linse weigerte sich, das Urgewaltige in die Enge zu bannen. Es hätten sich nur unwahre und verzerrte Bilder ergeben. So griff ich zum Bleistift und versuchte, den Eindruck erhabener Einfachheit mit wenigen Strichen anzudeuten. Dann senkte ich mich aus den eisigen Höhen hinab, erschüttert und froh zugleich. Nur einige Stunden trennten mich noch vom Ziel, denn nach der Karte konnte Teheran nicht mehr weit entfernt sein. Ich ließ den Salzsee rechts liegen und überflog weite Salzflächen, denen sich Wüsten mit vereinzelten Kamelkarawanen anschlossen. Ich brauchte nur nach Nordosten zu fliegen und auf den Demawend zuzuhalten. 40 Minuten später kamen die ersten zerstreuten Dörfer mit spärlichen Bäumen in Sicht. Sie verdichteten sich zu Haufen, und bald sah ich am Abhang eines Hügels eine kleine Stadt mit birnenförmiger, blaugrüner Moscheekuppel, die weit ins Land hinaus leuchtete. Die Karte zeigte nur vier weit voneinander liegende Dörfer, während ich mindestens zwanzig erblickte.

Um nicht zu viel Zeit mit dem Suchen zu verlieren, beschloß ich, auf einem der vielen großen Felder bei einem der Dörfer zu landen, dessen niedrige Lehmhäuser wie ein Feld mit Ameisenhaufen aussahen. Wir glitten über ein paar Gräben nieder und landeten dann stoßfrei auf hartgefrorenen Ackerfurchen. Wir standen schon still, als ganz unerwarteterweise die Vorderstreben des Fahrgestells plötzlich in den Gelenken einknickten, wahrscheinlich infolge von Scherung auf der rauhen Oberfläche. Das Flugzeug sank sanft auf den Bauch wie ein Kamel, das sich zur Ruhe niederlegt.

Natürlich ärgerten wir uns mächtig, daß dies so kurz vor dem Ziel geschehen mußte. Ich hätte heulen· können vor Wut; und ebenso erging es dem Bordwart, der zu ebener Erde aus dem Rumpf treten konnte. Sofort entschwärmten die Eingeborenen den nahen Hütten und rannten herbei, um das ergötzliche Schauspiel zu genießen. Zwölf Meter vom Flugzeug besannen sie sich aber wie vorsichtige Hunde, verlangsamten den Schritt und kamen nur zögernd heran. Beim Besichtigen des Schadens ergab sich, daß nur drei Streben verbogen waren. Der Achse, den Rädern und Stoßdämpfern war nichts geschehen. Aber wie sollten wir diese verhältnismäßig einfache Arbeit ausführen? Wir brauchten zumindest eine Schmiede und dazu Holz, um das Flugzeug aufzubocken. Außerdem verstanden wir kein Wort Persisch.

Meinem Begleiter überließ ich die schwierige Aufgabe, mit den Persern fertigzuwerden, die aus der Erde zu schießen schienen wie Spargel im Frühling. Sie waren nun schon frech und neugierig wie Schulbuben. Inzwischen zückte ich das Taschenwörterbuch – ich besaß je eins für Griechisch, Türkisch, Arabisch, Persisch – und versuchte, die Entfernung nach Teheran zu erfragen. Ein Dutzend Bauern, die eifrig mit Mund und Händen zugleich auf mich einredeten, brachten mir allmählich bei, daß die Hauptstadt sechs Farsang nordnordwestlich von hier läge. Obgleich es 3 Uhr nachmittags war und die Sonne recht heiß brannte, hoffte ich, zu Fuß in zwei bis drei Stunden hinzugelangen, da ich annahm, daß der Farsang ungefähr anderthalb Kilometer entspräche. Mit Hilfe eines englischen Goldstückes ließ sich einer der Umstehenden endlich dazu überreden, mir als Führer zu dienen. Der Bordwart blieb bei dem Flugzeug zurück und erzählte mir später, daß ihn die neugierigen Eingeborenen fast zur Verzweiflung trieben. Sie hatten noch nie ein Flugzeug gesehen, das sie für ein Werk des Teufels hielten. Mit einem starken Lederriemen verschaffte er sich schließlich Achtung und Ellbogenfreiheit.

Mein Führer, ein Vierziger in Pumphosen, gelbem Mantel und mit einer schwarzen Filzröhre auf den wallenden Locken, schritt wacker querfeldein über Äcker und Gräben. Es gab keinen Weg hier, aber wir kamen an merkwürdigen Haustrümmern und runden Türmen vorbei, die mit Schnitzereien geschmückt waren. Nach anderthalb Stunden erreichten wir das nächste Dorf, um das eine zwei Meter hohe Lehmmauer lief. Dann kamen wir in einen engen Hof zwischen noch höheren Mauern. Ich sah gerade noch zwei Frauen davonhuschen. Durch eine mit Teppichen verhangene Tür ging es in einen Raum mit Schlafzellen. Mein Begleiter murmelte unverständliche Worte, lud mich ein, auf einer Kiste mit Überwurf Platz zu nehmen und bat mich, die Stiefel auszuziehen, wobei er mit gutem Beispiel voranging. Diese Unterbrechung der Reise gefiel mir durchaus nicht, denn ich wollte noch heute nach Teheran, was ich dem Mann vergeblich klarzumachen suchte. Er antwortete nur gleichmütig: «Teheran, Teheran.» Somit mußte ich das Kommende mit demselben morgenländischen Gleichmut abwarten. Draußen kletterten die letzten roten Sonnenstrahlen an den Bergen empor. Das königliche Eishaupt des Demawend warf die Glut in die fernsten Reichweiten des Landes. Dann erstarb die Strahlenpracht, und die Schwingen der Nacht senkten sich mit unheimlicher Schnelle herab, der ersten Nacht, die wir allein und unter fremdartigen Menschen im persischen Hochland zubringen sollten. Eine schrille Frauenstimme durchschnitt das Dunkel im Hof. Mein Perser stand auf und kam mit einem glühenden Kohlenbecken ins kalte Zimmer zurück. Er schaufelte die Glut in ein Loch unter der Kiste, auf der wir gesessen hatten, verhängte die Kiste wieder und forderte mich dann auf, Füße und Hände unter den Überwurf zu stecken. Wir hockten auf dem Boden, denn in Abwesenheit von Stühlen ist das die einzig mögliche Ruhestellung des Leibes. An Kissen gelehnt, bedienten wir uns der sehr wirksamen «Zentralheizung», die hierzulande «Kursi» heißt.

Mittlerweile hatte sich im Dorf die Kunde verbreitet, daß der Luftteufel angekommen sei. Einer nach dem andern traten die Bauern ruhig in den Raum und setzten sich an den Kursi. Sie schwatzten, rauchten und reichten die Pfeife oder selbstgedrehte Zigarette herum. Jedesmal, wenn die Pfeife frisch gefüllt wurde, wurde sie zuerst mir angeboten und dann weitergegeben. Ich tat die ersten Züge. Wer gleich nach mir kam, fühlte sich besonders geehrt. Man betrachtete mich ernst und achtungsvoll. Uhr, Feuerzeug, Taschenlampe, Federmesser und Merkbuch wurden gebührend bewundert. Mit Hilfe des Wörterbuches verlangte ich Brot und Eier, die schnell auf einer Platte erschienen, höchstwahrscheinlich von der unsichtbaren Frau zubereitet. Da der Perser weder Messer noch Gabel zum Essen benützt, ißt er sehr geschickt mit den Fingern. Ich bemerkte, wie man sich heimlich über meine ungeschickten Bemühungen belustigte, den Speisen ohne Messer und Gabel beizukommen.

Inzwischen hatte ich herausbekommen, daß das Dorf, bei dem wir gelandet waren, Damsobad hieß und 6 Farsang von Teheran lag. Da auf den Farsang 6 Kilometer gehen, so betrug die Strecke rund 36 Kilometer. Mein Begleiter schlug vor, im Morgengrauen aufzubrechen, um die Hauptstadt um die Mittagszeit ereichen zu können. Um 8 Uhr zogen sich die Gäste zurück. Abekba, so hieß der Perser, und ich teilten uns in die beiden Seiten des Kursis. Er behielt zum Schlafen alle seine Kleider an, denn die Perser entkleiden sich nachts nie. Die heiße Asche strahlte milde Wärme aus, und bald war ich fest eingeschlummert. In der Frühe schob eine zarte Hand den großen Teekessel aus Messing durch den Vorhang ins Zimmer. Mein Führer stocherte die Glut auf und spornte den einfachen Ofen zu neuer Wärmeabgabe an. Während der Perser sein Morgengebet sprach, widmete ich mich den heißen Brotfladen und trank Tee. Als Tisch diente ein auf den Teppich gebreitetes, nicht allzu reinliches Tuch. Die Sonne glänzte schon hell auf den kahlen Bäumen, als wir um 7 Uhr die Wanderung antraten. Trotz des gestrigen Mißgeschicks schritt ich froh und munter in die frische Bergluft unterm blauen Himmel.

In flotter Gangart trippelten wir über Felder, gefrorene Bäche oder unbebautes Ödland. Wir kamen durch einige interessante Dörfer und begegneten langen Kamelkarawanen. Nach zweistündigem Marsch, als mein Begleiter schon recht müde wurde, erreichten wir ein Dorf, von dem nach Teheran ein Karrenweg führte, denn das Straße zu nennen, wäre eine Übertreibung. Hier mietete ich einen Karren, für den ich zwei Goldstücke zahlen mußte, weil mich die Unkenntnis der Sprache dem Fuhrmann auslieferte, der die Gelegenheit zu nutzen verstand. Um 1 Uhr kamen wir endlich nach Teheran auf dem Wege über Schah-Abdul'asim, einen vielbesuchten Wallfahrtsort. Eine sinnreiche Kleinbahn verbindet ihn mit der Hauptstadt. Der einzige Zug mit der einzigen Lokomotive dampft die Strecke hinauf und rollt dann im Freilauf wieder zurück. Der Fuhrmann brachte uns zu der einzigen Adresse, die er kannte, zur deutschen Gesandtschaft, wo ich nach der langen Fahrt zerzaust und verstaubt mitten in eine sehr vornehme Hochzeitsgesellschaft geriet, der mich Graf von der Schulenburg, der liebenswürdige und gastliche Gesandte, sofort vorstellte.

Noch vor wenigen Stunden hatte ich zwischen Leuten gehockt, die unter biblischen Verhältnissen leben wie vor 1000 Jahren. Jetzt saß ich an reich gedeckter Tafel, von den Bequemlichkeiten und Üppigkeiten Europas umgeben. Ich bat einen Dolmetscher, meinem Führer die verabredeten 4 Toman (zu je 5 Mark) auszuhändigen und war nicht wenig erstaunt, zu hören, daß der Perser mindestens 22 Toman verlange. Er habe 20 Mann angestellt, um das Flugzeug zu bewachen, und jedem von ihnen schon 1 Toman angezahlt. Außerdem habe er für Tee und Essen unterwegs ausgelegt. Das war natürlich alles Schwindel, denn ich wußte das Flugzeug in der sicheren Obhut des Bordwarts, der unbedingt bis zu meiner Rückkehr ausharren würde. Mein Gastgeber lächelte nur über meine gerechte Empörung und ließ den Perser einfach hinauswerfen. Dann erzählte er mir allerlei scherzhafte Beispiele von der persischen Geschäftstüchtigkeit. Am nächsten Tag fuhr ich mit zwei Motorenwarten und einem Dolmetscher in einem Wagen der Junkersvertretung nach Damsobad. Die persischen Behörden hatten in der Nacht eine Abteilung Soldaten hinausgeschickt, um das Flugzeug vor dem Andrang ungezählter Neugieriger zu schützen, die aus der Umgebung herbeigeeilt waren.

Wir hoben das Flugzeug auf ein Gerüst, nahmen die zerbrochenen Streben ab, brachten sie in die Werkstätten von Teheran und wieder zurück. Dann flogen wir zum Flughafen außerhalb der Hauptstadt ab. Die Teheran im Osten umgürtenden niedrigen Hügel sind völlig unfruchtbar. Ihre roten Erdflanken hatten die Stadt verdeckt, als ich mich vom Salzsee her der Oase Weramin näherte. Außerdem sah es auf der Karte so aus, als läge Teheran am Rande der Wüste ohne südöstlich vorgelagerte Hügelketten. So war es zu der unglücklichen Notlandung gekommen. Nun, das war jetzt überstanden. Ich ließ die Streben so verstärken, daß sie die schlimmsten Püffe aushalten konnten. Wir durften noch von Glück sagen, so nahe bei Teheran gelandet zu sein, denn eine Stunde weiter weg hätte es uns leicht das Flugzeug kosten können.

Jetzt kreisen wir wohlgemut über dem gelbbraunen Häusermeer mit seinen alten Mauern, Toren, Moscheen und Palästen. Der Flughafen befand sich etwa 8 Kilometer östlich von der Stadt und machte mit seinen vier großen Schuppen einen ganz europäischen Eindruck. Über Maultier- und Kamelkarawanen hinstreichend, glitten wir nach halbstündigem Flug auf den harten Wüstenboden. Die persischen Stabsoffiziere begrüßten uns herzlich in vorzüglichem Französisch.

Die wichtigste Verkehrslinie Persiens ist die Nordsüdverbindung von Pählewi am Kaspischen Meer (für den Anschluß an Rußland und Osteuropa) nach Buschehr am Persischen Golf. Dieser Weg zieht sich durch die ganze Länge des Landes und verbindet die wichtigsten Städte. Es ist von jeher eine außerordentlich wichtige Hauptstraße gewesen. Die persische Regierung erkannte ihre Bedeutung, und es waren Pläne für den Ausbau als Autostraße, ja sogar einer Eisenbahnlinie in Erwägung. Die Karawanenreise dauert vier bis sieben Wochen. Auch im Kraftwagen ist dies eine sehr anstrengende Fahrt von 1500 Kilometer über mehrere sehr hohe Bergpässe (bis 2400 Meter), die im Winter dicht verschneit sind. Allein von Teheran nach Isfahan braucht man vier Tage. Das letzte Stück von Schiras bis zur Küste bedeutet mit dem Wagen sogar noch ein ziemliches Wagnis.

Die Strecke war während des Krieges und nachher mehrfach von englischen, deutschen und französischen Fliegern bewältigt worden. Ich wollte sie an einem Tage zurücklegen, um die unbegrenzten Möglichkeiten des Luftverkehrs in diesem unentwickelten Lande darzutun. Mit bescheidenen Mitteln hoffte ich, den Weg in die Zukunft zu weisen. Große, vielmotorige Ganzmetallflugzeuge für Reisende und Fracht würden hier dereinst fahrplanmäßig verkehren, in dauernder Funkverbindung mit dem Bodennetz. Damals sah man das fast als einen Traum, als Utopie an!

Aber Risa Chan, Persiens starker Mann, begeisterte sich persönlich für unsere Pläne und Vorbereitungen. Nach gründlichem Überholen und einigen Probeflügen brachen wir an einem schönen Wintermorgen auf. Da wir mit einer Notlandung im Hochgebirge rechnen mußten, luden wir Skier und das übliche Alpenrüstzeug ein. Die mitgenommenen Filme reichten für 500 Aufnahmen. Es gab nämlich weder Karten noch Bilder von weiten Gebieten, über die der Flug führte, der, wie fast alle meine Flüge, nicht nur Handels- und Postbelangen galt, sondern auch wissenschaftliche Aufgaben zu erfüllen hatte. Der Flug erwies sich als äußerst lehrreich und bot mannigfache landschaftliche Schönheiten. Ich flog tief über Kaschan und Isfahan, um Lichtbilder aufzunehmen, und stieg dann hoch über ausgedehntes verschneites Gebirge. Schnell erreichte ich den Meerbusen und landete in Buschehr zum Erstaunen der Perser und Europäer, die uns erst viel später erwartet hatten, denn wir waren von Teheran nur sechs Stunden unterwegs.

Auf dem Rückflug beschloß ich, einen Umweg zu machen, um die majestätischen Höhen des Demawend vor der Rückkehr nach Teheran zu besuchen. Von dort wollte ich dann mit dem Wagen nach Bagdad fahren.

Der Flug über Persiens gewaltigsten Berg sollte die Krönung der Reise bilden. Ich war der erste, der über seinen eisgegürteten Flanken schwebte. Unvergeßliche Eindrücke hat mir dieses Erlebnis geschenkt. Mein Tagebuch berichtet: «Tiefblauer, wolkenloser Himmel strahlte am 10. März 1925, dem letzten Tage meiner fliegerischen Tätigkeit in Persien. Dies besagte indes nichts Besonderes, denn so waren 41 von den 43 Tagen meines Aufenthaltes. Ein schöneres Land für den Luftverkehr läßt sich kaum denken.»

Vor den Toren Isfahans, wo wir, von einer gaffenden Menschenmenge umringt, die letzten Vorbereitungen trafen, brannte die Sonne mit unvermuteter Kraft. Das nördliche Hochgebirge, das ich überfliegen mußte, war umwölkt, aber der Ausblick vom hochgelegenen Abflugplatz über die Stadt unter uns und das Berggelände rundherum bezaubernd schön.

Das Flugzeug sauste mit Vollgas den Hügel hinab und hob sich schnell in die Luft. Es war genau 8 Uhr.

Unter uns im marmornen Hof der großen Moschee Mesjid i Schah knieten gerade Hunderte von Gläubigen und beteten zu Allah, als unsere Maschine über ihre erschrockenen Köpfe donnerte.

Ich schwebte über zerfallene Königspaläste, über einen See von Kuppeln, Türmen und Wällen. Wenige Minuten später kamen grüne Kornfelder mit verstreuten Dörfern. Schließlich folgten endlose Wüstenstrecken. Im Norden verdeutlichten sich allmählich die Umrisse eines Gebirges, dessen höchster Gipfel um 8 Uhr 40 unter uns lag. Noch weiter nordwärts sah man die waagrechten, rotbraunen Schichtbänder des Felsgürtels der Salzwüste. Seit unserm ersten Besuch vor vierzehn Tagen hatte die Sonne ordentlich mit dem Schnee aufgeräumt, aber selbst die Feuchtigkeit vermochte hier kein Pflanzengrün aus dem dürren Boden zu locken.

Die Luft im Norden erschien grau und düster. Vergeblich suchte ich nach dem stolzen Schneekegel des Demawend, der mir damals schon aus 240 Kilometer Abstand so übernatürlich entgegenleuchtete. Meine Hoffnung, der erste zu werden, der den noch jungfräulichen Gipfel überfliegen würde, sank in dem Maße, wie sich die Sonne in dünne Nebelschleier hüllte. Ich glitt aus 4500 Meter dicht über die Stadt Kaschan (9 Uhr 5), um einen Film zu drehen. Dann folgte ich der Karawanenstraße nach Kum, denn ich wollte diesen berühmten Wallfahrtsort mit seiner goldenen Moschee besuchen, die der islamischen Sekte der Schiiten heilig ist. Kaum 10 Meter über der Straße dahinsausend, überholten wir eine Reisegesellschaft nach der andern. Die Kamele hoben nur erschrocken den Kopf, aber Esel und Maultiere gingen oft durch.

Als die Oberfläche buckliger wurde, stieg ich vorsichtshalber höher. Nach einer halben Stunde erreichte ich wieder 3000 Meter und erblickte plötzlich ein glänzendes Dreieck im dunstigen Himmel vor mir. Zuerst glaubte ich an eine Luftspiegelung. Nach einer Weile zweifelte ich aber nicht mehr daran, es war der Demawend, sein höchster Gipfel ragte aus dem Nebelschleier. Nach meiner Berechnung befand ich mich noch 100 Kilometer südlich von ihm. Ich gab Gas und kletterte aus den grauen Tiefen der salzigen Todeswüste durch die Dunstschleier hindurch in den reinen Sonnenäther.

Um 10 Uhr 30 war ich 4800 Meter hoch. Unter mir breitete sich ein Wolkenmeer, über mir ein tiefblauer Himmel. Vor mir zog sich ein langer Gebirgswall mit Hunderten kleinerer Schneegipfel hin. Über ihnen thronte geisterhaft der einst tätige Vulkan des Demawend. Lücken in den Wolken gaben hin und wieder den Blick auf Schluchttäler frei, wo Bergdörfer wie Schwalbennester an begrünten Flanken über schäumenden Sturzbächen hingen. Die Uhr zeigte genau 10 Uhr 46, als ich in 5700 Meter Flughöhe mit 30 Meter Abstand über die Kegelspitze schoß.

Ich wollte gerade die Hände für einen Augenblick von der Steuerung nehmen, um mir die Filmkamera herüberreichen zu lassen, die der Bordwart wieder geladen hatte, als wir plötzlich mit großer Heftigkeit in die Höhe gestoßen und dann gleich abwärts gerissen wurden. Es dauerte einige Sekunden, bis ich das Flugzeug wieder voll in meiner Gewalt hatte.

Der Demawend stand drohend hinter mir. Der Höhenmesser verriet, daß uns ein Fallwind 200 Meter tief hinunter geschleudert hatte. Während des Sturzes kotzte der Motor, weil der Zufluß zum Vergaser unterbrochen wurde. Dadurch geriet das Flugzeug ins Trudeln – eine wirklich sehr unangenehme Lage!

Nordwärts senkten sich die unteren Bergflanken reich bewaldet zu den Reisfeldern am Kaspischen Meer hinab. Im Dunst erkannte man die blassen Umrisse der Küste. In achtungsvollem Abstande beschrieb ich einen Bogen um den Demawend und flog dann in südwestlicher Richtung über einige lange Bergketten nach Teheran.

Weit draußen im Westen erkannte ich drei 4000 Meter hohe Schneegebirge, die ihre Umgebung und die Wolken weit überragten. Sie hatte ich vor vier Wochen auf dem Wege zum Kaspischen Meer überflogen. Ich wendete nochmals, um einen letzten Blick auf die Wunder des persischen Hochlandes zu werfen. In 3300 Meter Höhe kam ich durch eine Lücke in der Wolkendecke. Hier wurden wir wieder stark hin und her geschleudert, bis wir dann in die ruhigeren Luftschichten bei Teheran gelangten. Frühlingsdüfte stiegen zu uns herauf. In den Gärten der Hauptstadt leuchteten viele grüne Flecke, wo noch vor wenigen Tagen alles tot gewesen war. Nach vierstündigem Fluge landete ich wohlbehalten um 11 Uhr 50 im Flughafen vor dem Kaswintor.

Die ersten Flüge in der Arktis

Vor sechzehn Jahren war es, als ich, noch als Kantonsschüler, zum ersten Male Nansens Bücher: «Durch Nacht und Eis» in jugendlicher Begeisterung las. Diese kühne Tat, die über die Welt voll Neider und Spötter durch Nacht und Eis den Sieg davontrug, leuchtete mir als ein fernes, ideales Bild von echter Männlichkeit und Tugend durch meine Jugendzeit. Hinauf in die Welt des Schweigens, des ewigen Eises und der Mitternachtssonne zogen meine Gedanken und Wünsche, begleiteten die Pioniere der Arktis, die mutig, mit unerschütterlichem Willen in zähem Ringen, Zug um Zug den tausendjährigen Schleier hoben. Aus dem sagenumwobenen Thule, dem großen Eisland des hohen Nordens, kristallisierten sich die Länder um den Pol, schuf der stets wachsende Drang des menschlichen Geistes unsere jetzige Erkenntnis dieser merkwürdigen Länder. Opfer auf Opfer erforderte die vernichtende Macht der Kälte und der Winterstürme, doch immer neue Scharen zogen gen Norden, um für sich und das kommende Geschlecht Kundschaft zu holen und das Erbe der Väter zu vermehren. Der Drang des Menschen nach dem geheimnisvollen Unbekannten feierte hier die schönsten Triumphe, jener kühne Forschergeist, der fortleben wird als ein leuchtender Stern in einer dem Zerfall entgegengehenden Kulturperiode.

Doch meine jugendliche Phantasie wagte damals nicht zu träumen, daß es mir später vergönnt sein werde, wenn auch nur für ganz kurze Zeit, in die Reihen dieser Männer zu treten, in bescheidenem Rahmen für die Detailerforschung von Spitzbergen beizutragen, und dies zum ersten Male in der Geschichte der Arktisforschung per Flugzeug! – Damals steckte die Aviatik, das Fliegen mit Apparaten schwerer als die Luft, noch tief in ihren Kinderschuhen! Ein Flug von einigen Kilometern war eine unerhörte Leistung, und nur Phantasten und Optimisten glaubten an eine praktische Bedeutung der Fliegerei! Ich will mich an dieser Stelle nicht über den Werdegang dieser epochemachenden Erfindung auslassen, wir alle sind ja Zeugen des beispiellosen Siegeslaufes, Zeugen aber auch der vernichtenden Gewalt der – Kriegsflugzeuge! Dem Krieg verdankt die Aviatik ihre großen Erfolge, dank dem ungeheuren Einsatz an Menschen und Material haben wir in einigen Jahren Resultate erreicht, die bei normaler Friedensentwicklung Jahrzehnte in Anspruch genommen hätten.

Der Donner der schweren Geschütze ist verstummt. – Die Staaten und Menschen wenden sich allmählich wieder friedlicheren Aufgaben zu und aus der einst so gefürchteten und entscheidenden Kriegswaffe wurde ein Verkehrsmittel geboren, das dank seiner Schnelligkeit berufen sein wird, eine Umwälzung von fundamentaler Bedeutung im heutigen Wirtschaftsleben hervorzurufen. Doch noch eine andere, schönere Aufgabe harrt der Luftfahrt. Der moderne Luftkreuzer verbindet in Stunden und Minuten Städte, Länder und Völker, die früher Tage und Wochen auseinander lagen; über Gebirge, Wüsten und Meere kreuzen die modernen Flugzeuge und verkünden den tief unter ihnen wohnenden Menschen den Gedanken und das Ideal einer neuen, freien Völkergemeinschaft!

Aus der stickigen Luft der Tiefe, aus dem gebundenen Erdendasein, trägt das Flugzeug den Menschen hinauf in die Höhen, wo sich der Blick weitet und mit einmal alles umfassen läßt, was vorher nur in einzelnen, unzusammenhängenden Bildern vor das Auge trat. Unser staunender Blick vermag in die intimsten Winkel eines Gebirges einzudringen, das Geheimnis der Erdrinde offenbart sich dem fliegenden Menschen. Es ist, als ob die Erde ein neues Antlitz, der Mensch ein neues, vollkommeneres Auge gewonnen hätte.

Das Flugzeug im Dienste der Erforschung von unbekannten, schwer zugänglichen Gebieten! – Eine neue Ära der dankbaren Forschertätigkeit ist damit gekommen und wenn man bedenkt, welch große Gebiete der Erde noch nie gesehen, nie betreten und unerforscht sind, so eröffnen sich hier Perspektiven, die in ihrer Tragweite sich noch gar nicht überschauen lassen. Das Flugzeug wird in der kommenden Arktis- und Antarktisforschung eine wichtige, wenn nicht ausschlaggebende Rolle spielen. Die vorwärtsstrebende Technik wird die ihm noch anhaftenden Mängel nach und nach beseitigen, die Motoren, die Kraftquellen des Flugzeuges der Zukunft, werden absolut zuverlässig arbeiten, und so wird vielleicht die nächste Generation schon über unsere, jetzt immer noch mit Risiko verbundenen Flüge in der Arktis nur noch ein mitleidiges Achselzucken übrig haben und mit ihren modernen Maschinen mühe- und gefahrlos von Kontinent zu Kontinent fliegen, zum Teil die Flugroute über arktisches Gebiet verlegend!

Am 9.Juni 1923 kam ich via München nach Berlin, von wo aus ich mich auf den durch den Junkers-Konzern betriebenen Luftpoststrekken nach Danzig, Riga weiterbegeben wollte. Ich sprach bei der Hauptleitung dieser Luftlinien in Berlin vor und vernahm dabei zum ersten Male von den Absichten der Junkers-Hammer-Expedition, die als Hilfsexpedition für den beabsichtigten Polflug von Roald Amundsen bereits auf einem norwegischen Dampfer von Hamburg aus nach Bergen unterwegs war. Weiter erfuhr ich, daß die Expedition sich in überstürzter Eile zusammensetzen mußte, um ja noch vor dem 21.Juni am Rande des Packeises, im Norden Spitzbergens, sich einzufinden, um von dort aus Amundsen entgegen zu fliegen, wenn derselbe nach diesem Tage von Alaska via Nordpol nicht eingetroffen wäre.

Infolge dieser Eile, die bei Ausrüstung einer Expedition in die Arktis am allerwenigsten angebracht war und den ersten Keim zu einem Mißerfolg in sich birgt, war auch die Zusammensetzung der Expeditionsmitglieder eine unglückliche. Mit Ausnahme des einzigen Wissenschafters, Prof. Wegener, hatte keiner der übrigen sechs Teilnehmer eine Ahnung von den Gefahren der Arktis, wäre keiner imstande gewesen, im Falle einer Notlandung sich mit eigenen Kräften aus dem Eise zu retten. Keiner konnte skilaufen, kannte die Gletscherverhältnisse und war für lange Wanderungen fähig und trainiert; alles Eigenschaften, die heute noch unbedingt verlangt werden müssen von denen, die sich mit unseren noch unvollkommenen Motoren in die Eiswüsten der Arktis hineinwagen.

Von Junkers wurde ich nun angefragt, ob ich gewillt wäre, mich in letzter Stunde der Expedition als erfahrener Alpenflieger, Skiläufer, Tourist und Photograph anzuschließen. Es war Samstag, den 9.Juni, kurz vor Mittag, als diese Frage so überraschend an mein Ohr schlug. Mit Freuden drückte ich sofort meine Bereitwilligkeit aus, meine Person voll und ganz in den Dienst dieser mich lockenden Aufgabe zu stellen, und in weniger als einer halben Stunde war das Engagement geschlossen. Dabei stattete mich Junkers mit Vollmachten aus, die mir sofort Vertrauen einflößten und mir die Möglichkeit der persönlichen Initiative auf den Gang der Ereignisse offenließen. Nun aber handelte es sich darum, die mir noch verbleibende Zeit von sieben Stunden bis zur Abfahrt meines Schnellzuges für den Ankauf meiner sportlichen und photographischen Ausrüstung zu verwenden. Die Firma Goerz, die schon vorher die Expedition mit ihren vorzüglichen Instrumenten ausgerüstet hatte, erklärte sich telephonisch bereit, trotz Samstagnachmittagsruhe mir eine komplette, erstklassige Kino-Photoausrüstung aus ihren Werkstätten zu verschaffen. In fieberhafter Hast durchfuhr ich per Auto die Straßen Berlins, mich im Geiste schon im hohen Norden, bei Mitternachtssonne und Eisbären wähnend. Noch genügte die Zeit für den Ankauf von Karten und Spezialliteratur, denn unvorbereitet wollte ich meine Reise nicht antreten.

Hoch staute sich das Gepäck im Lehrter-Bahnhof, das von allen Seiten aus der Riesenstadt zusammenkam, und ich atmete erleichtert auf, als alles in den Schnellzug ordnungsgemäß verfrachtet war. Nicht nur meine Sachen befanden sich darunter, sondern auch alle möglichen Reserveteile für das Flugzeug und den Motor, die in der Eile noch rechtzeitig beschafft werden konnten, und deren Fehlen schwerwiegende Folgen verursacht hätte. Im D-Zuge traf ich auch zum ersten Male mit Schiffreeder Hammer aus Seattle sowie Fischer-Poturzyn vom Junkers-Luftverkehr zusammen, die beide nach Hamburg fuhren um von dort mit mir in einem detachierten Wasserflugzeug über Dänemark nach Christiania zu fliegen. Dem ersteren war es wegen dringlichen Geschäften für die Expedition nicht möglich gewesen, dieselbe zu begleiten; an seiner Stelle übernahm Prof. Wegener die Verantwortung und zugleich die nicht leichte Aufgabe, die andern Teilnehmer in die Geheimnisse der Arktis, in Meteorologie und praktische Navigationskunde während der Seereise einzuweihen.

Ein kalter Nordwest blies durch die Straßen Hamburgs, als wir morgens 8 Uhr zu dritt mit einem Teil unseres Gepäcks im Auto nach unserem Abflugsorte, der Teufelsbrücke an der Elbe, fuhren. Tief hängen die dunklen Wolken und hoch spritzt der Gischt an den Ufern empor; nicht gerade ein freundliches Fliegerwetter. Unten am Quai stand unser großer Schwimmvogel D.192 abflugsbereit, Monteur und Flugzeugführer machten sich an das richtige Verstauen unseres Gepäcks, und um 8 Uhr 42 kam unser schwerbeladener Vogel nur mühsam und dank des heftigen Gegenwindes aus dem Wasser. Dem breiten Lauf der Elbe folgend, fortwährend von heftigen Böen geschaukelt, passierten wir um 9 Uhr 07 Glückstadt; 9 Uhr 19 bogen wir in den Kaiser-Wilhelm-Kanal ein; wegen der immer tiefer hängenden Wolken nur noch ca. 50 m hoch fliegend. Auf beiden Seiten des Kanals ein topfebenes Weideland, vereinzelte holsteinische Bauerngehöfte, auf denen buntscheckiges Rindvieh weidete. Ab und zu überflogen wir ein großes Meerschiff, das sich recht sonderlich ausnahm inmitten dieser grünen Weidelandschaft mit ihren friedlich grasenden Kühen! In fünfviertelstündigem Flug haben wir Kiel erreicht, unser Flieger Pütz setzte zum Gleitflug an, mußte aber immer wieder den Motor zu Hilfe nehmen, um bei dem heftigen Gegenwind an der gewollten Stelle zu landen. 9 Uhr 55 setzten wir mit heftigen Schlägen auf einem Wellenberg ab, dicht vor einem vor Anker liegenden, offenbar ausgedienten Schiff. Und nun ging es mit Halbgas, unter Rollen und Stampfen ans flache Sandufer, wo die vorgeschriebene Zollrevision vorgenommen wurde, bevor wir deutschen Boden verlassen durften.

Um 10 Uhr 55 konnte wieder zum Start angesetzt werden. Das Wetter hatte sich noch eher verschlimmert, stärker noch blies der Wind und die Sicht war schlecht. Da die See noch nicht hoch ging infolge der geschützten Lage unserer Startwasserfläche, der Wind aber desto kräftiger unter unseren Flügeln hindurch strich, kamen wir über Erwarten gut und rasch aus dem Wasser. In nordöstlicher Richtung verließen wir

157

die Kielerbucht, bald verschwand der Ufersaum und nur noch Wasser sah das Auge. Die Navigation mit Kompaß trat in Funktion. An der Insel Fehmarn flogen wir nur wenige Meter tief über das Wasser, dann nahm uns der Fehmarn-Belt auf, und ebenso rasch wie erschienen, verschwand das Ufer der Insel. Plötzlich taucht dicht vor uns ein Fischkutter auf, mit gerafften Segeln kämpfen die Insassen gegen den Wind, kreuzen nach Westen, uns entgegen. Vom Nordwest begünstigt, schossen wir pfeilgeschwind in geringer Höhe über dessen Masten, ein kurzes, gegenseitiges Winken, und schon hat uns die Geschwindigkeit außer Sichtweite geführt. Unser Flugzeugführer hat vollauf zu tun mit Parieren der Windstöße, die unsern Metallvogel aus der Horizontalen herauszuschleudern versuchen. Endlich, um 11 Uhr 40 haben wir den südlichsten Zipfel der Insel Laaland von Dänemark erreicht, und mit Befriedigung zeige ich auf der Seekarte meinen Mitpassagieren unsern jetzigen Standort. Von hier aus ist eine Desorientierung nicht mehr möglich, es geht an den Ostküsten der Inseln Falster–Möen und Seeland hinauf nach Kopenhagen, wo unser Eintreffen erwartet wurde. Schon auf offener See hatten wir einige Male Aussetzer des Motors gehört, und jetzt mehren sie sich zusehends. Als Pütz zur Kontrolle den Schalthebel auf Magnet I einstellt, setzt der Motor fast vollständig aus. Also da haben wir's! – Magnet- oder Kerzenstörung! – Pütz entschließt sich zu einer Zwischenlandung, sucht nach dem nächstgelegenen flachen Sandstrand und setzt die Maschine um 12 Uhr 55 ziemlich unsanft, in einigen hohen Sprüngen, auf der hochgehenden See ab, ca. 200 m vom Land entfernt. Wir rollen auf den Strand. Herbeieilende Fischer helfen uns bereitwilligst beim Vertauen der Maschine und erklären uns, daß der kleine Ort vor uns Hesnaes auf der Insel Falster sei. Monteur und Pilot machen sich an die Arbeit. Bald ist die Ursache unseres Defekts gefunden, indem die Kupplung zwischen Nockenwelle und Magnetwelle gerissen war. In einer halben Stunde war die Störung behoben; die Motorprobe auf Stand gab indessen statt 1350 Touren nur 1300 bei Vollgas.

Um halb 2 Uhr war alles wieder flugklar! Als Landflieger war ich gespannt, wie der Start bei diesem hohen Wellengang sich gestaltete, und skeptisch schaute ich den kommenden Minuten entgegen. Nachdem wir wieder weit draußen auf offener See schaukelten, drehte Pütz die Maschine gegen den Wind und gab Vollgas! Ein ohrenbetäubendes Krachen, Schlag auf Schlag, das die Maschine in den Fugen erzittern ließ, setzte ein. Um den Start zu erleichtern, rückten Konsul Hammer und ich dicht an die vordere Kabinenwand, in die Nähe des Schwermittelpunkts der Maschine. Wir mußten uns krampfhaft halten, um nicht in die entgegengesetzten Ecken der Kabine zu fliegen. Doch umsonst! Jedesmal wenn wir glaubten, endlich einem Wellenberg entspringen zu können, schlugen wir mit hartem Anprall wieder aufs Wasser infolge der noch zu geringen Geschwindigkeit und dadurch ungenügenden Tragfähigkeit unseres Flugzeuges. Zum vierten Male setzte Pütz an, diesmal wollte er um jeden Preis die Maschine zwingen, ihr nasses, klebriges Element zu verlassen. Doch umsonst! – Im 90-km-Tempo, nachdem wir eben mühsam, mit voll angezogenem Höhensteuer, aus dem Toben der Wellen herauskamen, stürzten wir aus einer Höhe von 2 m in ein tiefes Wellental, in eine uns entgegenkommende Wasserwand! Ein furchtbarer Schlag, ein metallenes Krachen und eine Sturzwelle schlug über uns hoch hinweg und verfinsterte für Sekunden unsere wasserdichte Kabine. Aus unseren Sitzen wurden wir herausgeschleudert, unser Gepäck ging drunter und drüber! Pilot und Monteur auf den vorderen Sitzen trieften von Nässe! Doch allmählich richtete sich unser Schwimmvogel wieder auf, er schwamm, also hatten die Schwimmer und das Fahrgestell dem ungeheuren Anprall der Wogen standgehalten. Doch was hatte unser Flügel auf Backbord? Der war in seinem äußeren Drittel glatt durchbrochen; das herunterhängende Ende wurde noch durch die Steuerkabel der Verwindung gehalten und schwamm im Wasser! An ein Weiterkommen war unter diesen Umständen nicht mehr zu denken, wir mußten froh sein, wenn wir die ca. 1 km entfernte Küste von Hesnaes noch erreichten. Doch wider Erwarten gut kamen wir langsam gegen das Ufer, Fahrgestell, Schwimmer und Propeller waren unbeschädigt, der linke Flügel hatte allein den Schlag auf sich nehmen müssen und war, wie mit einer Säge zerschnitten, gespalten. Mit Spannung hatte die Bevölkerung von

Hesnaes den Vorgang verfolgt; die Fischer waren schon vorbereitet, mit ihren Booten uns Hilfe zu bringen, als wir wieder auf den Sand rollten.

Trotz dieses Mißgeschickes freute ich mich im stillen über die Seetüchtigkeit und robuste Bauart der Junkersmaschinen; daß ein heutiges Flugzeug solche Erschütterungen und Schläge, wie wir sie bei den vier vergeblichen Starten wohl gut zehn Minuten nacheinander erlebten, aushalten würde, hätte ich nie geglaubt. Ich wünschte mir nur, ihr Erbauer, der ehrwürdige Professor Junkers, hätte diese Belastungsprobe selber mitgemacht, er hätte sicherlich seine helle Freude daran gehabt. Wäre der Motor einwandfrei gelaufen, hätten wir nicht den Ausfall von 50 Touren gehabt, wären wir nicht so überlastet gewesen (hatten wir doch noch eine Nutzlast von über 500 kg), so wären wir trotz hohem Seegang aus dem Wasser gekommen. Dieser Zwischenfall gab mir ein unbegrenztes Vertrauen in die Maschine, ein Vertrauen, das sie voll und ganz verdiente und das nötig war, in unbekannten, menschenverlassenen Gebieten zu fliegen.

Wir ließen Pilot, Monteur und Maschine in Hesnaes, wo auf einen Ersatzflügel aus Dessau gewartet werden mußte, und fuhren auf einem rasch requirierten Privatauto mit unserem unbeschädigten Gepäck durch hochstämmige Buchen- und Eichenwälder, an prächtigen, sauberen Gehöften vorbei, nach der nächstgelegenen Bahnstation, nach Stubbeköbing, wo wir den Anschluß an den Expreßzug nach Kopenhagen noch erreichen und dort um halb 8 Uhr eintrafen, von einer größeren Menschenmenge begrüßt, die von unserem Unfall schon Kenntnis hatte. Der anderthalbstündige Aufenthalt in der Kapitale von Dänemark war reichlich ausgefüllt durch Reporter-Interviews, von allen Seiten wurden wir bestürmt und photographiert, kaum hatten wir den Fuß auf den Bahnsteig gesetzt. Unsere Notlandung in Hesnaes war die Woche darauf das Tagesgespräch, die Zeitungen brachten schauerliche Zeichnungen unserer flügelgestutzten Maschine und darunter die drei Porträts ihrer Insassen!

So war ich denn wirklich froh, um 9 Uhr das Schlafwagen-Abteil einzunehmen und damit der schönen und lebenslustigen Hauptstadt

Dänemarks den letzten Gruß zu sagen. Fort aus dem Trubel der alleswissenden Zeitungsreporter, hinein ins wohlig wiegende und schaukelnde, blitzsaubere Bett, hoch oben an der Decke des Schlafwagens. Und als sich die Räder in Bewegung setzten und mit monotonen Schlägen über die Geleise rollten, da glaube ich mich wieder im Flugzeug zu befinden, das tänzelnd über die Wogenkämme dahinflitzt! Noch einmal erlebe ich die Sensation des Tages, jede Phase unseres verunglückten Starts in Hesnaes. Doch dann kam der Schlaf, der mir die wohlige Entspannung brachte, und aus dem ich erst spät morgens wieder erwachte, als wir schon längst an der Westküste von Schweden durch grüne Wälder, über romantische Heidelandschaften und an tiefblauen Seen und Fjorden vorbeihuschten – nach Norden. Mittags langten wir in Christiania an, der Frühling – in diesem Jahre ein später und kalter Geselle – hatte seinen Einzug gehalten, die Flieder- und Obstbäume trugen ihren ersten Blütenschmuck.

In Christiania verblieben wir drei Tage, es war noch vieles für die Expedition zu erledigen. Die Unterhandlungen mit den Behörden, mit den Zeitungen besorgten Konsul Hammer und Fischer-Poturzyn, während ich mich um die Komplettierung meiner Ausrüstung umsehen konnte. Nachdem dies in aller Sorgfalt getan war, besuchte ich die klassische Stätte des Skisportes, den Holmenkollen, wohin mich liebenswürdigerweise Norwegerherren, Freunde von Roald Amundsen, begleiteten. Der Blick von dort oben hinunter zur Stadt, hinaus auf das Meer, zu den schneebedeckten Bergen und hinein in den Bundefjord, wo Amundsens Heimat ist, war überwältigend. Eine herrliche, einzigartige Aussicht! Dazu die Landschaft in den herben, kräftigen Farben des Nordens, der harzige Tannengeruch des uns umgebenden Waldes, das Meer tiefblau, in seinem Glanze, und darüber das weite Himmelsgewölbe in durchsichtigem Ätherblau! Durch ein Kurierflugzeug erhielten wir am 12.Juni die noch fehlenden Reserveteile aus Deutschland, die wir mit unserem eigenen Flugzeug nicht mehr mitnehmen konnten, und so konnten wir am 14. abends endlich mit dem Nachtschnellzuge nach Bergen weiterreisen, wo wir nach zwölfstündiger Fahrt am Mittag anlangten.

Die Expedition war zwei Tage vorher mit dem norwegischen Passagierdampfer angekommen, ein ordentlicher Sturm, der die meisten Teilnehmer seekrank gemacht hatte, hatte gedroht, das auf dem Hinterdeck stehende, vollständig montierte Flugzeug in die hochgehende See hinunter zu schleudern. Doch die soliden, schweren Metallflügel hielten den Sturzwellen stand, und unversehrt wurde die Maschine ausgeladen und bis zu ihrem Verlad auf dem Hafendamm aufgestellt. Im Hotel Norge wurde ich durch Fischer-Poturzyn mit den Herren bekannt gemacht. Am meisten interessierte ich mich im stillen für den Flugzeugführer Neumann, mit dem ich in Zukunft Freud und Leid zu teilen hatte. Eine große, feste, sympathische Erscheinung mit einem gutmütigen Lächeln, der Typ eines Seebären, eines Mannes, der seit seiner Jugend sein Leben auf dem Meere zugebracht hatte. Anfangs des Krieges war er Unteroffizier bei der kaiserlichen Marine gewesen, dann, als das Flugwesen immer mehr sich entwickelte, trat er als Monteur zur Seefliegerei über und wurde später Flieger. Nach dem Zusammenbruch des deutschen Heeres wandte sich Neumann der zivilen Luftfahrt zu, wo er seit 1921 im Junkers-Luftverkehr als Streckenflieger mit Erfolg tätig war. Daß Neumann großen körperlichen Strapazen nicht von Anfang an gewachsen war, bemerkte ich gleich, dafür aber gefiel mir seine ruhige Art und Gemütsstimmung, die mir bewiesen, daß seine Nervenkraft noch unverbraucht war, diese geheimnisvolle, unsichtbare Substanz, die dem Flieger in potenzierter Form zur Verfügung stehen muß, soll er seine Aufgaben glücklich lösen.

Neumann und ich wurden bald gute Freunde, trotzdem wir im Grunde genommen in unseren Anschauungen und Gesinnung total verschieden waren. Er liebte das bunte Leben und Treiben einer großen Hafenstadt und wurde nicht müde, von seiner Vaterstadt Hamburg zu erzählen. Und wenn ich dazwischen leise versuchte, ihm von den intimen Reizen meiner Heimat, von der wuchtigen und erhabenen Größe unseres Hochgebirges einen schwachen Begriff zu geben, so schüttelte er nur ungläubig den Kopf und konnte nicht begreifen, wie man aus Freude zu der Natur einen Berg besteigen konnte, sich abmühte und dabei noch Gefahren bestand! Dies konnte ich ihm mit aller Überredungskunst nicht begreiflich machen, ihm, dem Flachländer, der noch nie Hochgebirge gesehen hatte! Erst als wir später, in Spitzbergen, von Flügen über blendende Gletscher, über stolze Berggipfel und Zacken, die im rosigen Scheine der Mitternachtssonne glühten und flammten, wieder nach Hause kamen, erhielt er einen Begriff, was Bergheimat und Bergheimweh bedeutet!

In Bergen mußten wir drei Tage auf das Eintreffen des norwegischen Kohlendampfers «Eidshorn» warten, der von England her Bergen anlaufen sollte, um unsere Expedition zur Kingsbai auf Spitzbergen mit sich zu nehmen. Das schlechte, stürmische Wetter draußen auf dem Meere hatte dessen Ankunft erheblich verzögert. Wir hatten somit Zeit und Gelegenheit, die alte hanseatische Stadt, deren stolze, hochgieblige Häuser auf einer ehemaligen Strandebene gebaut sind, und ihre romantische Umgebung näher kennenzulernen. Mit Prof. Wegener durchstreifte ich die Flöienberge, von wo aus der Blick ungehindert in die einzigartige Fjordlandschaft Bergens bis weit hinaus ins offene Meer streift. Dann ging es wieder hinunter zum Hafen, wo wir die prächtigen, seetüchtigen Walfangschiffe und alten Wikingerboote bewunderten. Professor Wegener war mir dabei ein vortrefflicher Führer; mit seiner reichen Fachkenntnis des Meeres, seiner Bewohner und der Schiffahrt fand er in mir Binnenländer einen eifrigen Zuhörer. Dankbar gedenke ich auch der vergnügten Stunden, wo wir mit den Herren des geophysischen Instituts, vor allem mit dessen verehrtem Leiter, Professor Helland-Hansen, in anregendem Gespräch zusammensein durften und manch Wissenswertes und Neues vernahmen. Prof. Helland-Hansen hatte auch die Freundlichkeit, unsere Expedition mit einigen uns noch fehlenden wissenschaftlichen Instrumenten auszurüsten, für welches ihm an dieser Stelle noch gedankt sein soll.

Der 17.Juni, ein Sonntag, war mit wundervollem Glanze und verschwenderischer Farbenpracht eingezogen. Kein Wölkchen am tiefblauen Himmel und eine sommerliche Wärme – die erste in diesem Frühjahr! Nach Radiomeldung sollte unser Schiff heute abend noch eintreffen. Unser Flugzeug, die Benzinfässer, Instrumentenkoffer,

Ersatzteile, Proviant, die gesamte Bagage der Teilnehmer, alles stand wohlgeordnet auf dem Hafendamm und harrte mit uns ungeduldig und sehnsüchtig auf den Dampfer. Doch erst abends 10 Uhr, als die letzten rosigen Strahlen der untergehenden Sonne die uralten Felsenburgen von Flöien-Löwstakken und Ulriken röteten, erschien weit draußen im Fjord der dunkle, schwimmende Koloß, wurde größer und immer größer und legte um halb 11 Uhr am Quai an. Nun war Leben in unsere kleine Schar gekommen! Mit dem mächtigen Hafenkran war unser Flugzeug im Handumdrehen auf das Vorderdeck des Dampfers befördert, folgte Benzinfaß auf Benzinfaß den gleichen Weg und zuletzt unsere hundert anderen wichtigen Sachen. Eine große Zuschauermenge wohnte diesem ungewohnten Anblick bei. Kurz vor Mitternacht waren wir mit dem Verladen zu Ende, die Taue wurden eingezogen und die heulenden Sirenen gaben das Zeichen zur Abfahrt. Ein letztes Hände- und Tücherwinken von hoher Bordwand zu den am Ufer stehenden Freunden und Bekannten und langsam zieht unser stolzer Dampfer majestätisch hinaus in die leise dämmernde Nacht, hinein in das große Unbekannte! Noch lange stand ich wie träumend, fest gebannt oben auf der Kommandobrücke und genoß den unvergleichlichen Zauber dieser hellen, lauwarmen, nordischen Sommernacht. Am Himmel eine wunderbar durchsichtige Färbung, ein Helldunkel, das nicht Tag und nicht Nacht ist, sondern nur eine dem Auge wohltuende, friedebringende, klarlichte Dämmerung, bei der noch jede Einzelheit am vorbeiziehenden Ufer zu erkennen ist. Die sanfte Bläue des Himmels tönt sich gegen Nordwesten in ein zartes Rosa, gegen Süden und Osten in blasses Grün ab, die heranrückenden, schlechtes Wetter verkündenden, spindelförmigen Wolkenstreifen tauchen in flüssiges Kupfer und ihr Widerschein spiegelt sich in den Gewässern, die leise vorüberrauschen und noch belebt sind von heimziehenden Gondeln, Kähnen und weißen Jachten. Glückliche Menschen darin! Jetzt begreife ich, warum die Norweger den Zauber ihrer Mitternachtssonne nicht für alle gleißende Pracht des Südens hergäben, warum sie ihr Land so innig lieben, wie der Schweizer seine Heimat! So müde ich auch war, ich konnte mich nicht entschließen, meine

164

Koje aufzusuchen, diese Schönheit mußte ich in langen, erfrischenden Zügen gleich Balsam einatmen.

So fuhren wir denn vier Tage und vier Nächte, bei Sonnenschein und Regen, in ewig wechselnder Stimmung zwischen Sunden und Schären hindurch längs der herrlichsten Fjordküste der Welt nach Norden! Oft waren wir weit draußen auf dem unruhigen Meer, dann glitt unser Schiff wieder fast lautlos durch enge Klusen, hin und wieder an freundlichen Gärtchen und dunkelrot gemalten Häuschen vorbei. Oft glaubte ich mich in meinen heimatlichen Tälern, an den Gestaden des Vierwaldstättersees zu befinden statt auf einem schwimmenden Ozeanriesen! Ein schönes, herrliches Land, dieses Norwegen! Ein freies, glückliches und zufriedenes Volk bewohnt seine Ufer, wo des Meeres Wellen gebrochen werden durch den schützenden Schärengürtel, ein Gewimmel von gleichsam schwimmenden Granitfelsen aller Größen und Gestalten. Bald zackige Klippen, bald rund geschliffene Buckel ragen über dem blanken Seespiegel hervor, manche sind bewohnt, manche kaum mit einer Moosnarbe überzogen, nackt und kahl. Hinter den vordersten, deren Eigenfarbe man noch deutlich unterscheiden kann, tauchen andere auf, die schon durch die Luftbläue gedämpfte Töne haben, weiterhin andere, die wandartig blau darin stehen und an deren Fuß sich der Ozean in weißer Brandung bricht. Dieser endlose Wechsel der Tausende von Inseln und Schären bis weit draußen ins Meer, die dunklen, schweren Berge auf der Landseite, über welchen helleuchtende Firnfelder aus vorbeiziehenden Nebeln gespensterhaft aufblicken, zog in immer neuen und mannigfaltigeren Bildern an uns vorbei. Die schwarze Felsenfestung von Torghatten mit einem Riesenloch in der Brust wurde bei düsterer Wolkenstimmung passiert, dann folgten weiter nördlich die schlanken Pyramiden der sieben Schwestern in erhabener Schnee-Einsamkeit.

Gerade als wir den Polarkreis in 66½ Grad nördlicher Breite überschritten, erreichte uns das Radiotelegramm, wonach Amundsen seinen Polflug absagte, offenbar weil seine Maschine, die nun seit letztem Herbst im Schnee Alaskas lag, nicht mehr funktionierte. Später habe ich dann erfahren, daß Amundsens Maschine in Amerika mit einem ungenügenden Ersatzfahrgestell versehen war. Amundsen berichtet wörtlich: «Die Maschine war ausgezeichnet und alles in Ordnung. Als wir an einem famosen Tage starteten, sah alles vielversprechend aus, aber das neue Untergestell, das Larsen für die Skier gebaut hatte, war schwach. Als wir nach dem Probefluge landeten, ging es in Trümmer...»

Damit war der Zweck unserer Reise dahingefallen. Doch nach kurzer, gemeinsamer Beratung entschlossen wir uns, da wir nun doch einmal unterwegs waren und dem Ziel unserer Wünsche so nahe, wenn möglich nach Spitzbergen weiterzureisen, um die Verhältnisse für das Fliegen in der Arktis kennenzulernen und mit photographischen Aufnahmen unbekannte Gebiete im Zusammenhang wiederzugeben.

Damit war eine andere Situation geschaffen, eine neue Aufgabe vorgezeichnet, die mir persönlich weit besser behagte als die Sucharbeit nach Amundsen; wenn derselbe nach dem 21.Juni in Spitzbergen nicht eingetroffen wäre. Im stillen hegte ich große Zweifel an dem Gelingen dieses Planes, denn wie man einen einzelnen Menschen in einer so ungeheuren Eisebene von über 50 000 km², die hier in Betracht gekommen wären, finden sollte, wollte mir nie recht durch den Kopf gehen, im speziellen dann, wenn ich mir Nansens Beschreibung des Packeises vergegenwärtigte. Dazu das große Risiko, bei einer allfälligen Notlandung im Packeis drin dem Hungertode entgegenzulaufen! Von unserer neuen Aufgabe, die Detailforschung von Spitzbergen und des Nordostlandes, konnten wir mit unseren Mitteln, wenn nicht alle Mächte gegen uns waren, einen bescheidenen, doch positiven Erfolg mit nach Hause bringen und damit dazu beitragen, dem Flugzeug neue Wege und neues, dankbares Arbeitsgebiet zu erschließen.

Am 21.Juni, nachts 12 Uhr, kamen wir in Tromsö an. Auf den schneebedeckten Bergen, die sich im Süden über dem Rystrom erheben, flakkert hier und da der rotglühende Schein der Mitternachtssonne gespensterhaft auf; dunkle, violette Wolkenschatten treiben in wilder Jagd vorüber. Rasselnd rollen die schweren Anker an ihren verrosteten Ketten hinunter, während eine kalte, rauhe Bise von Norden her durch den Sund peitscht.

Etwas schläfrig machen wir uns alle an das Ausladen unseres Expeditionsgutes. Zuerst wurde unser großer Vogel mit dem Dampfkran hochgezogen und auf die reißende Strömung gesetzt. Neumann und Monteur Holbein hatten schon an Bord die Maschine flugklar gemacht, hatten den Motor warmlaufen lassen, und so konnte nun Neumann nur noch den Anlaßmagnet drehen – ein scharfer Knall – der Motor springt an und langsam schwamm unser Vogel hinüber zur Mole von Tromsö, hinunter zum Mastenwall im Hafen, wo Bug an Bug gut vertäut, die prächtigen Walfänger standen, mit ihren «Krähennestern», den Ausgucktonnen hoch oben auf dem Großmast. Unterdessen hatten wir andern mit Hilfe der Schiffskräne unsere übrige Bagage auf einen rasch herbeigeeilten Leichter verladen. Wir sagten unserem liebenswürdigen Kapitän und seiner pflichtgetreuen Mannschaft Lebewohl und fuhren, von einem Motorboot gezogen, gegen das Ufer. Morgens 5 Uhr hatten wir mit vereinten Kräften am Hafen alles verstaut; dann konnten wir endlich, müde und schläfrig, in die wie ausgestorben erscheinende Stadt hineingehen, wo wir bald Unterkunft fanden. In Tromsö machten wir uns nun sofort auf die Suche nach irgendeiner Transportgelegenheit. Anfänglich beabsichtigten wir einen größeren, 40–50 Tonnen fassenden Hochseekutter zu chartern, die infolge des gewaltigen Rückgangs der Fischerei zu mäßigen Preisen angeboten wurden. Auf einem dieser kleinen Schiffe wären wir dann allerdings gezwungen gewesen, unsere Maschine zu demontieren. Diese Arbeit hätte in Tromsö allerdings keine Schwierigkeiten gemacht, hingegen wäre die Montage auf Spitzbergen infolge Fehlens jeglicher Hilfsmittel eine schwierige und mühsame Sache gewesen. Nach langem Hin und Wieder, nach vergeblichem Suchen für eine bessere Durchführung zeigte sich uns am 23. Juni die einzig günstige Lösung der Transportfrage. Anläßlich eines Besuches bei Herrn Krognes, dem Direktor des geophysischen Institutes Tromsö, eröffnete uns derselbe, daß er einen Funkenbericht erhalten hätte, wonach Ende Juni der holländische Kohlendampfer «Ameland» in Tromsö anlegen werde, um hier ca. hundert neue, norwegische Arbeiter einzuschiffen, die zur holländischen Kohlengrube in Green Harbour herübergebracht werden und wo auch Kohle aufgenommen werden sollte. Sofort nach Erhalt dieser erfreulichen Nachricht telegraphierte Schiffreeder Hammer an die Direktion der Kohlenmine in Rotterdam und erhielt tags darauf eine zusagende Antwort.

So waren wir nun unverhofft den Sorgen für das Weiterkommen enthoben und konnte ich mich fortan mit der näheren und weiteren Umgebung von Tromsö bekannt machen. Da auf den umliegenden Bergen noch überall genügend Schnee lag bis zu einer Höhe von 150 m hinunter, so zog ich denn jeden Tag mit den Skiern hinaus aus der Stadt, ließ mich mit der Fähre über den Sund setzen und wanderte durch den sich grünenden lichten Birkenwald hinauf zu den ersten Schneeflekken, von wo aus sich nach allen Seiten ein ideales Skigelände bis zu einer Höhe von über 1200 m erstreckte. Der Schnee war noch von vorzüglicher Beschaffenheit, ein fester, leicht körniger «Sulzschnee», auf welchem der Skifahrer sich sicher bewegen kann. Die mittlere Temperatur betrug ca. 2–4 Grad Celsius.

Schon bei unserer Ankunft hatte es mir die prachtvolle Schneepyramide zuhinterst im Tromsdalen, das stolze Wahrzeichen von Tromsö, der Tromsdalstind mit seinen Schneewächten angetan. Am 25.Juni bestieg ich diesen 1238 m hohen Berg in 3½ Stunden vom Meere aus. Mit Ausnahme eines äußerst steilen, aber kurzen Stückes konnte ich die Besteigung mit den Skiern an den Füßen ausführen. Ein norwegischer Führer, den mir unser besorgter Wirt in Tromsö als Begleitung mitgegeben hatte, kehrte am Fuße des Berges wieder um, ihm war der steile Anstieg zu beschwerlich und jetzt im Sommer wegen Lawinengefahr zu gefährlich. Die im Tale unten, an mäßig geneigten Schutthalden übenden Mitglieder der Expedition verfolgten mich mit ihren Feldstechern bis auf den Gipfel, und als ich dann nach einem luftigen Aufenthalt bei großartiger Fernsicht in stiebendem Pulverschnee zu Tale sauste, da stieg ich in ihrer Achtung um ein beträchtliches.

Am 26.Juni zogen Prof. Wegener und ich zu einer dreitägigen, größeren Reise in die vegetationsreichen Fjorde aus. Schwer beladen mit Proviant, Skiern und Photogerät fuhren wir mit einem der schmucken, kleinen Dampfer, die den ausschließlichen Verkehr an der Küste besorgen, hinein in den langgezogenen Balsfjord. Von dort wanderten wir durch wundervolle Birkenwälder, an freundlichen, vereinzelten Häuschen vorbei zu einer Fischerhütte bei Kvesmenes am hintersten Ende des düsteren Lyngenfjords, wo wir bei einfachen, gebildeten Leuten gute Unterkunft fanden. Der Besitzer des Häuschens war zugleich Händler und Kaufmann. Die in der Umgebung mit ihren Rentierherden herumziehenden Lappen tauschten hier gegen Rentierfelle Stoffe, Munition, Feuerzeug usw. ein.

Einsam war diese wuchtige Gebirgslandschaft, unverfälscht noch die Natur und ihre Bewohner! Wohl über 300 m hoch fallen die Steilwände beidseitig in die See. Die Ufer umsäumt, einem hellgrünen Seidenband gleichend, ein zarter Birkenwald. Ich machte den Lappenansiedelungen im Tale der Sördalvselv einen Besuch, wo gerade einige Lappenfamilien ihre schmutzigen Zelte aufgeschlagen hatten. Eine Rentierherde von über tausend Stück war der Reichtum dieser nomadisierenden, freiheitsliebenden Menschen.

Am folgenden Tage mußten wir Abschied nehmen von diesem zauberisch-schönen Erdenfleck, wollten wir Tromsö noch diese Woche erreichen, denn der Dampfer kommt nur einmal in der Woche. Auf einem großen Ruderboot, in welchem auch noch eine lebende Kuh, Rentierfelle und Fische zum Transport sich befanden, mußten wir dem Dampfer entgegenfahren, das Umladen geschah ca. 200 m vom Ufer entfernt auf dem offenen Fjord infolge Fehlens einer Landungsbrücke. Dann ging es in einzigartiger, siebenstündiger Fahrt an kleinen Weilern mit saftiggrünen Matten, an blauschillernden Hängegletschern und senkrechten Granitwänden vorbei über Lyngen–Ulö–Mauersund zur Insel Skjaervö, am Rande des Eismeeres und andern Tags zurück nach Tromsö.

Unterdessen hatten die anderen Mitglieder unseren Schwimmvogel nochmals in alle Details untersucht und in tadellosen Zustand versetzt. An einem klaren Tage stiegen wir zu einigen Probeflügen auf; ein großes Ereignis für die Bewohner dieser nebst Hammerfest nördlichsten Stadt der Welt! Eine gewaltige Menschenmenge stand am Quai und bewunderte staunend unsere elegante Metallmaschine, wie sie sich nach einem wuchtigen Anlauf mühelos in die Luft emporschwang. Erst bei diesen Flügen lernte ich die Inselnatur von Tromsö kennen, eine grüne Oase im scheinbar unfruchtbaren, kalten Meere, und über den Sunden erschienen neue Inseln mit hohen steilen Bergen, die aus den alles glättenden Eisströmen des Eiszeitalters einst emporragten und jetzt mit wild verwitterten Zackenkämmen aus dem Meer der umgebenden, gletschergeschliffenen Rundhöckerberge sich in violetten Farbtönen vom gelbroten Nordwesthimmel abheben. Die dunkle Meereslinie wächst immer höher und höher, je mehr wir steigen, bis endlich das Meer hinter den Bergen des Kallfjords sich in die Unendlichkeit auszudehnen scheint. Die nach allen Seiten steil abfallende Insel Fuglö weit oben im Norden, an deren Fuß die schweren Stürme des Eismeeres zuerst anprallen, erkenne ich deutlich und kann Einzelheiten in der Felszeichnung noch deutlich unterscheiden. Ein Blick auf die Karte – beinahe 100 km Entfernung, es ist ja kaum möglich, und doch ist es so. Bei einer solchen Fernsicht, in solch klarer, reiner Luft, frei von Wasserdunst und Staubpartikelchen, war ich bis jetzt nur selten geflogen, höchstens dann, wenn der Föhn im Lande ist. Dann aber ist das Fliegen bei uns kein Genuß, wie eine Nußschale auf offenem Meere tanzt das Flugzeug, während wir hier, im Lande der Mitternachtssonne, vollkommen ruhige, ausgeglichene Luftströmungen haben. Hier bot sich ein dankbares Betätigungsfeld für das Ausprobieren meiner Photoapparate, zugleich exerzierte ich mit Neumann die verschiedensten Wendungen und Fluglagen ein, die zu einer erfolgreichen Phototätigkeit ebenso notwendig sind, als das Suchen auf dem Boden nach einem günstigen Standort für terrestrische Aufnahmen. Anfangs wollte die Verständigung nicht recht klappen, und erst nach weiteren Flügen, nach der mündlichen Aussprache, ging es besser. Ich habe bei meiner fliegerphotographischen Tätigkeit von jeher auf das Zusammenarbeiten von Pilot und Photograph das größte Gewicht gelegt, nur bei vollkommener Verständigung ist es möglich, in der kürzesten Zeit möglichst viele, wertvolle Ansichten zu erhalten und bei Filmaufnahmen die nötige Abwechslung und Kontrastwirkung zu erzielen.

170

Von Christiania her waren unterdessen die Mitglieder der norwegischen wissenschaftlichen Spitzbergenexpedition unter Führung von Prof. Hoel in Tromsö eingetroffen, die jedes Jahr in Spitzbergen geologische und kartographische Arbeiten während den Sommermonaten ausführten. Mit diesen Herren verbrachten wir im gastfreundlichen Hause des Herrn Krogness, hoch über der Stadt beim geophysischen Institut gelegen, interessante und genußreiche Stunden, erhielten wertvolle Anregungen und Fingerzeige für unsere beabsichtigten Flüge. Professor Hoel war bei Bekanntgabe unseres Arbeitsprogrammes sofort warm für uns eingetreten, bildeten doch unsere photographischen Aufnahmen eine wertvolle Ergänzung zu der Karte von Spitzbergen, die zu ergänzen und aufzunehmen eine der vornehmsten Aufgaben von Hoel war.

Endlich, am 30.Juni, war der holländische Dampfer in Tromsö angelangt, konnten wir mit dem Verladen unseres Expeditionsgutes beginnen. Am 1.Juli morgens 10 Uhr 30 dampfte der «Ameland» bei kaltem, regnerischem Wetter hinaus aus dem Sund von Tromsö, hinein in die langen Fjorde und durch den Hammerfjord hinaus aufs offene Meer. Das Achterdeck war in einen einzigen großen Mannschaftsraum verwandelt worden, in welchem für die ca. 150 neu angeworbenen Bergleute Schlafkojen, zu dritt hoch übereinander, angebracht waren. Unser Flugzeug stand auf dem Vorderdeck. Es nahm mit seinen je 8 m langen Flügeln beinahe die volle Breite unseres Schiffes ein und diente mir nun in den folgenden Tagen als Wohnraum. Draußen regnete es abwechselnd, eine rauhe Brise wehte, als wir die letzten Schären der Küste Europas hinter uns lassen und über die unendliche, ruhige Wasserfläche des Eismeeres unserem ersehnten Ziel entgegenfahren. Behaglich saß ich in weichen Lederpolstern in der Kabine und vertrieb mir die Zeit mit Studium der spitzbergischen Verhältnisse. Auch die folgende Nacht blieb ich darin, doch war der Schlaf infolge der Tageshelle nicht lang, und gegen Morgen fröstelte mich.

Am folgenden Tag nachmittags 1 Uhr sichteten wir aus einer Entfernung von ca. 20 Seemeilen bei aufklärendem Wetter die einsame Bäreninsel, wir hatten also ungefähr die Hälfte unseres Sceweges zurückgelegt. Um 5 Uhr abends kamen wir plötzlich in dichten, feuchtkalten Nebel! Das war also dieser gefürchtete arktische Geselle, von dem ich soviel gelesen hatte und der manch stolzem Meerschiff zum Verhängnis geworden ist. Wir mußten offenbar in die Nähe eines Treibeisgürtels geraten sein, wo sich die Luftfeuchtigkeit zu Nebel kondensierte. Somit war doppelte Vorsicht angebracht. Unser Kapitän befiehlt Halbdampf, und langsam gleiten wir weiter. Unaufhörlich dringen die schrillen Sirenensignale hinein in den dunklen Nebel, während vorn am Bug zwei Matrosen mit gespannter Aufmerksamkeit in die Nebelwand starren. Plötzlich kommen von Steuerbord her heulende, dumpfe Töne an unsere Ohren. Ist es der ferne Widerhall unserer Schiffssirene oder ist vielleicht gar ein fremdes Schiff in unserer Nähe. Immer näher kommen die Töne, und jetzt erkennen wir deutlich die Sirenen eines uns entgegenkommenden Dampfers. Unsere Maschinen stoppen, eine unheimliche Stille für wenige Sekunden und wieder beginnt das fürchterliche Sirenengeheul. Ein merkwürdiger Zufall, diese unsichtbare Begegnung in den sonst so einsamen Gewässern des Polarmeeres! Allmählich werden die fremden Töne immer matter und schwächer, die Maschinen arbeiten wieder mit Halbdampf, und die Gefahr eines Zusammenstoßes ist vorüber. Doch mit dem Schlaf wird es wohl nichts geben, solange dieser abscheuliche Nebel anhält, der übrigens nur wenige Meter hoch ist, denn im Zenit scheint der blaue Himmel durch.

Nach der etwas kalten Nacht in der Kabine des Flugzeuges versuche ich nun heute in einer Koje drunten im Achterdeck den nötigen Schlaf nachzuholen, wo allerdings keine würzige Alpenluft um die Stirne weht, dafür aber ein lebhafter, zum Teil fröhlicher Betrieb herrscht. In einer Ecke geigt ein ehemaliger deutscher Lehrer auf seiner Violine schwermütige Weisen; ihn hat die bittere Not seines momentan armen Landes da hinauf geführt; dort spielen drei Norweger mit Handorgeln rassige Märsche und Tänze ein. Andere vertreiben sich die Langeweile mit Kartenspiel und wieder andere vergessen ihre Sorgen, indem sie von Zeit zu Zeit ihrer Schnapsflasche zusprechen. Vis-à-vis von mir liegt ein deutscher Medizinstudent und liest in einem Buche, er hat sich anwerben lassen, um später mit dem sauer verdienten Gelde seine Studien fortzusetzen.

Am 3.Juli morgens 5 Uhr mußte das Schiff, infolge dichten Treibeises, nach Südwesten abdrehen. Als ich um 9 Uhr morgens von der Kommandobrücke Ausschau halte, sehe ich am Horizont einen weißschimmernden Treibeisgürtel, wie eine gewaltige, heranrückende Brandung aussehend. Mit dem Feldstecher konnte man deutlich im Eise drin die charakteristischen, mit Ausgucktonnen versehenen Masten einiger Fangschiffe unterscheiden. Bald durchqueren wir einen lichten Eisgürtel. Auf den 10–30 m langen, ziemlich flachen Eisschollen tummeln sich einige Seehunde, während weit draußen einer jener so selten gewordenen Walfische das Wasser durchfurcht, von Zeit zu Zeit einen mächtigen Wasserstrahl emporstoßend. Wir sind in den belebten Teil des Eismeeres eingedrungen, der schon früh, kurz nach der Entdeckung von Spitzbergen durch den berühmten holländischen Seefahrer Barents im Jahre 1596, von zahlreichen Fangflotten der seefahrenden Nationen aufgesucht wurde. Um 3 Uhr nachmittags sichten wir im Osten Land, es ist die Südwestküste Spitzbergens, die Gegend vom Bellsund. Das Wetter, das bis jetzt ziemlich trübe war, klart immer mehr auf, immer näher kommen die Küstenberge und Gletscher auf uns zu, und immer großartiger und farbenprächtiger breitet sich der grandiose Zackenkranz hinter den monotonen Vorlandtundren aus. Wir kommen um 9 Uhr abends in die Gewässer des großen Eisfjords, kühn schwingt sich an dessen Eingang das Alkhorn in jäher Flucht aus dem Meere empor, weiter im Norden, getrennt durch den Vorlandsund, erhebt sich der trotzige Felsenkamm des Prinz-Karl-Vorlands, vergoldet im rötlich-gelben Scheine der hochstehenden Mitternachtssonne. Fürwahr, einen schöneren, festlicheren Empfang hätte uns Spitzbergen nicht bereiten können!

Um 10 Uhr legte unser Dampfer in der Kohlenpier-Anlage bei der holländischen Station an, und konnten wir uns an Land begeben. Es ist immer ein ereignisreicher Anlaß für die Kolonisten, wenn im Sommer das erste Schiff von Europa draußen auf dem einsamen Polarmeer auftaucht und die tausend Sachen und Briefe bringt, die zum Lebensunterhalt eines Europäers eben notwendig sind. Wir waren das zweite Schiff dieses Jahres; außer lebendem Schlachtvieh hatten wir große Massen von Bauholz an Bord für die Erstellung weiterer Arbeiterbaracken.

Während die neuangeworbenen Arbeiter sich bei ihren Kollegen um Arbeitsbedingungen und -verhältnisse erkundigten, wanderten einige von uns längs dem schmalen Sandstrande zu der ca. 2½ km südlich gelegenen Funkenstation, deren hohe Masten wir schon vom Schiff aus erblickt hatten. Neben den modernen einstöckigen Holzbauten der norwegischen Radiostation befinden sich ungefähr ein halbes Dutzend, dem Zerfall entgegengehende Holzbaracken und am Strande die Anlagen der ehemaligen Transiederei mit hohen Blechkaminen. Noch vor zehn Jahren herrschte hier ein reger Betrieb, wurden die von den Walfängern harpunierten Walfische vom Meere her hereingeschleppt, abgespeckt und der Speck in großen Kesseln zu Tran eingesotten. Dabei wurde das Fleisch, als wertlos, einfach in die See geworfen, und diente den Tausenden von nordischen Vögeln als willkommene Speise. Noch heute liegen halbe Walfischkadaver am Strande und verpesten beim Auftauen die Luft. Jetzt liegt die Station öde und verlassen, denn der Wal, dieses gewinnbringendste Säugetier der nordischen Meere, der in früheren Zeiten ungefähr die gleiche Rolle wie das Gold in den Goldfeldern spielte, ist durch die rücksichtslose Jagd fast vollständig in den spitzbergischen Gewässern ausgerottet worden. Mitten zwischen Walfischskeletten, faulenden Kadaverüberresten und verrosteten Konservenbüchsen fanden wir den günstigsten, geschützten Anlegeplatz für unsere, vorläufig immer noch auf Schwimmern montierte Maschine. In einer wenige Schritte davon entfernten Holzhütte fanden vier Mann unserer Expedition notdürftig Unterkunft, währenddem ich es mit Prof. Wegener, Konsul Hammer und Leutnant Löwe vorzog, eine weiter entfernte, hochgelegene Hütte zu beziehen, die früher der Ankerschen Kohlenausbeutungsgesellschaft gehört hatte. So waren wir wenigstens glücklich dem widerwärtigen Trangestank entronnen und hatten von dort aus eine wundervolle Aussicht über den ganzen Fjord von Green Harbour. Den Rest des Tages, es

war schon Mitternacht, verbrachten wir in der außerordentlich gastfreundlichen und liebenswürdigen Gesellschaft der fünf norwegischen
Telegraphenbeamten bei einem Glase Whisky, und erst spät morgens
kamen wir auf dem Schiffe wieder an.

Der 4. Juli war neblig und kalt und wurde ausgefüllt mit den Auslade-
und Überführungsarbeiten unseres Materials hinüber zur Walfangstation. Das Hauptereignis für die ca. 200 Mann zählende Kohlengrube
war natürlich das Ausschiffen unseres Flugzeuges und der darauffol-
gende Flug hinüber zur Transiederei. Staunend, wie festgebannt, verfolgten die meisten dieser Leute, die noch kein Flugzeug in ihrem Leben gesehen hatten, den Flug unseres Riesen-Schwimmvogels. Der
Oberingenieur der Grube hat mir später glaubwürdig versichert, daß
unser Aufenthalt eine merkliche Arbeitseinbuße zur Folge hatte.

Bevor ich nun zur Beschreibung unserer Flugtätigkeit übergehe,
möchte ich zuerst einige kurze, technische Angaben über unser Flugzeug machen.

Der Junkers-Metall-Eindecker ist vollständig aus Metall gebaut, die
Holme (das Tragwerk) und die Außenhaut, die Flügel und die Kabine
aus Duraluminium, eine Legierung von Aluminium mit Kupferman-
gan. Als Kraftquelle war in unsere Maschine ein BMW-Motor 185 PS,
mit Höhenvergaser und hohen Kolben, eingebaut, so daß die effektive
Leistung noch etwas größer war. Die Spannweite der Flügelenden ist
17 m, die Länge des Rumpfes 10 m. Der Flächeninhalt der Tragflächen inklusive der Steuerorgane beträgt 45 m². Das Leergewicht der
Maschine ist mit Räderfahrgestell 1200 kg, für die Verwendung als
Wassermaschine kommt ein Mehrgewicht von 180 kg dazu. Die maximale Nutzlast beträgt 600 kg, mit welcher eine Geschwindigkeit in
waagrechtem Flug auf Meereshöhe von 150 km pro Stunde erreicht
wird. Der Betriebsstoffverbrauch ist sehr minim und beträgt bei der
Junkersmaschine nur ca. 30 kg pro Flugstunde, eine wirtschaftliche
Leistung, die bis jetzt noch von keinem Flugzeugtyp erreicht wurde und
die in erster Linie der vorzüglichen, aerodynamischen Formgebung
und dem dicken freitragenden Flügelprofil zu verdanken ist. Unsere
Maschine war Serienmaschine, Type J. 13, wie diese seit Jahren von

den Junkerswerken in Dessau mit größtem Erfolg für die in- und ausländischen, regelmäßig betriebenen Luftlinien gebaut werden. Neben dem für ca. sechs Stunden Flugdauer fassenden Haupttank hatten wir in der Kabine, an Stelle der vorderen zwei Passagiersitze, noch einen großen Tank für weitere zwölf Stunden Betriebsstoff eingebaut, so daß es uns möglich war, mindestens achtzehn Stunden ununterbrochen fliegen zu können. Diese Anordnung wurde im Hinblick auf den ursprünglichen Zweck, die Sucharbeit nach Amundsen bis zum Nordpol auszudehnen, getroffen. Über dem Reservetank, der die volle Breite der Kabine einnahm, war eine große Tischplatte montiert, auf welche die Karten geheftet wurden sowie die notwendigen Navigations- und Photoapparate gelegt werden konnten.

An Instrumenten und Apparaten hatte ich neben den Bordinstrumenten, die fest am Flugzeug montiert waren, folgende mit:

Einen Abtriftmesser, konstruiert von der Optischen Anstalt Goerz, mit dem besonders auch über monotonen Schneeflächen, Wolken und dem Meere jederzeit mit Hilfenahme einer Stoppuhr und der Flughöhe auf einer Tabelle die jeweilige Abtrift und Geschwindigkeit des Flugzeuges bestimmt werden konnten.

Einen Libellen-Quadranten mit künstlichem Horizont für die Bestimmung der jeweiligen Sonnenhöhe, wonach mit Hilfe der Chronometerzeit und astronomischen Tabellen die geographische Länge und Breite fixiert werden konnte; ferner zwei Taschenchronometer.

Zwei Fluidkompasse waren am Flugzeug kardanisch aufgehängt und montiert, der eine in der Mitte des Führersitzes, der andere auf der Oberfläche eines Flügels in vertiefter Fassung angebracht.

Meine photographische Ausrüstung bestand aus einem Goerz-Hahn-Kinoapparat mit Kassetten für 120 m Film, ferner einer Fliegerkamera für Plattenformat 13 x 18 cm, mit 24 cm Brennweite, und einer kleineren, sehr handlichen Revolverkamera mit 18 cm Brennweite, beide wiederum von Goerz. Die Fliegerkameras arbeiteten mit Rouleauverschluß und waren mit Wechselkassetten versehen, mit denen ich auf einem Male 120 Platten mitnehmen konnte.

Am 5.Juli, abends 6 Uhr, konnten wir infolge Höhersteigens des Nebels zu einem kleinen Orientierungs- und Probeflug aufsteigen. Unsere Absicht war, der weiter nördlich gelegenen Kohlengrube in der Adventbai einen Besuch zu machen, um den Herren der Store Norske-Berggesellschaft unseren Dank abzustatten für die freundliche Überlassung der Ankerhütte, in welcher wir so vortrefflich logierten, und die in den Besitz dieser Gesellschaft übergegangen war. Neumann pilotierte das Flugzeug, Leutnant Löwe im zweiten Führersitz vorn machte navigatorische Beobachtungen in bezug auf Kompaßstörungen, und in der Kabine drin befanden sich unser Fluggast Widding Danielsen, der Leiter der Radiostation, und ich. Ich wenigen Minuten überfliegen wir die Ansiedelung der Kohlenmine und das flache Kap Heer, und befinden uns auf dem offenen Eisfjord, können aber infolge des Nebels das entgegenliegende Ufer nicht erkennen. Von hier winke ich Neumann in nordöstlichen Kurs, und zwar genau auf das ca. 30 km entfernte Kap Advent, am Eingang der Adventbai. Auf der Landseite im Süden liegen einförmige, flach gerundete Plateauberge, deren ehemaliger Zusammenhang aus unserer Flughöhe sich prachtvoll überschauen läßt. Unter diesen rötlichen, durch Frostwirkung äußerst stark verwitterten tertiären Sandsteinen liegen zwei Kohlenschichten von ungefähr 1 m Mächtigkeit fast horizontal; deutlich kann ich das ca. 200 m hoch gelegene, dunkle Band vom verwitterten Gestein da und dort unterscheiden. Dank des Westwindes im Rücken sind wir schon nach 20 Minuten dauerndem Fluge über den interessanten Anlagen der norwegischen Grube angelangt und landen in der Nähe der Hafenanlagen, wo wir mit Hilfe der von allen Seiten rasch herbeieilenden, verwundert dreinschauenden Bergleute den Vogel auf den flachen Sandstrand ziehen.

Einen düsteren, kahlen Eindruck macht die Umgebung des Adventfjordes! Im Hintergrund eines Seitentales fließt ein kleinerer, an den typisch darunterliegenden Karformationen erkennbar, wahrscheinlich sich zurückziehender Gletscher heraus, das einzige, etwas belebende Moment in dieser scheinbar toten Welt von riesigen Schutthalden und monotonen Sandsteinfelsen. Im Gegensatz zu den übrigen Landschaftsbildern von Spitzbergen ist diese Gegend eine der trostlosesten, dafür aber interessierten mich um so mehr die technischen Anlagen der Kohlengrube. Wahrscheinlich war auch hier der Krieg der Förderer, der eigentliche Urheber dieser Neuanlagen gewesen, indem gerade diese Grube für Norwegens Kohlenversorgung eine willkommene Quelle bildete. Mit einer langen Seilbahn wird die in einer Höhe von 280 m gebrochene Kohle zu den Hafenanlagen transportiert. Aus einem Stollen dringt fortwährend qualmender Rauch, es ist ein seit zwei Jahren brennendes Flöz; vergebens versuchte man es zu löschen. Angenehm überrascht waren wir, als wir im Direktionsgebäude in schönen Räumen mit den leitenden Herren zum gemeinsamen Abendmahle eingeladen wurden; welch ein Gegensatz von der arktischen Wildnis draußen und diesen, mit farbenprächtigen norwegischen Ölbildern geschmückten Innenräumen. Dazu ein vortreffliches Essen, mit Bier und Wein und allen möglichen Genüssen! Nur ungern verlassen wir diese gastliche Stätte, werfen unseren Motor an und fliegen um 9 Uhr abends in 100 m Höhe die Ehrenrunde unter gegenseitigem Tücherwinken ab. Schon in wenigen Minuten sind wir wieder weit ab von jeder menschlichen Wohnstätte, hat uns die Arktis mit ihrem Schweigen aufgenommen. Um 9 Uhr 40 Minuten landen wir wieder im heimatlichen Hafen von Green Harbour.

Der 6. Juli brach als erster schöner und ruhiger Tag, seitdem wir uns in Spitzbergen befanden, mit goldig flutendem Sonnenschein an. Erst jetzt konnten wir das großartige Panorama von unserer Hütte aus bewundern, schweifte der Blick ungestört von grauen Wolkenbändern über den glatten Fjord, über die grünschillernden Gletscher zu weit entfernten Bergen. Ich gab sofort nach dem Aufstehen Anweisung, die Maschine flugbereit zu machen, füllte meine Kassetten mit Platten und Filmen und installierte meine Apparate in der geräumigen Kabine.

Heute galt es, eine größere Rekognoszierung gegen Nord und Nordosten vorzunehmen, die geographisch und geologisch höchst interessanten und typischen Fjorde des Eisfjords zu photographieren sowie die Landungsmöglichkeiten auf den Gletschern und auf dem Buchteneis zu sondieren.

Um 10 Uhr 30 startet Neumann mit mir. Spiegelglatt ist die See und mühelos kommen wir bei vorzüglich arbeitendem Motor aus dem Wasser. Wir sind diesmal allerdings auch leicht beladen, um nach dem Start so stark gedrosselt fliegen zu können, als nur möglich, um unseren Motor zu schonen bis zu den großen, beabsichtigten Überland- und Übermeerflügen. In 800 m Höhe überfliegen wir nach fünf Minuten Flug die Kohlengrube von Green Harbour, deren Holzbarakken wie Kinderspielzeug unter unseren silberglänzenden Metallflügeln erscheinen. Deutlich erkenne ich im Zusammenhang, ca. 150 m hoch über dem Meer gelegen, eine Reihe von schwarzen Bohrlöchern, die sich über die Funkenstation hinaus fortsetzen. Es ist die oberste, ungefähr 1 m mächtige Kohlenschicht, die sich in den tertiären Sandsteinschichten über ein großes Gebiet nach Nordosten und Südosten ausbreitet und hier von der holländischen Gesellschaft ausgebeutet wird. Nun tauchen beim allmählichen Höhersteigen über dem flachen, monotonen Rücken des Cairn Gunnar neue und noch höhere Plateauberge auf, alle die gleiche Landschaftsform bildend. Wohl nirgends augenfälliger und instruktiver als von der hohen Warte des Flugzeuges aus erkennt man das allgemeine Gesetz, daß die Verwitterung aus gleichen geologischen Gebieten einander ähnliche Landschaftsformen heraus modelliert. Der Schnee, der die Westseite des Fjordes noch vollständig bedeckt, ist hier schon stark zurückgegangen, offenbar deshalb, weil hier überhaupt im Winter nicht viel abgesetzt wurde infolge der abgerundeten Bergformen, an denen der Schnee in den Weststürmen nicht haften bleibt, sondern in den Fjord hineingeweht wurde. Nur in den Gebieten, wo wir steile Bergformen haben mit möglichst viel geschützten Nischen, nur dort bleibt der Niederschlag liegen, verfirnt und bildet nach und nach Gletschereis. Spitzbergen ist ja im allgemeinen niederschlagsarm, und so kommt es, daß hier große Gebiete schon vollständig aper waren.

Nun befinden wir uns am 15 km breiten Eingang des Eisfjordes. Draußen das unendliche Meer, das im Westen mit einer Nebelwand verhängt ist, und drinnen im Eisfjord eine für uns neue großartige Natur. Vor uns erheben sich aus dem Meere unmittelbar in unzugänglichen, schroffen Felswänden das Dreigestirn: Alkhorn 610 m, Mont Protektor 851 m und Mont Daumann 876 m, dahinter Fjord an Fjord, Gletscher an Gletscher, abwechslungsweise mit scharfgeschnittenen, langgezogenen Felsrücken. Jetzt traversieren wir die Vermelandkette, überfliegen den am Ende zerrissenen Esmarkgletscher, dessen schimmernde Eisberge auf dem tiefgrünen Meere treiben, und nehmen die 10 km breite Tundrafläche Erdmann in Angriff. Vom Trollheimplateau, aus dem König-Oskar-II.-Land, die uns ihre Geheimnisse offen enthüllen, fließen riesige 20–40 km lange, merkwürdig flache Eisströme in einer Breite von 5–8 km hinaus zum Nordfjord. Nach einer halben Stunde Flugdauer haben wir trotz starken Drosselns des Motors eine Höhe von 1200 m erreicht. Ich gebe Neumann das verabredete Zeichen für eine sanfte Rechtskurve, und langsam zieht an meinen staunenden Augen eine neue Welt vorüber, ein Gemälde des Eisfjordes mit seinen tiefblaugrünen Wassern, seinen umrahmenden Bergen und Gletschern und den zum großen Teil noch zugefrorenen Buchten. Nachdem ich mit Kino- und Photoapparat fleißig gearbeitet hatte, gebe ich Neumann Kurs nach Norden, hinauf in die Dicksonbai. Von beiden Seiten fallen steile, rotbraun verwitterte Berge in den noch ganz mit geripptem Baieneis gefüllten Fjord; riesige Erosionstrichter oder ehemalige Kare geben diesen Bergformen ein eigenartiges, fremdes Aussehen. Auch hier ist der Zusammenhang von ehemaligen Plateaus augenfällig.

Aus 2000 m Höhe haben wir nun ein gewaltiges Panorama. Im Süden erkenne ich auf den ersten Blick die typischen Berge von Green Harbour, darüber aber weit hinaus ein unendlich erscheinendes Gipfelmeer, das brandet und wogt und gleichsam wie schäumende Wellen uns entgegenstürmt. Im Norden ist die Landschaft im Nebel, nur hie und da schauen einige der höchsten Spitzen des Chydeniusgebirges mit daraufgesetzten Eiskalotten aus dem blendenden Wolkenmeer empor! Also nach Norden ist uns der Weg versperrt, wie kehren deshalb nach Süden zurück und gehen im Gleitflug allmählich bis auf eine Höhe von 80 m hinunter. Aus dieser geringen Höhe erkenne ich nun deutlich die Oberflächenstruktur des Fjordeises, das sich durch

Gefrieren der Meeresoberfläche im Verlaufe der kalten, viermonatigen Polarnacht gebildet hat. Es hat eine rauhe, körnige Oberfläche, auf welcher man zur Not mit Schwimmer- oder Skierflugzeugen niedergehen könnte, immerhin mit dem Risiko einer Verletzung des Fahrgestells. Bedeutend günstiger scheint mir hingegen die Gletscherfläche zu sein, an deren senkrechtem 30 m hohem Eisrande wir jetzt dicht vorbeifliegen, um sie kinematographisch festzuhalten. Die spitzbergischen Gletscher sind im allgemeinen viel zahmer und flacher als die Gletscher der Alpen und könnten sehr gut, wenigstens in ihren oberen, spaltenlosen Teilen, als Start- und Landungsflächen für Flugzeuge verwendet werden.

Nun huschen wir pfeilgeschwind über die dunkelbraune, mit Schneeflecken gesprenkelte Erd- und Moosfläche der Tundra Boheman vorbei. Auffällig sind darin die charakteristischen Figuren und Zeichnungen, die deutlich die Fließbewegung dieser jetzt aufgetauten, weichen Erd- und Schlammassen aus der Höhe erkennen lassen; dann die Polygonfelder, die durch die Frostwirkung, durch das Emporheben der Steine an die Oberfläche erzeugt wurden.

Vom Kap Boheman steuern wir direkt über den 30 km breiten Eisfjord hinüber zum Kap Heer und hinein in die Bucht von Green Harbour, wo wir um 12 Uhr 42 vor der Walfangstation gut absetzen.

Bei diesem etwas größeren Erkundigungsfluge war mir die außerordentliche Ruhe und Klarheit der Luft aufgefallen. Im Gegensatz zum Fliegen in unseren Alpen, wo man im Sommer um diese Zeit fast ausnahmslos äußerst heftig hin- und hergeschüttelt wird, lag hier die Maschine absolut ruhig in der Luft, auch wenn wir ganz nahe über die Bergkämme flogen. Die geringen Temperaturdifferenzen zwischen Tag und Nacht, die gleichmäßige Bestrahlung der Erdoberfläche durch die Sonne läßt die gefürchteten Vertikalwinde unserer Gebirgstäler nicht aufkommen, und so ist denn auch das Fliegen hier oben ein ganz besonderer Genuß. Ruhig, ohne das geringste Schwanken, liegt die Maschine in der Luft; der Pilot hat mit Steuern fast nichts zu tun und kann sich ganz dem eigenartigen Zauber der arktischen Landschaft hingeben. Beinahe könnte man hier von einer Erholungs- und

Lustfahrt sprechen, wenn wir uns bei unseren jetzigen Flugzeugen auf die Motoren absolut verlassen könnten. Setzt aber einer aus, so daß wir zur Notlandung gezwungen werden, und wir befinden uns nach viertelstündigem Fluge von Green Harbour aus auf dem jenseitigen Land des Eisfjordes, so harrt uns eine mühsame, 250 km lange Fußreise über Gletscher, über Schutthalden und, was das schlimmste ist, über große, sumpfige Tundraebenen, wo der Fuß in Schlamm und Morast bis über die Knöchel einsinkt. Nach meiner mutmaßlichen Schätzung hätte ein tüchtiger Läufer mindestens 7–10 Tage gehabt, um den Eisfjord zu umgehen und so zur Ausgangsstation zu gelangen. Glücklicherweise kommen solche vorsorgliche Überlegungen erst dann, wenn der Flug schon beendet ist. Für das erste Mal waren wir befriedigt von unserer kleinen Rekognoszierungstour. Sie ließ uns die Zukunft im rosigsten Lichte erscheinen.

Den Rest des Tages und der unvergeßlichen ersten, schönen Sonnennacht der Arktis verbrachten wir vor unserer hochgelegenen Hütte droben über der Funkenstation. Doch allzulange war hier nicht mein Bleiben. Der über uns sich erhebende rotbraune Gipfel des Cairn Olav, auf welchem die Mitternachtssonne alles in glühend rote Farben versetzt hatte, hatte es mir angetan. Nachts 11 Uhr brach ich mit Konsul Hammer als Begleiter zu dessen kurzer Besteigung auf. Über im Schatten bereits wieder hart zugefrorene Schneeflächen und rutschige Trümmerhalden, durch tief eingefressene Bachrunsen und hinauf über steile, mit losen Felsblöcken versehene Grate war ich um Mitternacht auf dem Gipfelgrat und wartete lange auf meinen Begleiter, der sich tief unten an einer steilen Schutthalde abmühte, die ihm manchen Schweißtropfen, vermischt mit Verwünschungsflüchen, entlockte. Es war absolut windstill und in der Sonne strahlend warm, so daß ich mein Hemd auszog und freiluftbadend Ausschau hielt hinaus aufs Meer, hinauf nach Norden, wo die Sonne über einem Nebelmeer stand, das sich über das Innere des König-Oskar-II.-Landes ausbreitete. Wie dunkelviolette Silhouetten standen davor die Berggipfel, dazwischen leuchteten in Goldgelb die ebenen Gletscherflächen. Im Nordwesten erhob sich das Prinz-Karl-Vorland mit seinem trotzigen, vergletscherten Felsenkamm aus dem Vorlandsund empor, vergoldet von den Strahlen der Mitternachtssonne. Wie sonderbar doch diese Welt! Um mich eine sommerliche Wärme und überall, wo ich hinschaue, eine scheinbar in Schnee und Eis erstarrte Natur!

Als ich am folgenden Tage gegen Mittag aus langem, tiefem Schlafe erwache, ist draußen dunkler Nebel und kaltes, unfreundliches Wetter. Der norwegische Hilfskreuzer «Farm», der sich schon seit einigen Wochen im Norden von Spitzbergen aufgehalten hatte, war vor der Funkenstation vor Anker gegangen, ebenso das Tromsöer Fangschiff «Eisbjörn», das von einem Hamburger Kaufmann für Bärenjagden gechartert worden war. Wir statteten zuerst der «Farm» einen Besuch ab, wo wir von den Kapitänen Hermansen und Hagerup gastfreundlich empfangen wurden. Die beiden Kapitäne gaben uns wertvolle Aufschlüsse über die Eisverhältnisse an der Nordküste von Spitzbergen und Ratschläge für unsern beabsichtigten Überlandflug. Nachher ruderten wir noch zum «Eisbjörn» hinüber, wo uns der glückliche Jäger 16 erbeutete Eisbärenfelle vorzeigte.

Unterdessen hatte sich der Nebel etwas gelichtet, weit draußen über dem Meere flammt ein gelbroter Lichtstreifen auf. Allmählich verschwinden die Nebelfetzen nach Süden und ein azurblauer Himmel wölbt sich über den weißen Schneebergen.

Es war abends 7 Uhr, als wir zu dritt, Neumann, Konsul Hammer und ich, für ca. vier Stunden Betriebsstoff an Bord die Funkenstation verlassen, zu einer Abendzeit, bei welcher in der Heimat an einen längeren Überlandflug nicht mehr gedacht wird. Bei diesem Fluge war es mir vor allem daran gelegen, die Strecke zwischen dem Eisfjord und dem Vorlandsund, das große Gletschergebiet des Plateaus von Holtedahl und des Oskar-II.-Landes, aus eigener Anschauung kennenzulernen, um im Falle einer Notlandung bei späteren Flügen für Skireisen die nötige Kenntnis der Eisverhältnisse zu bekommen. Um 7 Uhr 30 hatten wir den Eisfjord traversiert und flogen nun über den zirka 40 km langen Sveagletscher hinauf über den sogenannten Königsweg nach Nordwesten. Vor uns und im Westen sind noch große Gebiete mit einem tiefliegenden Nebelmeer bedeckt, aus dem phantastische

Zacken und langgezogene, dunkelviolette Bergrücken herausragen. Wohl nirgends tritt der markante Gesteinswechsel zwischen den harten, zu spitzen Türmen und Graten verwitternden kristallinen Felsen der Hekla-Huk-Formation im Westen und den mehr weiche Bergformen bildenden roten Sandsteinschichten der jüngeren Perm- und Kohleformation im Osten so auffällig zutage, besonders jetzt, wo im Gegenlichte der Mitternachtssonne die dunklen Konturen der Berge sich messerscharf vom lichtüberfluteten Nebelmeer im Hintergrund abheben. Die prachtvollen Girlandenformen des Mont-Holta-Gebirges erinnern mich lebhaft an die kühnen Gipfel der Finsteraarhornkette der Berneralpen, ebenso die 40 km weit entfernten kristallinen, zum Teil vergletscherten Berge des Prinz-Karl-Vorlandes, dessen höchster, der Mont Monaco, sich 1080 m über das Meer erhebt. Da ich von meiner Kabine aus nur nach den beiden Seiten freies Gesichtsfeld zur Verfügung habe, so lasse ich Neumann langsame Drehungen ausführen, um nach allen Seiten photo- und kinomatographieren zu können. Von der beständigen Kurvenfliegerei über dieses fremde, eiserfüllte Gebirgsland wird Konsul Hammer, der neben Neumann, im zweiten Führersitz, Platz genommen hatte, ganz verwirrt. Er hat schon einige Zeit die Orientierung verloren und schaut beständig auf den Kompaß. Doch auch der findet sich in seinem engen Gehäuse nicht mehr zurecht, lange geht es, bis er nach einer Kurve in Ruhe kommt, und dann noch zeigt er falsch, wie ich mich des öftern mit einem Blick auf die Sonne und meinen Chronometer überzeugen konnte. Kleine Kursschwankungen, die im fliegenden Flugzeug infolge der Fußsteuerung durch den Piloten und durch leichte Windböen auftreten und nicht zu vermeiden sind, haben schon erhebliche zentrifugale Kräfte zur Folge, die ablenkend auf die Kompaßnadel einwirken. Diese Ablenkung ist schon in unseren Breiten recht beträchtlich, hier oben machen sie eine Navigation mit Kompaß zur Unmöglichkeit, denn die magnetische Vertikalintensität ist 7−11mal größer als die Horizontalintensität, welch letztere allein dem Kompaß die weisende Kraft nach Norden gibt. Doch heute bedurfte ich der Hilfe des Kompasses nicht, solange wir in blendendem Sonnenschein fliegen, hoch über den Wolken! Mit einer selbst angefertigten Peilscheibe, die in 24 Kreissegmente eingeteilt war und anhand der Uhr war es mir ein leichtes, zu jeder Zeit für die Navigation genügend genau Norden zu bestimmen. Wir befinden uns jetzt auf 2000 m Höhe, es ist 8 Uhr 08 abends nach mitteleuropäischer Zeit. Durch das unter unsern Füßen vorbeieilende Gebiet zieht nach der Karte der 13. östliche Längengrad. Die Sonne kulminiert, wenn wir von den geringen Abweichungen durch die Zeitgleichung absehen, über diesem Meridian um 12 Uhr 08, das heißt pro Meridiangrad braucht sie 4 Minuten zum Durchwandern. Sie steht somit zu dieser Zeit genau im Süden; um 6 Uhr 08 im Westen; um 8 Minuten nach Mitternacht im Norden und morgens 6 Uhr 08 im Osten. Nach dieser Überlegung war es für mich eine einfache Rechnung, zu bestimmen, daß Norden jetzt, also um 8 Uhr 08, vier mal 15°, also 60 Winkelgrade nach rechts vom jetzigen Standort der Sonne, sich befindet. Doch nun weg mit diesen Navigationsbehelfen, weg mit Zahlen- und Winkelgraden! Je einfacher die Orientierungsmethode, desto besser für den Flieger, desto sicherer kennt er sich in unbekannten Gegenden zurecht.

Heute ist es wahrhaftig ein Kinderspiel, bei diesem klaren Wetter, bei dieser durchsichtigen Luft die Orientierung sofort wieder zu finden, auch wenn ich nach zwei bis drei Kurven photographischer Arbeit, die übrigens meine gespannteste Aufmerksamkeit in Anspruch nahm, rasch einen Blick in die Weite werfen konnte. Da standen sie alle tief unten in weiter Runde, meine Bekannten am Eingang des Eisfjordes, dahinter die charakteristischen Bergformen der Green Harbour umgebenden Berge, von denen ich schon einige zu Fuß bestiegen hatte, und darüber ein Gipfelmeer, das brandet und wogt, gleichsam schäumende Wellenköpfe auf offenem Meere.

Unser Motor hatte bis jetzt einwandfrei gearbeitet, und wir benutzten dies, um im Gleitflug tiefer zu gehen, um dicht über die Gipfel der drei Kronen, den schönsten Berggestalten, vorüberzusausen, um im Film sie festzuhalten. Dann wenden wir uns, nachdem wir über eine Stunde das Gebiet des Kingsgletschers, des Plateaus von Holtedahl und Lövenskiold gekreuzt hatten, nach Süden. Durch den Nebel schillern von Zeit zu Zeit tief unten am Rande der Westküste die offenen, grün-blauen Wasser des Vorlandsunds hindurch. Jetzt befinden wir uns über den Eisströmen des Osborn- und Konowgletschers, die ihre Eismassen in die noch zugefrorene St.Johnsbai hinabstoßen. Auffallend heben sich die schmalen Bergrücken durch die früher noch mächtigeren Gletscher zugeschnitten, aus den breiten Gletschertälern heraus!

Zum Teil vollständig aberodierte Felsrücken zeigen uns deutlich die eiszeitlichen Gletscherübergänge an und bieten mit den offen zutageliegenden Rundhöckerlandschaften augenfällige Beweise der einst größeren Vereisung Spitzbergens. Alle diese flachen, trägen Gletscher sind bedeckt mit Wasseradern und kleinen Gletscherseen, in den Alpen könnte höchstens der Concordiaplatz des großen Aletschgletschers, allerdings nur in bedeutend kleinerem Maßstabe, als Vergleich herangezogen werden. Auf diesen großen, zum Teil absolut ebenen Gletscherflächen wäre Start und Landung mit unserer, mit Schwimmern versehenen Wassermaschine sehr gut möglich; der Schnee ist körnig verfirnt und trägt ausgezeichnet.

Den Rückflug nehmen wir über die vergletscherte Mont-Lex-Kette nach Süden, dann wird der Eisfjord an seiner schmalsten Stelle traversiert. Ein Viertel vor 10 Uhr landen wir nach 2¾stündigem Fluge.

Nach diesen verschiedenen Flügen glaubte ich nun, die nötige allgemeine Orientierung und meteorologische Kenntnis zu besitzen, um bei der jetzt allem Anschein nach folgenden Schönwetterperiode einen Flug mitten über die höchsten Gebirge Spitzbergens nach Norden zur Packeisgrenze und bis zum Nordostland wagen zu dürfen.

So rüsteten wir auf den folgenden Tag zum ersten großen Flug in die unbekannte Arktis! Fieberhaft arbeitete unser braver Monteur Holbein, ein erst 20jähriges, fleißiges Bürschchen, an der Maschine, füllte Benzol und Öl auf und kontrollierte sorgfältig den Motor.

Nachdem ich meine umfangreiche photographische Ausrüstung mit neuem Aufnahmematerial versehen hatte, zog ich mich auf unsere ideal gelegene Hütte zurück.

186

Golden strahlten in der Runde die Gletscher in die tiefblaue See. Mitternacht auf Sonntag – ich saß auf einer Bank vor der Hütte und genoß in vollen Zügen die milde Wärme der Mitternachtssonne und die wohltuende Ruhe nach donnerndem Fluge! An Schlafen ist bei diesen sonnenhellen, nordischen Nächten nicht zu denken. Im Geiste durchging ich den geplanten Flug, der zum großen Teil noch über unbekanntes Schnee- und Eisgebiet führen sollte. Nach reiflicher Überlegung beabsichtigte ich, vom Eisfjord aus über die Chydeniusberggruppe, die im kristallinen Gipfel des Newtontoppen 1730 m hoch kulminiert, das etwa 80 km breite Gebirgsland des Neu-Friesland zur eisgefüllten Hinlopenstraße zu traversieren. Von dort wollte ich über das Nordostland hinauf zum Nordkap in 80½ Grad nördlicher Breite, um die dort vorgelagerten kleinen Inselgruppen photographisch zu bestimmen. Der Rückweg sollte über die Nord- und Westküste von Spitzbergen stattfinden. Von den Kapitänen Hermansen und Hagerup vom Hilfskreuzer «Farm» hatte ich erfahren, daß in der Wijdebai sowie am Rande des Packeises einige Fangschiffe auf Jagd sich befinden. Diese Mitteilung war eine gewisse Sicherheit im Falle einer unvorgesehenen Notlandung, führte uns doch unser Flug 800 bis 1000 km über unbewohnte Arktis! So konnten wir wenigstens bei unsicher gehendem Motor unsere Flugroute in die Nähe dieser Schiffe verlegen, eine Zuversicht, die viel zur Stärkung des Sicherheitsgefühls beiträgt, auch wenn sie in Wirklichkeit, wie es auch tatsächlich der Fall war, nicht bestand.

Mit Prachtswetter ist der Sonntag eingezogen; ruhig und friedlich liegt die öfters wildschäumende See in blauseidenem Glanze. In blendendem Firnschmuck spiegeln die ewigen Eisberge ihre weißen Flanken weit draußen über den glatten Wasserflächen des Eisfjords. Hie und da unterbrechen Schwärme von vorüberziehenden Eiderenten die sonntägliche Stille. Mir ist es zu Mute, als ob ich in meinen Heimatbergen von einem hochgelegenen Alpsee aufbreche zu einer neuen, vielversprechenden Hochtour. Der Hüter des Geheimnisses des Eisfjords, das Alkhorn, erhebt sich aus dem Meere, an Kühnheit des Aufbaues den Wetterhörnern der Berneralpen mindestens ebenbürtig.

Neumann überprüft zum letzten Male seinen Aluminiumvogel, während ich mit dem Beladen der Maschine mit Notproviant für ca. drei Wochen, mit Waffen, mit Skiern, Schlafsäcken und den nötigen Bordwerkzeugen beschäftigt bin. Dazu kommt meine umfangreiche, schwere photographische Ausrüstung, die aus zwei Flieger-Kameras mit ca. 100 Platten und einem Goerz-Kinoapparat mit 500 m Filmvorrat besteht. Drinnen in der Kabine hatte ich auf einem großen Tisch, der über dem Reservebenzinbehälter angebracht war, meine Karten festgemacht; nebenan liegen Chronometeruhren, Zirkel, Maßstab und Peilscheibe, ferner ein Libellenquadrant für geographische Ortsbestimmungen nach einer eventuellen Notlandung. So ausgerüstet, hoffte ich bestimmt, auch beim Versagen des Motors im Verlaufe einiger Wochen zur nächsten Wohnstätte eines Menschen zu kommen; schwere Bedenken hatte ich für meinen tapferen Piloten, der leider kein Skiläufer und Tourist und nicht im geringsten körperlich trainiert war.

Endlich sind wir flugklar! 11 Uhr 40 startet Neumann mit unserer schwerbepackten Maschine «Eisvogel D 260». Er hat Mühe, sie aus dem Wasser zu bringen, denn der Motor gibt nicht seine volle Kraft und setzt bei Vollgas auf Magnet I aus. In ganz geringer Höhe geht es vorbei an den Holzbaracken der holländischen Kohlenmine, dann biegen wir über den flachen, sumpfigen Tundraboden des Kap Heer nach Nordosten. Riesengroß öffnet sich vor uns der 90 km lange Eisfjord; von allen Seiten, speziell aber von Norden, fließen Gletscherströme, eingerahmt von schroffen Bergrücken in sein großes Wasserbecken. Im Norden erhebt sich ein Meer von Zinnen und Zacken, die sich messerscharf vom Horizont abheben, fürwahr ein Anblick, wie ihn die Alpen nicht mannigfaltiger und wuchtiger hervorbringen können. Kein Wölkchen am Himmel, im Süden Schneedom hinter Schneedom, darüber ein azurblauer, italienischer Himmel, und dazu eine Fernsicht, die in die Unendlichkeit zu wandern scheint. Bei dieser Sicht wird die Orientierung und Navigation zur Selbstverständlichkeit. Höher und freudiger schlägt das Herz den kommenden Minuten und Stunden entgegen. Doch was fehlt unserem Motor? Jedesmal, wenn

Neumann einige «Zähne mehr Gas» geben will, um etwas rascher zu steigen, setzt er mit heftigen Knallern im Auspuff aus. Gegenseitige Blicke und fragende Gebärden. Ich schreibe auf ein Stück Papier, daß ich es Neumann überlasse, nach Green Harbour umzukehren, um dort die Störung zu beseitigen. Doch Neumann winkt mit der Hand nach vorwärts, drosselt den Motor gerade so stark, als es die Maschine für horizontalen Flug erlaubt und hofft dabei im stillen auf sein Fliegerglück, das ihn diesmal doch sicher nicht im Stiche lassen werde. Meinerseits freue ich mich über den Vorwärtswillen meines Führers, denn wer kann wissen, wie lange dieses Glanzwetter noch anhält. So rasch es in Spitzbergen auch aufklärt, ebenso rasch bringt der heulende Weststurm vom Meere her die dampfende Wolkenbrut, die weit draußen als flimmerndes Goldband so unschuldsvoll auf dem Meere auf ihre Beute lauert. Allmählich steigen wir bei der absolut ruhigen und außerordentlich gut tragenden Luft doch höher; immer großartiger entwickelt sich Spitzbergens Berg- und Gletscherwelt.

In der Billenbai, die wir um 12 Uhr 40 verlassen, hatte ich schon genügend Gelegenheit, meine Karte zu revidieren und zu ergänzen, denn von dort an hörte überhaupt die genaue Zeichnung auf der Karte der norwegischen Expedition von 1909–10, die unter dem Kartographen Isachsen unternommen worden war, auf. So stimmte die Kartenzeichnung der unter mir vorbeiziehenden kleinen Gänseinseln nicht mit der Wirklichkeit überein, auch an den Uferlinien der Gipsbai und des Quartier Gips der Isachsenkarte zeichnete ich beim Vorüberfliegen meine Beobachtungen ein. Abwechslungsweise photographiere, zeichne, notiere und kinematographiere ich, Arbeiten, die ich gleichzeitig nur dank der großen Kabine, die auf beiden Seiten und nach vorn zum Führersitz offen ist, bequem ausführen konnte. Was ich von meinem luftigen, in drei Dimensionen beliebig zu verändernden Sitz aus fast mühelos in Sekunden und Minuten einsehen und darstellen konnte, das hätte mit den alten, bisherigen Forschermethoden ebensoviele Tage und Monate erfordert.

War bis jetzt die Vergletscherung der Berglandschaft zu beiden Seiten des Billen-Fjords nur ganz gering, so steigerte sich dieselbe immer mehr, je mehr wir nach Norden in die Zone der Granitberge der Chy-deniusberggruppe gelangten. Von Nordosten her strömt als einziger, breiter und ruhiger Gletscherstrom der Klaas-Billen-Bai der Nor-denskiöldgletscher in das bereits offene Meer.

Ich winke Neumann nun im nordöstlichen Kurs. Vor uns versperren die dunklen Granitmauern des Chydeniusgebirges die ferne nördliche Horizontlinie, halbbackbordseits vorwärts sehen wir schon den 150 km langen, tief eingeschnittenen Fjord der Wijdebai, und hoch darüber die tiefblaugrüne Meeresfläche des Polarmeeres! Doch was soll die weiße Nebelwand darüber bedeuten? Aufmerksam behalte ich von nun an ihre Veränderung im Auge, um ja nicht überrascht zu wer-den, falls der Nebel unsern beabsichtigten Weg längs der Nordküste erreicht und versperrt!

Die nun folgenden Minuten verlangen von uns beiden größte Konzen-tration. Wir haben infolge des starken Drosselns des Motors erst eine Höhe von 1700 m erreicht, während die höchsten Berge vor uns noch darüber hinaus gehen. Sobald Neumann mehr Gas geben will, so setzt der Motor wieder aus, genau gleich, wie er es vor gut einer halben Stunde getan hatte. So bleibt denn nichts anderes übrig, als zwischen den uns umschließenden Bergen sich durchzuwinden, wobei wir von kräftigen Böen heftig hin- und hergeworfen werden! Über tiefe Abgründe, an blaugrün schillernden Eiswänden dicht vorbei, drehen wir unsere Kurven, um im Film möglichst viel von dieser eigenartigen Hochgebirgspracht festhalten zu können. Neumann entledigt sich seiner Aufgabe mit bewunderungswürdiger Bravour. Klopfe ich ihm mit dem Skistock auf die linke Schulter, so dreht er die Maschine so lange links herum, bis ich ihm das Zeichen zum Geradeausfliegen gebe, indem ich ihm kräftig auf seine Kopfhaube schlage. Verabredete Zeichen dienten dann fernerhin für rasches Drehen, für Fallen oder Steigen, je nachdem es die Lage eben erheischte. Dieses Luftexerzie-ren hatten wir auf unseren ersten Flügen eingeübt und ist eine wesentliche Hauptbedingung für den Beobachtungserfolg in der mög-lichst kürzesten Zeit. Kaum hatte ich mich auf der Karte in großen Linien orientiert, den einzuhaltenden Kurs gegenüber dem jeweiligen

Sonnenstand bestimmt, so nahm ich meine Kamera zur Hand und photographierte die wichtigsten Landschaftsbilder. Jede Aufnahme war fortlaufend numeriert und wurde dann sofort mit der Nummer und der jeweiligen Aufnahmerichtung und Chronometerzeit in die Karte eingetragen. War diese wichtigste Arbeit erledigt, dann ließ ich Neumann langsame Kurven drehen und hielt mit meinem Kurbelkasten die leider nur zu rasch vorbeieilenden, großartigen Bilder für immer auf das rollende Filmband fest.

So kreisen und turnen wir während einer halben Stunde mit Windeseile über dem höchsten Gebirge von Spitzbergen, und dies mit einer Wassermaschine. Von der Pracht dieser gewaltigen Natur gefesselt, denkt keiner von uns an Gefahr, jeder hatte seine Aufgabe, die ihn vollauf beschäftigt. Nachdem ich genügend Material aufgenommen hatte, gebe ich das Zeichen zum Kurs Nordost. An Stelle der harten, mächtige Gebirgsklötze bildenden Gneis- und Granitgipfel mit ihren typischen 20–40 m dicken Eishauben, der schroffen, zerhackten und trotzig ausschauenden Verbindungsgrate, die auf beiden Seiten von rückwärts einerodierenden Hängegletschern umgeben sind, treten riesige Gletscherplateaus, auf denen wir recht gut hätten landen können. Nach Norden erstreckt sich jetzt ein etwa 90 km langer, nach allen Seiten flach abfallender Eisschild gleich einem Leichentuch über den nördlichen Zipfel von Neu-Friesland, während gerade vor uns verschiedene Gletscher mit Seiten- und Mittelmoränen sich in die Lommebai ergießen.

Um 2 Uhr passieren wir das obere Becken der Lommebai, das eisfrei ist an den Stellen, wo die Schmelzwasser der Gletscher mit ihrem wärmeren Wasser die Eisdecke des Winters gesprengt haben. In allen Farbenübergängen vom reinen Blau zum satten Grün schillert es da unten. An den beidseitigen Ufern der Lommebai hat die arktische Sonne bereits zum größten Teil den Winterschnee weggeschmolzen. Auffällig tritt hier eine typische Rundhöckerlandschaft zutage, die trotz unserer Höhe sofort zu erkennen ist und mir sagt, daß auch hier, wie an so vielen anderen Orten von Spitzbergen, in früheren Zeiten eine weit größere und stärkere Vergletscherung vorhanden sein mußte. Nach 2½stündigem Fluge haben wir nun unsere gewünschte Höhe von 2000 Meter erreicht. Nach Norden und Osten schaue ich über den gefürchteten, ca. 15 km breiten Eiskanal der Hinlopenstraße Hunderte von Kilometern hinein in das rätselhafte Nordostland, dessen Inlandeis sich wie ein Lavastrom in das umliegende Meer ergießt. Von der auf meiner Karte eingetragenen über 450 m hohen Eiswand konnte ich nichts bemerken, im Gegenteil schien mir das Inland aus einer einzigen, sanft gewellten Eisfläche zu bestehen. Ein steifer Nordostwind läßt uns nur langsam nach Norden kommen. Machen wir eine Kurve, um das Panorama aufzunehmen, so werden wir nach Süden zurückgetrieben. Dank des milden Einflusses des Golfstromes und der jetzt kräftigen Sommersonne ist im Norden der Hinlopenstraße das Meer zum größten Teil auf weite Strecken eisfrei, dagegen ist die Straße südlich der Wahlenbergbai noch vollständig mit Packeis gefüllt. Unter uns liegt nun das bis vor kurzer Zeit von allen Polarforschern so gefürchtete Packeis, wo sie mit ihren Hunden und den rationierten Lebensmitteln auf Schlitten Schritt um Schritt sich über die Preßeisrücken einen Weg polwärts erkämpften und durch die entgegengerichtete Eistrift gar oft um den Erfolg ihrer übermenschlichen Anstrengungen gebracht wurden. Da wo der Mensch mit seinen bisherigen Landmethoden 10−20 km pro Marschtag zurücklegen konnte, fliegen wir mühelos mit einer Stundengeschwindigkeit von 140 km darüber und haben zudem den großen Vorteil, offene Rinnen, zerstreut liegende Inseln und Land schon von weitem zu erkennen und darnach zu navigieren.

Bei oberflächlicher Betrachtung scheint das Packeis absolut eben zu sein, doch erst wenn ich genauer hinschaue, erkenne ich die Schatten der Eiskämme und Eiswälle, die wirr durcheinanderliegen. Große Eisschollen, deren Durchmesser ich auf 400−600 m schätze, sind häufig, sie scheinen aus jüngerem, weniger gepreßtem Eise zu bestehen, indem sie aus unserer Höhe von 2000 m eine glattere Oberfläche erkennen ließen. Trotzdem wären ein anstandsloser Start und auch Landung mit einem auf Schneekufen montierten Flugzeug nach meiner Ansicht unmöglich gewesen, hier wäre einzig und allein das mit flachem Inlandeis bedeckte Land zu beiden Seiten der Hinlopenstraße in Betracht gefallen.

Aus den Berichten des Amerikaners Stefansson, von Peary und von Walfängerkapitänen ist zu entnehmen, daß das schwerste und wildaufgetürmteste Packeis in einem Gürtel von 30–80 km um Land anzutreffen ist, wo die Eistrift anprallt und das Packeis zu Wällen und Türmen von 10–15 m emportreibt. Weiter draußen im Meere, wo sich große, offene Rinnen nicht nur im Sommer, sondern auch im Winter plötzlich auftun, die dann in wenigen Tagen mit einer glatten 20–30 cm dicken Schicht von Jungeis sich bedecken, sind die Verhältnisse für Flugzeuglandungen offenbar wesentlich günstiger und möglich. Doch eine weitere Gefahr ist dann vorhanden, nämlich das Weiterkommen, der Abflug! Der arktische Nebel, ein unfreundlicher, naßkalter Geselle, der jede Fliegertätigkeit zur Unmöglichkeit macht, der kann tage- und wochenlang unseren Landungsplatz mit einem düsteren, dichten Schleier verhängen. In dieser Zeit kann unsere Scholle, die wir als die günstigste vor dem Landen uns ausgesucht haben, sich teilen, auseinanderbersten und einen Start verunmöglichen. Es ist nun gegeben, daß man in der Zukunft hier Flugzeuge verwenden wird, die schwimmfähig sind und auf einer Eis- sowie Wasseroberfläche starten und landen können.

Über der gleißenden Eisfläche des Nordostlandes ragt weit im Nordosten eine hellglänzende Schneekuppe über das flache Inlandeis des Nordostlandes heraus, den Weg und die Richtung zum Nordkap in 80½° nördlicher Breite und ca. 20 ° östlicher Länge weisend. Dort oben herrscht klares Wetter, und es wäre ein leichtes gewesen, in dieser Richtung zum 81. und 82. Grade vorzudringen, wenn nur unser Motor ruhiger und gleichmäßiger arbeiten würde. Der aber setzte manchmal in seinen Touren so stark aus, daß man nie sicher war, er stehe im nächsten Moment still. Aus diesem Grunde verzichtete ich, wenn auch schweren Herzens, weiter ins Nordostland hineinzufliegen, denn von dort wäre wohl keiner von uns nach einer unfreiwilligen Landung mit unserer primitiven Ausrüstung für Landreisen nach Hause gekommen.

Neumann, der, nebenbei gesagt, nicht nur ein zuverlässiger Pilot, sondern auch ein vorzüglicher Mechaniker war, wollte auf einer offenen Wasserstelle niedergehen, um die Motorstörung (wir beide glaubten an einen häufig auftretenden Zündkerzendefekt) mit unseren Bordreparaturmitteln zu beheben. Doch ich wollte hier in der Hinlopenstraße eine Landung nicht riskieren, mehr aus der Überlegung heraus, daß jede Landung den Keim einer Verletzung der Schwimmer unserer Maschine bedeutet und dieselben dadurch leck machen könnte.

Meine Absicht war, so lange als nur möglich mit «Halbgas», also mit gedrosseltem Motor, längs der Nord- und Westküste von Spitzbergen nach Süden über die Kingsbai zu unserem noch fernen Ausgangshafen von Green Harbour zu gelangen. Wie gut wir daran taten, in dieser Lage so wenig als möglich zu riskieren, stellte sich nach der Landung heraus. Der Magnet I, der den hochgespannten Strom für die Zündung des explosiblen Gasgemisches in den Zylindern auf die Zündkerzenreihe I liefern soll, war vollständig defekt. Daraus erklärte sich nun auch sofort das sonderbare Verhalten unseres Motors. Bei Vollgas genügte die Zündung des parallel geschalteten Magneten II nicht, um die hochkomprimierten Gase in den Explosionskammern der Zylinder vollständig zur Entzündung und Verbrennung zu bringen; erst bei niedriger Tourenzahl war dies wieder der Fall. Hätten wir eine Zwischenlandung gemacht, so hätten wir mangels eines Ersatzmagneten die Störung nicht beheben können und wären, nur mit einem einzigen funktionierenden Magneten ausgerüstet, nicht aus dem Wasser gekommen, da gerade für den Start eines Wasserflugzeuges die letzte Kraftreserve eines Motors nötig ist, um die große Adhäsionskraft des Wassers auf die Schwimmer zu überwinden.

So wäre uns nichts anderes übriggeblieben, als uns vom offenen Meere aus mit laufendem Propeller gleichsam wie ein Motorschiff durch die Eisschollen hindurchzukämpfen bis zum begehbaren Eis oder, wenn möglich, bis zum Land von Spitzbergen. Von dort aus hätte ich versucht, als gut trainierter Skiläufer und Gletschermann über das riesige Eisplateau von Neu-Friesland zur Wijdebai und von dort über das gebirgige und vergletscherte König-Jakob-Land zur bewohnten Kohlengrube der Kingsbai zu gelangen. Für meine Person hatte ich während des ganzen Fluges nicht die geringsten Bedenken, daß ich mich nach einer Notlandung aus der unbewohnten Arktis nicht durch eigene Kraft und Geschicklichkeit herausziehen könne, so wie es mir vor drei Jahren unter weit schwierigeren Verhältnissen gelang, nach einer verunglückten Nebellandung in einer Höhe von 2000 m in den total verschneiten Glarneralpen, trotz gebrochenem Knie nach einer 36stündigen Anstrengung den Weg zu finden ins bewohnte Tal. Doch Neumann! – Er war zeit seines Lebens noch nie in den Bergen gewesen, hatte keine Gletscher gesehen, kannte deren Gefahren nicht und konnte weder skilaufen noch steigen! Er war der richtige Seebär, schwer und groß, mit breitspurigem, gemessenem Gang; mit den Geheimnissen des Meeres aufs innigste verbunden. «Er wäre», so teilte er mir nach dem Fluge mit, «bei seiner notgelandeten Maschine geblieben, hätte sie als Obdach benutzt und von dem reichlichen Proviant, den wir mitgenommen hatten, sowie von der Vogel- und Seehundjagd gelebt, bis ich ihm in Eilmärschen von irgendwo Rettung gebracht hätte.»

Auf der Höhe der Walfischinsel haben wir nun den 80. nördlichen Breitengrad überflogen und biegen jetzt nach Westen. Linkerhand, direkt vor uns, liegt die noch eisgefüllte Treurenberg- oder Sorgebai, wo 1912 das Schiff «Herzog Ernst» der unglücklichen Schröder-Stranz-Expedition vom Eise überrascht und eingeschlossen wurde. Da dachte ich an das Schicksal dieser zehn jungen deutschen Helden, die wagemutig aus der Heimat zogen, um geographische Entdeckungen zu machen und von denen nur drei nach übermenschlichen Leiden, zum Teil mit erfrorenen Gliedern, ihr Vaterland wieder sahen. Über drei Monate brauchten diese, um die etwa 200 km lange Strecke von der Sorgebai längs der Wijdebai zur norwegischen Kohlengrube in der Adventbai zurückzulegen, trotzdem sie mit Lebensmitteln auf das Reichlichste versehen waren!

Um 3 Uhr mittags befinden wir uns über offenem Wasser, dicht vor Grey-Huck, der nördlichsten Spitze vom Andréeland. Nach Süden erstreckt sich über 120 km weit der schmale Wijdefjord.

195

Deutlich erkenne ich von unserem hohen Standpunkt aus dahinter die charakteristischen Kreide- und Juraformationen der Green Harbour umliegenden Berge, darüber wölbt sich Gipfel an Gipfel. Gegen Westen ist das Bild noch wilder und wuchtiger. Da hebt sich aus den Tiefen des Polarmeeres gleich schwimmenden Festungen ein scharfkantiger Gipfelkranz in tiefblauen Farben vom vergoldeten Westhimmel ab, zwischen den parallelen, von Süd nach Nord streichenden Bergrücken stoßen noch kräftige, mit Seiten- und Mittelmoränen bedeckte Gletscher ins tiefblaue Meer hinaus. Vergessen ist die Sorge um das Nachhausekommen über all dieser Pracht! Auf keinem meiner vielen Alpenflüge hatte ich eine solche kaum für möglich zu haltende Fernsicht erlebt, dazu ein Farbenspiel, wie es satter und reiner die Tropenlandschaft mit ihrer üppigen Vegetation nicht hervorbringt.

Die Temperatur ist auf unserer Höhe von 2200 Metern nicht merklich gefallen, in Green Harbour beim Start war sie 5 Grad Celsius und jetzt beträgt sie immer noch 1 Grad Wärme. Trotzdem ein kräftiger Windstrom durch die Kabine zieht, rinnt mir der Schweiß buchstäblich vom Körper infolge der Anstrengungen und der Arbeit, die ich nach allen Seiten zu leisten habe.

Auf der Steuerbordseite liegt ruhig das Meer, auf welchem vereinzelte Eisschollen treiben. Dann folgt nach etwa 50 km, dicht hinter der Moffeninsel, die einsam draußen im Meere bereits eisumgürtet daliegt, scharf wie mit einem Messer abgeschnitten, ein zusammenhängendes graues Nebelmeer, dessen Dichtigkeit ich auf höchstens 100 Meter schätze. Da drinnen liegt also der Weg zum ehemals so heiß umstrittenen Pol, noch 600 Meilen weiter nach Norden und wir sind in etwa 7–8 Stunden am Nordpol! Fliegerisch betrachtet eine Leichtigkeit, solange der Motor arbeitet und wir während des ganzen Fluges über den Wolken uns halten können, somit die Sonne für die Navigation immer sichtbar ist. Und dazu noch dieses Glanzwetter mit seiner Fernsicht und der jetzt absolut ruhigen Luft, in welcher die Maschine nicht die geringsten Schwankungen macht! Wir haben bis jetzt, mit Ausnahme der Passage über das Chydeniusgebirge, wo wir sehr tief über die Gipfel hinwegflogen und deshalb von den gestauten Winden hin und wieder gehoben wurden und gleich darauf wieder sanken, so ruhige Luftverhältnisse angetroffen, wie sie zu dieser Jahres- und Tageszeit bei uns absolut unmöglich sind, hier oben aber infolge der gleichmäßigen Bestrahlung der Erde durch die Tages- und Mitternachtssonne gegeben sind. So sind denn auch nach meiner Ansicht die atmosphärischen Bedingungen und Verhältnisse, speziell in den hellen Sommermonaten Juni, Juli und August, für Luftfahrtunternehmungen äußerst günstig. Was aber, wenn man über Packeis zur Notlandung gezwungen ist und nachher nicht mehr hochkommt? Dann ist es dem Flieger ohne Hunde und Schlitten und genügend Proviant eine Unmöglichkeit, sich aus der Eiswüste zu retten; auf fremde Hilfe ist hier nicht zu rechnen! Es sei denn, daß wir uns nach Eskimoart auf Jagd begeben und von den Tieren des Landes und Meeres uns ernähren, so wie es zum ersten Male in der Arktisforschung Stefansson und seine treuen Begleiter uns durch ihre mutige Tat offenbarten. Aber dazu gehört langjährige Übung in den feinsinnigen Jagdmethoden der Eskimos und ein Anpassen an die nordische Natur, die nicht in wenigen Wochen erworben werden kann. Solange wir noch keine Flugzeuge besitzen mit absolut zuverlässigen Motoren, wird die Überfliegung weiter Strecken der Arktis, im speziellen aber der Flug von Alaska nach Europa, eine «sporting-chance» bleiben, bis es möglich sein wird, in einem Großflugzeug alle nur möglichen Hilfsmittel für einen eventuellen Rückzug aus dem Eise mitführen zu können. Mit einem Luftschiff, sagen wir mit einem Zeppelinkreuzer, sind die Aussichten wesentlich günstiger, obwohl ein Flugzeug in bezug auf größere Reisegeschwindigkeit im Vorteil wäre.

Gerne hätte ich bei klarer Sicht auf das Packeis hinaus einen Vorstoß nach Norden gemacht, um auch dort Einblicke zu gewinnen auf Start- und Landemöglichkeiten mit Skiern, um so mehr, als unser stark gedrosselter Motor jetzt wieder sehr regelmäßig geht und ich annehmen konnte, dort oben einige Fangschiffe anzutreffen, in deren Nähe ich mich bei einer Notlandung gehalten hätte.

Um 3 Uhr 14 passieren wir die schneebedeckte Tundrafläche der Rentierhalbinsel. Die vor uns liegende Broadbai ist gefüllt von smaragdgrünem Treibeis. Ich gebe meinem Flugzeugführer das Zeichen zum Gleitflug, um dicht über dem Wasser zu kinematographieren. Plötzlich ruft mir Neumann mit kräftiger Stimme nach hinten: «Eisbär in Sicht» und zeigt dabei nach vorn auf eine freischwimmende Eisscholle. Donnerwetter, denke ich im stillen bei mir selbst, hat der Kerl gute Augen, denn ich konnte trotz angestrengtem Suchen kein Tier entdecken. In wenigen Metern rasen wir über die hohe, mächtige Eisscholle, und erst jetzt komme ich dahinter, daß Neumann nicht Eisbär, sondern Eisberg gerufen hatte, den photographisch festzuhalten ihm interessant erschien. Herzlich lachen wir über unser kleines Mißverständnis, dann steigen wir wieder allmählich höher, den Norwegerinseln entgegen, an deren Westseite vom Meere her bereits die grauen Nebel heraufschleichen.

Um 4 Uhr schaue ich aus 1500 m Höhe hinunter zum Virgohafen auf der Däneninsel. Dort stehen noch die zwei verfallenen Baracken der Ballonfahrer Andrée und Wellmann. Andrée glaubte, seinen Freiballon mit Hilfe eines Schlepptaues bis zu einem gewissen Grade lenken zu können und hielt es für wahrscheinlich, daß der Wind ihn über den Pol und dann südwärts in bewohnte Gegenden führen würde. Es galt nur, den richtigen Zeitpunkt zu der Reise zu wählen, wenn der Wind in der gewünschten Richtung wehte. Am 11. Juli 1897 stieg der mutige, sympathische schwedische Gelehrte mit seinen Begleitern Strindberg und Fraenkel auf und verschwand für immer im Unbekannten.

Der Amerikaner Wellmann hatte erlebt, welches Aufsehen Andrées unglückliche Ballonfahrt in der Welt machte. Das mußte sich an größerem Maßstab ausnützen lassen. Mehrere Jahre hindurch, von 1906–1909, wurden alle Zeitungen der Welt beständig mit Berichten über jeden Schritt in den Vorbereitungen dieser nur auf Reklame aufgebauten Expedition überschüttet. Erst 1909 flog Wellmann mit seinem Ballon, der steuerbar sein sollte, nach Norden, fand aber, es sei besser und sicherer, umzukehren, solange noch ein Schiff in der Nähe zu erreichen war. Er ließ sich von Kapitän Isachsens Expeditionsschiff «Farm» auffischen und teilte darauf der sensationslüsternen Welt seine großen Abenteuer mit. Unterdessen war Dr. Cook von Grönland her nach Hause gekommen, ein überlegener Konkurrent, der berichtete, er sei am Nordpol gewesen, offenbar auf eine wohl ebenso luftige Weise. Wenige Tage später ging durch die Welt die Nachricht, daß der alte unerschrockene Polarkämpe Peary am 6. April 1909 das Sternenbanner am Nordpol aufgepflanzt hätte. Da Pearys tollkühner Plan nicht der Wissenschaft, sondern einzig und allein der Aufstellung eines nicht zu überbietenden sportlichen Rekordes galt, so hatte er auch kaum Zeit, genügend Beweise seines Aufenthaltes auf dem Pol zu erbringen. Der Nebel, den wir kurz nach dem Start noch weit draußen auf dem Meere lagern gesehen hatten, ist nun bereits an die Westküste von Spitzbergen herangerückt und versperrt uns den Weg über das Wasser. So sind wir gezwungen, von der Smeerenburgbai aus, nachdem wir die Fowlbai mit ihrem wundervollen Gletscher und Berghintergrund links liegen gelassen hatten, über die Berge der Halbinsel Reusch zu fliegen, um so die Crossbai auf der direktesten Route zu erreichen.

Aus meiner einsamen Höhe hatte ich bis jetzt nicht viele Lebenszeichen des reichen arktischen Tierlebens bemerkt, mit Ausnahme von einigen Seehunden, die ich aus geringer Höhe anläßlich unseres Fluges über das Treibeis der Broadbai auf den Eisschollen sich sonnen sah. Jetzt aber änderte sich das Bild! Um die steil abfallenden Felsen der Küste und der gegenüberliegenden Inseln kreisen Schwärme von hochnordischen Vögeln, vor allem Möwen, die durch den Lärm unseres wild donnernden Motors aus ihrem Brutgeschäft aufgeschreckt worden waren und uns offenbar hoch über ihnen für einen gefährlichen, unbekannten Raubvogel hielten.

In ca. 1500 m Höhe fliegend, halten wir nun direkten Kurs nach Süden. Wieder habe ich das Gefühl, in den heimatlichen Bergen der Berner- oder Walliseralpen zu fliegen, so viel Ähnlichkeit weist das abwechslungsreiche, aus Gneis- und Granitgipfeln bestehende Gebirge zwischen der Smeerenburgbai und der Crossbai auf. Zum Meere hinunter, nach Westen, strömen die sieben, hier steil abfallenden Gletscher Nr. 1–7 vom großen Lilliehöökgletscher herab; ihre Enden tauchen in die dampfende Wolkenwand, die bereits von der Westküste

Besitz ergriffen hat. Um 4 Uhr passieren wir den messerscharfen, lang zugeschnittenen kristallinen Schieferrücken des König Haakonberges, der die vor uns jetzt offenliegende Crossbai in zwei Fjorde spaltet. Unbeschreiblich schön ist dieser Erdenwinkel, unter uns der glasig zersprungene mächtige Eisstrom des Lilliehöökgletschers, dann das tiefblaue Meer, auf welchem abgestoßene Eisberge wie weiße Schmetterlinge sich wiegen. Die zwischen Crossbai und dem Meere sich ausdehnende Halbinsel Dieset ist durch kleine Kargletscher in ein fein ziseliertes Relief zerschnitten worden, die zarten Schneereste erhöhen noch diese Kontrastwirkung. Jäh, unvermittelt fallen auf der Landseite die dunklen Heklahukberge und hellschimmernden Gletscher von Höhen von 1300 m in die leicht gekräuselten grünblauen Wasser dieses herrlichsten aller Fjorde!

Die nun folgenden zwei Stunden bringen die nötige Entspannung für unsere Nerven. Ruhig ist die Luft. Der Motor singt sein einförmiges, ehernes Lied und arbeitet wieder zufriedenstellend. Unser Ziel ist weit im Süden aus dem Gipfelmeer schon sichtbar, dazu befinden wir uns über dem verhältnismäßig am meisten befahrenen Teil von Spitzbergen. Hätten wir auf einen der vielen flachen Gletscher niedergehen müssen, so wären wir doch in 4 bis 8 Tagen nach der Kohlengrube in der vor uns liegenden Kingsbai dank unserer Skier gekommen.

Die Sonne scheint warm in unsere Kabine herein, die Hauptarbeit ist jetzt getan und ich kann mich ganz dem Zauber dieser herrlichen Natur hingeben. Aus einem Wolkenhorizont, der sich wie eine feurig-flüssige Goldmasse über das Meer nach Westen ergießt, ragen die unnahbar scheinenden kristallinen Berge des Prinz-Karl-Vorlandes in langgestreckter Front nach Süden heraus. Doch mit diesen letzten Bergen vor Spitzbergens Küste ist die Sicht noch nicht abgeschlossen, der Horizont noch nicht begrenzt! In unendliche Weiten erstreckt sich dahinter das Nebel- und Wassermeer – gegen Westen – gegen Grönland hin! Sehnsucht, wie noch nie so stark empfunden, überwältigt mein Ich, hält mich im Banne, Sehnsucht nach fernen Ländern und Meeren, erfüllt von überirdischer Schönheit – von Wundern! In diesem Moment fühle ich mich wie ein König, stark und mächtig, mit sieghafter

Kraft erfüllt, mit dieser Naturkraft, die auch unsern wildtobenden Metallvogel vorwärtstreibt. Dort unten auf dem Meere, auf den Gletschern und Bergen wäre ich ein ohnmächtiges Menschlein, von dem Wohlwollen der launigen Natur abhängig, beengt von der mich umschließenden Landschaft, gebunden an die rauhe und bucklige Oberflächengestaltung und – an die Erdenschwere! Und jetzt habe ich der letzteren ein Schnippchen geschlagen, bin ihr entrückt, genieße darob den Schauer der Wollust und Freude und überschaue Länder und Meere! Welch ein beglückendes Gefühl!

Doch jetzt rollen an meinem inneren Auge Bilder von lieblichen grünen Tälern, von trauten Alphüttchen und schmucken Bergdörfchen vorüber! Leise klopft das Heimweh an, das Heimweh des Schweizers, das ihn nicht losläßt und wieder zurückzieht in die stillen Winkel seiner Bergheimat. Es ruft mir zu: Nur in der Heimat findest du deine Ruhe, hier aber verzehrt dich die Leidenschaft einer wilden Sehnsucht, die in den schäumenden Meeren und in den Bergen der Arktis ihre Wiege hat.

Von der Höhe der Kingsbai aus gesehen scheint es, als ob das Nebelmeer bereits auch vom Eingang des Eisfjords Besitz ergriffen hätte; also Green Harbour schon zugedeckt und dadurch eine Landung nicht mehr möglich wäre. Dann bleibt uns jedoch noch die Möglichkeit, zur Adventbai zu fliegen und dort so lange zu warten, bis besseres Wetter den Weiterflug erlaubt. Als wir dort vor einigen Tagen die Gäste der norwegischen Kohlenmine waren, bot uns der liebenswürdige Direktor alle seine Unterstützung an, im Falle wir irgendwo in Not geraten würden. Von dort aus hätten wir dann auch mittels Funkspruch nach Green Harbour berichten können und dadurch verhütet, daß Schiffe zu unserer Rettung ausgesandt worden wären. Die nächste halbe Stunde sollte uns darüber endgültig Aufschluß geben.

Wir wenden uns nun dem großen Kingsgletscher und dem Plateau von Holtedahl zu, das wir ja bereits von dem vorhergehenden Fluge her kannten. Noch einmal werfe ich einen letzten Blick nach rückwärts, nach Westen, hinaus aufs Meer. Während der unter mir stark zerrissene Kingsgletscher bis in den Fjord vorstößt und seine Schmelzwasserbäche das grünblaue Wasser bis weit hinaus mit rotem, feinem Sand intensiv ziegelrot verfärben, haben sich die Gletscher der Brögger-halbinsel vom Meeresstrand landeinwärts zurückgezogen, ist ihre Stoßkraft erlahmt. Wie an vielen andern Orten von Spitzbergen, so ist auch hier vom Flugzeug aus augenfällig das Zurückgehen der Gletscher, der Vereisung des Landes, zu konstatieren, ohne daß man es nötig hätte, niederzugehen und an Ort und Stelle Detailuntersu-chungen vorzunehmen. Spitzbergen geht offenbar wieder einem wärmeren Klima entgegen, vielleicht einem subtropischen, wie es vor Jahrmillionen einmal gewesen sein mußte, als große üppige Wälder in den Zwischenzeiten der Tertiärperiode das Land bedeckten. Diese Wälder sind dann von Wasser überflutet worden, Sandsteinschichten lagerten sich ab und preßten sie im Lauf der Zeiten zu schwarzer Kohle. Diese Sonnenwärme ferner Jahrmillionen beutet der Mensch in einem jetzt in Schnee und Eis erstarrten Lande aus, fern seiner Kultur-zentren, getrennt durch das stürmische, mit Treibeismassen bedeckte Polarmeer! Ein letzter Gruß gilt der Kohlengrube der Kingsbai, deren gelbe Holzbaracken in der Sonne aufleuchten draußen an der Brög-gerhalbinsel. Ob die Menschen dort unten uns hoch über ihnen gese-hen haben? Wahrscheinlich eher gehört, denn wir ließen die Kohlen-grube stark rechts und flogen hoch. Nicht größer als eine Möwe mußte unser Vogel aus dieser Distanz von 8 km erscheinen! Nach 40 Minu-ten dauerndem Fluge über die bekannte Gletscherwelt des König-Oskar-II.-Landes stehen wir nun über dem Eisfjord. Jetzt erkennen wir auch deutlich, daß der Eingang nach Green Harbour gerade noch nebelfrei ist. Einige Stunden später, und wir wären nicht mehr durchgekommen, denn bald nach unserer Landung brach das Unwet-ter von Westen herein. Das Glück, das uns von Anfang an begleitete, war uns auch jetzt noch treu, und als um 6 Uhr 15 Min. Neumann aus einer Höhe von 1800 Metern über der Walfangstation im Gleitflug niederging, da lasse ich zum letztenmal meine vom Schauen müden Augen über das mir vertraut gewordene Spitzbergen gleiten. Höher und rascher schlägt uns beiden das Herz vor Freude über den gut ge-lungenen ersten großen Flug über die Arktis. In 6 Stunden 40 Minuten

hatten wir wohl eines der interessantesten und schönsten Gebirgslän-
der der Arktis kennengelernt, dazu eine reiche Ausbeute von photographischen Aufnahmen mitgebracht, deren wissenschaftliche Verwendung wertvolle Kenntnisse erst noch aufschließen.

Wenn dann zu Hause, beim roten magischen Lichte der Dunkelkam-
merlampe, die geschaute und erlebte Pracht und Herrlichkeit, allerdings nur in schwachem Abglanz der Wirklichkeit, langsam, allmählich in schwarz und weißen Umrissen wieder lineare Gestalt annehmen, dann leben die Erinnerungen wieder aufs neue auf; inhaltreiche
Vergangenheit wird zur beglückenden Gegenwart, erfüllt von
Sehnsucht nach dem Meere, nach den blauen Bergen und Gletschern –
die uralte Sehnsucht des Menschen nach den keuschen Traumgefilden
von Thule!

Als wir am folgenden Tage nach langem, tiefen Schlafe erwachten, war
der Fjord von Green Harbour in grauen, tiefhängenden Nebel einge-
hüllt. Träge flogen die Eiderenten von ihren Brutstätten in der Tundra
zum Fjord hinüber und klatschen schwer und plump aufs Wasser. Wie
melancholisch doch dieses unfreundliche Wetter mit einer bleiernen
Schwere auf das menschliche Gemüt drückt! Erst heute, gleichsam als
Kontrastwirkung zum gestrigen Flug, drückt mich die nackte Armut
dieses Landes, die Trostlosigkeit seiner in nassen Nebeln verhängten
Landschaft. Nicht nur über den Menschen, nein auch über die Landschaft kommen und gehen die lichten und traurigen Stimmungen – in
ewig wechselnder Form – und spiegeln damit die tiefe Mystik des Nordens.

Heute sollten wir über die Ursache unserer fortwährenden Motorstörungen genauen Aufschluß erhalten. Der Fehler war bald entdeckt,
und zwar im Magnet I, wo der Unterbrecher defekt war und somit die
Zündung auf die Kerzenreihe I fortwährend unterbrochen war. Wir
hatten also fast den ganzen Flug nur mit einer Magnetzündung zurückgelegt! Leider war es nicht möglich, in Spitzbergen die Reparatur des
Magneten vorzunehmen; es fehlten uns dafür die speziellen Einrichtungen. Es blieb nichts anderes übrig, als zu versuchen, von den vier
Kohlengruben einen Reservemagneten zu bekommen, den wir un-

glücklicherweise in der Hast der Vorbereitungen vergessen hatten. Unterdessen versuchte Neumann einige Starts mit der leichtbeladenen Maschine, doch vergebens – die Motorkraft war zu gering, infolge der mangelhaften Zündung, um die Maschine aus dem klebrigen Wasser zu heben.

So blieb uns nur noch der letzte Hoffnungsschimmer, von den Kohlenstationen Ersatz zu bekommen. Nachmittags lief von allen Stationen funkentelegraphisch eine Absage auf unsere Anfrage ein. Bis ein Magnet, in Norwegen bestellt, in Green Harbour mit einem neuen Dampfer eingetroffen wäre, hätte es mindestens 3–4 Wochen gedauert. Aus verschiedenen Gründen konnten wir nicht mehr so lange hier bleiben, und so entschlossen wir uns schweren Herzens, mit dem in einigen Tagen fertig geladenen Kohlendampfer die Heimreise anzutreten.

Alle die schönen Projekte und hochfliegenden Pläne, die wir uns nach den bisherigen Flügen und Erfahrungen zurechtgelegt hatten, fielen damit in nichts zusammen. Mit Wehmut betrachtete ich die fünf noch vollen Fässer Benzol, die einen Brennstoffvorrat von noch mindestens 20 Flugstunden enthielten! Was hätten wir damit noch alles anfangen oder, besser gesagt, erledigen können! Einen Luftweg von über 2500 km Länge, zum größten Teil über unbekannte Gebiete, zurücklegen können! Was wir bis jetzt erreicht hatten, das betrachtete ich als einen guten Anfang, wo wir unsere Erfahrungen sammelten, dank denen wir nun befähigt gewesen wären, größere Erfolge zu erzielen und damit die Überlegenheit des Flugzeuges noch überzeugender zu dokumentieren. Es war ein schwerer Schlag für meinen immer mehr sich steigernden Tatendrang, den ich heute noch nicht vollständig überwunden habe. Das Gefühl, nur halbe Arbeit geleistet zu haben, konnte ich nie recht loswerden, und ist dies auch der Grund, warum ich mich nur auf wiederholtes Drängen meiner Freunde entschließen konnte, meine Tagebuchaufzeichnungen in Form dieses kleinen Buches zu veröffentlichen.

Vor allem war es das Navigations- und Landungsproblem auf weiten Packeisflächen, das wir in den nächsten größeren Flügen eingehend studieren wollten. Dazu war ein ca. 12–15stündiger ununterbrochener

Flug hinauf nach Norden über Packeis bis auf den 85. oder 86. Breitengrad und wieder zurück ausersehen gewesen; selbstverständlich nur bei den besten atmosphärischen Bedingungen und einwandfreiem Funktionieren des Motors ausgeführt. Dabei hätten wir nur mit Hilfe der Sonne, der genauen Greenwicher Zeit und unseres Abtriftmessers navigiert und einander dabei im Pilotieren abgelöst. Ein weiteres, auch wissenschaftlich interessantes Problem wäre dabei die Erkundung der Packeisoberfläche, die Verteilung vom offenen Wasser in den höheren Breiten gewesen; hier hätte uns speziell die Photographie aus großer und geringer Flughöhe wertvolle Dienste geleistet.

Peary berichtet von einer Parforcetour nach dem Nordpol von großen Strecken ebenen Jungeises, das sich über den offenen Wasserrinnen gebildet hatte. Doch Pearys Angaben beziehen sich auf die Verhältnisse des Polarmeeres im Frühjahr, später im Hochsommer können wieder ganz andere Verhältnisse sein. Ich brannte darauf, mit gutgehendem Motor diese ewig wechselnden Packeisverhältnisse aus eigener Anschauung, von einem Standpunkt heraus, der bis jetzt allen anderen der bisherigen Forschermethoden weit überlegen war, kennenzulernen; denn damit wäre eine der lebenswichtigsten Fragen der kommenden Polflüge gelöst worden.

Neben diesen Projekten war fliegerisch an der Ostküste von Spitzbergen und des Nordostlandes mit Detailforschung noch unbekannten Gebietes, der davor liegenden Inselgruppen in der Wybe Jans See dankbare Arbeit zu leisten; dort wo die schweren Packeismassen des kalten Polarstromes auch im Hochsommer den Schiffen die größten Schwierigkeiten bereiten.

Nach diesem größten und längsten Flug bis zum Nordostland war unserer Expedition noch eine volle Woche Aufenthalt in Green Harbour beschieden. Es kamen noch vier Tage voll Sonnenschein und sommerlicher Wärme, die ich statt mit den beabsichtigten Flügen mit Berg- und Skitouren in die nähere Umgebung ausfüllte. Mit unserem Flugzeug war nichts mehr zu machen. Als am 15. Juli der Befehl für das Einschiffen unseres Materials auf dem nun mit Kohle voll beladenen Dampfer gegeben wurde, konnte Neumann nicht einmal mehr die kurze Strecke von der Funkenstation zur Kohlengrube auf dem Luftwege zurücklegen – er kam mit dem defekten Motor nicht aus dem Wasser!

Bis abends war alles an Bord, wurden die letzten Abschiedsgrüße mit zurückgebliebenen Freunden gewechselt. Morgens 2 Uhr lichtete der «Ameland» seine Anker und dampfte langsam, schwerfällig in den Fjord hinaus. Eben war die Mitternachtssonne aus den Wolkenschleiern herausgetreten – auch sie will uns den Scheidegruß von dem uns liebgewordenen Spitzbergen entbieten. Der blaue Fjord von Green Harbour mit seinen im Hintergrund liegenden Gletscherströmen, die kühnen Flanken des Alkhorns droben über dem Eingang des Eisfjordes und der trotzige Felsenkamm des Prinz-Karl-Vorlandes, vergoldet im rosigen Schein der Mitternachtssonne, winken uns, immer ferner, ihre letzten Abschiedsgrüße zu.

In wenigen Wochen und Tagen hatten wir dank des Flugzeuges ein Land kennengelernt, das zu den interessantesten und schönsten der Arktis gehört. Ein guter Stern waltete trotz allem Mißgeschick über unserem Unternehmen und dankbar mit dem Erreichten scheiden wir von der einsamen Insel droben im Polarmeer mit der stillen Hoffnung, in absehbarer Zeit wieder über ihre Berge, Gletscher und Fjorde zu fliegen.

Der Verkehrsflug über die Alpen

Es ist begreiflich, daß im Zeitalter des intensivsten Verkehrswesens sich überall der Wunsch geltend gemacht hat, die größten den Verkehr hindernden geographischen Schranken – die Alpen – in gerader Luftlinie zu überfliegen. Nirgends springt der Zeitgewinn, der durch das die Alpen traversierende Flugzeug gegenüber jedwedem Verkehrsmittel geschaffen wird, drastischer in die Augen, als gerade hier, und es ist verständlich, daß die moderne Technik alle ihre Kräfte anspannt, um regelmäßige Luftlinien über die Alpen einzurichten. Bevor ich auf das Problem und vor allem auf dessen große Schwierigkeiten eingehe, sei dankbar zuerst der Pioniere gedacht, die den Bann, der über Unternehmungen dieser Art lag, mit ihrer mutigen Tat für immer gebrochen haben. Es ist das unvergängliche Verdienst des Peruaners Chavez, als erster den Alpenwall über den Simplon am 23. September 1910 in einem kleinen, schwachen Blerioteindecker überflogen zu haben. Der Motor seines Flugzeuges war nicht stark genug, um ihn in Höhen hinauf zu tragen, wo die heftigen, unregelmäßigen Wirbelwinde der tiefen, heißen Schluchten und eisig kalten Gletscher des Simplonpasses keine Macht mehr hatten. Sein schwaches, außerordentlich labiles Bleriotflugzeug war ein Spiel der heftigen Fall- und Steigböen. Der furchtbare Kampf mit diesen wilden Elementen, die todstarrende ungewohnte Gebirgswildnis rings um ihn herum erschöpften seine Nervenkraft. Als er nach vollbrachter Tat in Domodossola zur Landung schritt, da war er nicht mehr fähig, sie richtig auszuführen. Die Maschine überschlug sich. Chavez brach ein Bein und starb bald darauf infolge eines Nervenschocks.

Drei Jahre später kam mein Fluglehrer Oskar Bider, der, dank seines stärkeren 80pferdigen Bleriot, die Alpen im Sturm eroberte. Seine

Taten werden in den Annalen der Aviatik unauslöschlich fortleben. Bider war ein Sohn der Berge, die er über alles liebte und die er auch als Erster gründlich, in allen Richtungen durchflog. Auf seinen vielen Hochtouren, die er mit guten Freunden, mit Pickel und Seil bewaffnet, unternahm, lernte er die besonderen Windverhältnisse der Eis- und Schneeregionen kennen. Ihm waren die wichtigsten Hochgipfel aus dem Meer der Gipfelflut von allen Seiten her vertraut. So wurde ihm auch die Orientierung nicht zu einem schwierigen Problem. Nach ihm sind die Alpen Hunderte Male überflogen worden, doch blieb es gewöhnlich bei Schönwetterflügen. Kamen Flieger bei schlechtem Wetter, bei Regen und Wolken und Stürmen über die Alpen geflogen, so ergaben sich oft recht schwierige Situationen, die allein im Gebiete der Schweiz zu verschiedenen tödlichen Ausgängen führten. In unserer Erinnerung lebt immer noch das tragische Schicksal der finnländischen Flieger, die im Herbst 1920 von Sesto Calende kommend, auf der Südseite des Tödi offenbar im Nebel an die Felsen des Piz Urlaun prallten. Ihre Maschine wurde restlos zertrümmert, die zwei Leichen fand man später in den Gletscherspalten. Im Oktober 1926 ereignete sich auf dem Splügenpaß ebenfalls infolge Nebel ein Unfall, bei dem zwei italienische Wasserflugboote, das eine gesteuert von Major Maddalena, sich noch knapp vor der drohenden Felswand auf ein Schneefeld absetzen konnten, ohne daß die Flieger ernsthaft verletzt wurden.

Im Juli 1927 verlor ein junger Schweizer Militärflieger ebenfalls wegen Nebelbildung auf dem Gotthard sein Leben, indem er wegen mangelhafter Sicht mit seinem Jagdflugzeug in die Felsen hineinraste. Ein ähnlicher Fall ereignete sich einen Monat später beim Rückflug der jugoslawischen Flieger, die am zweiten Internationalen Flugmeeting teilgenommen hatten. Sie wurden einige Wochen später tot bei ihrer havarierten Maschine auf einem Gletscher der vorarlbergischen Alpen gefunden.

Diese aus verschiedenen Unfällen herausgegriffenen Beispiele zeigen, daß der Alpenflug bei schlechtem Wetter noch erhebliche Schwierigkeiten aufweist, die heute trotz den immer mehr vervollkommneten

Flugzeugen zum Teil noch unüberwindlich sind. Von einem regelmäßigen Flugverkehr, wie er seit einigen Jahren mit Erfolg in Europa über den Flachländern betrieben wird, darf heute beim Alpenflugverkehr noch nicht gesprochen werden. Der Luftverkehr hat jedoch nur dann eine wirtschaftliche Bedeutung, wenn seine Regelmäßigkeit und Sicherheit zumindest die der Schiffahrt erreicht. Es gilt somit Mittel und Wege zu suchen, um zum Ziele zu gelangen. Ohne Zweifel wird die Zukunft die Lösung des Problems finden. Nach der meteorologischen Statistik der letzten zwanzig Jahre haben wir höchstens durchschnittlich 80 Tage im Jahre, an welchen auf beiden Seiten der Alpen klares Wetter herrscht und somit für den Luftverkehr keine besonderen Schwierigkeiten aus atmosphärischen Gründen bestehen. Wenn es aber in den Bergen schneit und stürmt und graue, undurchdringliche Nebelmassen unheildrohend sich ausbreiten? Dann müssen wir mit Hilfe von Instrumenten durch diese Wolkenmassen hindurchstoßen können, und zwar ohne die Gefahr des Abrutschens in dem Moment, wo der Pilot sein Gleichgewichtsgefühl verliert (was im Nebel sehr rasch eintritt). Die bisher auf Luftfahrzeugen benützten Neigungsanzeiger waren einfache Pendel oder Libellen, die nicht nur den Gesetzen der Erdbeschleunigung, sondern gleichzeitig der Zentrifugalbeschleunigung unterworfen sind und daher nicht den für den Flieger einzig in Betracht kommenden wahren, sondern den scheinbaren Horizont anzeigen. Den gleichen Kräften unterliegt auch das Kreiselpendel; nur gehorcht es den zentrifugalen Beschleunigungsdrücken zirka tausendmal langsamer, so daß sich die wechselnden Drücke ausgleichen und keine merkbare Ablenkung des Pendels hervorrufen.

Einen wesentlichen Fortschritt in der Konstruktion eines Instruments für die Registrierung eines unveränderlichen, wahren Horizontes bedeuten die grundlegenden Arbeiten eines Berliner Arztes, Theodor Rosenbaum, die zum «Gyrorector» geführt haben. Darin stabilisiert der verhältnismäßig kleine, mit hoher Tourenzahl laufende Kreisel sein System nicht durch den eigenen Kreiseldruck, sondern er steuert eine im Sinne seiner eigenen Zwangsrichtung wirkende Relaisvorrichtung.

Dieses Kreiselsystem und die Vorrichtung des «Gyrorector» sind so bemessen, daß der Kreisel durch die gewöhnlich auf Flugzeugen in Kurven und bei Böen auftretenden Schleuderkräfte nicht oder nur wenige Grade aus der Vertikalen hinausgeworfen werden kann, so daß dadurch eine genaue und zuverlässige Anzeige-Vorrichtung gegeben ist.

Für den Flug im Nebel brauchen wir außerdem Instrumente, die uns absolut genau die Höhe des Geländes, das gerade überflogen wird, angeben. Die auf dem Prinzip des Barometer basierenden Höhenmesser können Ungenauigkeiten insoweit ergeben, als der Luftdruck starken Schwankungen unterworfen ist. Ingenieur Behm aus Kiel hat in den letzten Jahren ein Luftlot hergestellt, das vielversprechende Resultate ergeben hat. Sein Instrument arbeitet nach dem bekannten Echolot-Prinzip, indem ein Schallsignal abgegeben wird und mit Hilfe des Behm-Zeitmessers die Zeit der Rückkehr des Echos vom Erdboden bestimmt wird. Es lassen sich mit diesem Instrument sämtliche Höhen bis auf wenige Dezimeter an den Erdboden heran bestimmen; zum ersten Male ist es auf der Schwedenfahrt des Zeppelin L.Z. 126 mit Erfolg erprobt worden. Seine Reichweite bezüglich der Höhe ist einzig abhängig von der Stärke des ausgesandten Schallsignals, das mittels einer Patrone hergestellt wird. Der Schallempfang ist trotz der großen Fluggeschwindigkeit und dem Lärm der Motoren möglich.

Neben diesen Kontrollinstrumenten für die Erhaltung der richtigen Fluglage eines Flugzeuges im Nebel ist aber vor allem die Navigation gegenüber der nicht sichtbaren Erde das Wichtigste. Das bedingt jedoch die Schaffung eines organisierten funkentelegraphischen Melde- und Peildienstes unten auf der Erde, in dem Sinne, daß der Pilot, wenn er im Nebel oder, was erstrebenswerter ist, darüber fliegt, ständig mit allen diesen Stationen im engsten Kontakt steht, Wetternachrichten empfängt und vor allem durch Funkenpeilung von zwei auseinander gelegenen Stationen sich von der einen seinen jeweiligen genauen Flugort mitteilen läßt.

Nehmen wir nun den Fall an, es soll von Zürich nach Mailand geflogen werden und dabei herrscht bei uns schlechtes Wetter mit Niederschlägen, dagegen auf der Südseite wolkenloses schönes Wetter. Mit unsern Flugzeugen werden wir uns gleich nach dem Start mit Hilfe der obgenannten Instrumente in der Richtung der Alpen und so rasch wie möglich durch den Nebel hindurch in große Höhen begeben, sagen wir auf etwa 4000 bis 5000 Meter. Dieser Durchstoß durch den Nebel wird das schwierigste Stück unserer Reise sein; sobald wir über den Wolken fliegen, so erreichen uns die lokalen Luftströmungen, die sich in den Alpen besonders heftig auswirken, nicht mehr, und ferner ist nun der Flieger mit Hilfe seiner Instrumente in der Lage, seine Maschine nach dem richtigen Kurse zu halten. Hat er die schlechte Wetterzone, die gewöhnlich über dem Rheintal ihren Abschluß gefunden hat, passiert, so führt er den Flug normal zu Ende. Der umgekehrte Flug vom schönen Wetter der italienischen Tiefebene zum schlechten Wetter des schweizerischen Mittellandes ist schwieriger. Der Flieger wird vielleicht über der Gegend von Einsiedeln aus größerer Höhe durch die Wolken stoßen, so daß er, immer in radiotelephonischer Verbindung mit Dübendorf, über dem Becken des Zürichsees aus den Wolken herauskommt, um von dort in geringer Höhe nach normalem Fluge in Dübendorf zu landen. Sollten aber einmal die funkentelegraphischen Navigationen versagen, dann ist ein Unglück nur schwer zu vermeiden. Wenn die Wolkendecke sehr tief hängt und zum Beispiel der Albis im Nebel steckt, so ist die Gefahr sehr groß, daß der Flieger in voller Fahrt in den Berg hineinstößt. Für ein Wenden vor dem Hindernis, das sich erst kurz vor dem Anprall im Nebel bemerkbar macht, ist es zu spät (legen wir doch in der Sekunde 40–50 Meter zurück, und ist im Nebel die Sicht vielleicht höchstens 200 bis 300 Meter, so bleibt für das Wenden vor dem Hindernis eine Zeitspanne von höchstens 5 bis 8 Sekunden übrig, was völlig ungenügend ist). Solchen Möglichkeiten dürfen wir uns unter keinen Umständen aussetzen, wir würden damit der Flugsache den schlechtesten Dienst erweisen.

Wir ersehen, daß für die Überwindung der Alpen bei jeder Wetterlage ein großer technischer Sicherheitsapparat geschaffen werden muß. Zudem müssen Maschinen eingesetzt werden, die über große Kraftreserven verfügen, sehr rasch in große Höhen steigen, um den turbulenten Luftströmungen über den Alpen in die ruhige Stratosphäre auszuweichen.

Diese Forderungen vermindern jedoch die Wirtschaftlichkeit. Ein Alpenflugverkehr auf dieser Basis wird das Doppelte gegenüber dem Flachland-Luftverkehr kosten.

Eine wichtige Frage, die ebenfalls noch geklärt werden muß, ist die, ob alle Passagiere solch große Flughöhen, wie sie für die Überwindung der Alpen sehr rasch aufgesucht werden müssen, ohne gesundheitliche Schäden vertragen können. Wahrscheinlich wird die Lösung auch hier durch die Technik gefunden werden, indem den Passagierräumen künstlicher Sauerstoff je nach der Höhenlage zugeführt wird. Es besteht kein Zweifel, daß die Flugtechnik uns in die Lage versetzen wird, die Alpen regelmäßig zu traversieren, doch scheint es mir, die Lösung wird eher auf großen Strecken gefunden werden, sagen wir auf Distanzen von 1000 bis 2000 Kilometern, wobei die Alpen irgendwo in ihrer maximalen Breite traversiert werden. Dann kann der Flieger schon vom Meere her, lange bevor er an den Alpenwall herankommt, aus der Nebelschicht des Tieflandes emporsteigen, um allmählich in großen Höhen die Alpen an einem durch Funkmeldungen als günstig angezeigten Orte zu traversieren. Erst wenn das Mittelmeer erreicht wird, geht es mit Hilfe der Funkpeilung in die Tiefe, denn dort besteht keine Gefahr, auf geographische Hindernisse zu stoßen. Bei einem solchen Vorgehen werden die Alpen aufhören, bei schlechtem Wetter den Schrecken der Flieger zu bedeuten, die Passagiere werden auf ihrem sieben- bis achtstündigen Fluge von der Nordsee zum Mittelmeer oder umgekehrt kaum bemerken, wann und wo sie die Alpen überflogen haben. Der gesamte Luftweg wird in der Stratosphäre, hoch über dem Wolkenmeer des meteorologischen Tiefdruckgebietes ausgeführt. Dann tritt an die Stelle der ergreifenden Schönheit und Größe der Alpenwelt, wie sie sich bei klarem Wetter offenbart, das scheinbar sich ins Unendliche ausbreitende Wolkenmeer des schlechten Wetters der Tiefe. Bei beiden Wetterlagen aber wird auch der nüchternste Mensch auf einem Fluge Ewigkeitswerte in sich aufnehmen. Wohl triumphiert sein Geist dank der Technik über Raum und Zeit, aber sein Gefühl wird ihm deutlich sagen, wie klein und nichtig er als Einzelmensch gegenüber der unmittelbar an ihn herantretenden Natur ist.

Aus der Praxis der Luftphotographie

Nicht alle Menschen haben das Glück, die Welt aus der Vogelperspektive betrachten zu können, wie dies dem Flieger oder dem Flugzeugpassagier vergönnt ist. Auch der kühnste Gipfelbesteiger, auch der ausdauerndste Wanderer vermag niemals in dem Maße Weiten und Tiefen einer Landschaft zu erfassen wie jene von der beherrschenden Höhe des Flugzeugs aus. Bieten sich ihm doch die einzelnen Bildabschnitte stets nur nacheinander dar, während sie sich dem Flieger auf einmal, als Gesamtbild enthüllen. Ein relativ vollkommener Ersatz und gleichzeitig eine Befriedigung ihrer Höhensehnsucht ist den an die Erdoberfläche Gebundenen das vom Flugzeug aus aufgenommene Lichtbild.

Die Luftphotographie ist wohl das einzige Darstellungsmittel, um die Tausende auf uns einstürmenden Eindrücke einer Flugreise getreulich festzuhalten. Es wird deshalb viele der Leser dieses Buches, die selbst die Photographie ausüben und vielleicht auch einmal auf einer Flugreise ihre Erinnerungen im Bilde festhalten wollen, interessieren, von einem Praktiker über die Technik der Aufnahme Näheres zu erfahren. Photographische Aufnahmen aus der Luft erfordern Vorkehrungen, die von denen bei gewöhnlichen Bodenaufnahmen wesentlich abweichen. Bei den letzteren haben wir es mit abzubildenden Gegenständen zu tun, die eine große Skala von Helligkeitswerten aufweisen. Es ist dort oftmals technisch sehr schwer, die gewaltigen Lichtunterschiede zwischen dunkelsten Schatten und hellsten Weißen auf einer Platte zu vereinigen. Deshalb war es von jeher das Bestreben der photochemischen Industrie gewesen, Bromsilberplatten herzustellen, deren Gradations-Skala für alle Töne ausreicht. Aber immer kommt es noch vor, daß es trotz geschicktesten Arbeitens nicht gelingt, die Schatteneinzelheiten im Vordergrund genügend lange belichten zu können, ohne daß die Lichtabstufungen der hellsten Teile des Bildes infolge Überbelichtung verloren gehen.

Bei der Photographie aus der Luft ist nun die Aufgabe gerade umgekehrt. Da wir uns mit dem Flugzeug immer in großen Abständen von der abzubildenden Landschaft befinden – photographisch gesprochen immer gleich weit, nämlich unendlich –, so vermindern sich diese großen Unterschiede in der Tonwertskala auf ein kleines Maß. Dazu kommt die Aufhellung der Schattenteile durch die Trübung der Luft, die, einem Schleier vergleichbar, die höchsten Lichter dämpft und verdunkelt, die tiefsten Schatten jedoch aufhellt. Gerade bei ausgesprochenen Schönwetterperioden, bei Windstille, sind die atmosphärischen Verhältnisse derart, daß sich ein blauer Schleier über der Landschaft ausbreitet, der durch die diffuse Reflexion des Lichtes an den kleinen trübenden Teilchen entsteht.

Da normalerweise die der Erdoberfläche benachbarten Luftschichten die meisten trüben Teilchen aufweisen, so ist die Luftphotographie um so kontrastärmer, je flacher der Aufnahmewinkel derselben war, einen je größeren Weg die Strahlen durch dieses trübende Medium machen mußten. Sind die trübenden Teilchen genügend klein, wie dies bei heftigen und vor allem feuchtigkeitsaufsaugenden warmen Winden der Fall ist (der Föhn in den Alpenländern und die Tropenluft aus Nordafrika) und wie dies für die höheren Schichten der Atmosphäre ganz besonders gilt, so wirken sie selektiv durch Beugung auf die hindurchgehenden Lichtstrahlen. Dabei werden besonders die kurzwelligen Strahlen des Spektrums berücksichtigt. Aus diesem Grunde erscheint uns auch bei nicht verunreinigter Luft durch Staubpartikelchen die Ferne blau. Je klarer die Luft und infolgedessen je weiter die Fernsicht, um so ausgesprochener blau erscheint uns die Landschaft der Ferne. Ich habe gerade in jenen Gegenden der Welt dieses herrliche Blau der Ferne konstatiert, wo dank der Luftreinheit die Fernsicht in die Hunderte von Kilometern sich ausdehnte. Obwohl die in der Ferne noch sichtbaren Berge schwarze, rote oder gelbe Gesteinsfarben aufweisen, so erschienen sie mir in einem um so herrlicheren, intensiveren Blau, je weiter sie von meinem Beobachtungsstandpunkt entfernt waren. Wie stark die Aufhellung durch diesen blauen Schleier ist, kann jeder Fluggast selbst konstatieren, wenn er zum Vergleich ein im Schatten gehaltenes weißes Papierstückchen mit den tiefsten Schatten der Landschaft vergleicht. Er wird finden, daß selbst eine schwarze Felswand in einigen Kilometern Entfernung bereits heller ist als der Schattenton des weißen Papiers.

Haben wir uns nun über die Gründe der veränderten Bedingungen zwischen Boden- und Luftphotographie Rechenschaft gegeben, so kommen wir weiter zu den Mitteln, die es uns ermöglichen, trotzdem unsern Fliegerbildern eine möglichst reiche Abstufung der Helligkeitswerte zu geben. Gegen die gleichmäßige Aufhellung der Schattenpartien durch die Reflexion des Lichts an groben trübenden Teilchen gibt es wohl kein Gegenmittel. Man wird dabei eben stets mit flauen, kontrastlosen Aufnahmen, bei denen die Details im allgemeinen Schleier verschwinden, rechnen müssen. Das Fliegerbild wird ein Abklatsch der grauen trüben Wirklichkeit sein. Es ist klar, daß an solchen Tagen deshalb auf ein Photographieren aus der Luft im allgemeinen verzichtet wird. Wenn dagegen, wie es bei größeren Höhen fast stets der Fall sein wird, ein blauer Luftschleier den Hauptteil der Aufhellung und Verwischung der Farbenwertunterschiede ausmacht, dann müssen wir der Verkürzung der Gradation durch Anwendung von Gelbscheiben erfolgreich entgegenarbeiten. Eine planparallel geschliffene gelbe Glasscheibe wird vor dem Objektiv befestigt. Ihre Wirkung beruht auf der Absorption des blauen Lichtes durch die gelbe Schicht. Jeder Bergsteiger, der vornehmlich zum Schutze seines Augenlichts vor den chemisch schädlichen blauen und ultravioletten Strahlen in der Höhenluft eine gelbe Schutzbrille trägt, beobachtet eine merkliche Zunahme der Tonwertskala am fernen Objekt. Er sieht die Ferne so viel detailreicher, viel klarer und dadurch scheinbar näher. Dies gilt nun noch in vermehrtem Maße von der photographischen Platte, welche bekanntlich für die chemisch wirksameren blauen Strahlen viel empfindlicher ist als für gelbes und rotes Licht. Selbst für die sogenannten orthochromatischen Platten, die durch Farblösung auch für gelbe Strahlen empfindlicher gemacht sind, ist die Blaudämpfung nicht hinreichend genug, als daß die Gelbscheibe entbehrt werden könnte, um die Wiedergabe der Tonwertunterschiede in Schneeflächen und den Unterschied derselben gegenüber den dunkleren Felsen richtig herauszubringen.

Eine Gelbscheibe, welche blaues und violettes Licht vollkommen ausschließt, wird deshalb für Flugzeugaufnahmen in den Schnee- und Eisregionen der Alpen in jedem Fall unentbehrlich sein, um die stärksten Kontraste und die feinsten Details in den Schattenpartien der Felsen wie in den höchsten Lichtern der grell besonnten Gletscher herauszubringen. Ich habe dabei meine besten Erfahrungen mit den Zeiss-Flieger-Gelbfiltern gemacht.

Hand in Hand mit den optischen Maßnahmen, die Kontraste der photographischen Platte nach Möglichkeit zu vergrößern, müssen selbstverständlich auch photochemische Mittel gehen, damit das größtmögliche Maß an Details aus einer Luftphotographie herausgelesen werden kann. Die Luftaufnahmen sollen uns ja nicht in erster Linie ästhetisch schöne Bilder geben, sondern sie sollen uns vor allem sämtliche Unterlagen verschaffen, um aus ihnen jede gewünschte Einzelheit zu entnehmen, besonders dann, wenn die Bilder zur Vermessung oder zu wissenschaftlichen Arbeiten herangezogen werden.

Der Möglichkeiten, Kontraste in einer Aufnahme zu vergrößern, gibt es verschiedene. Es kann sowohl der Platte von Haus aus eine mehr oder minder starke Neigung zur Härte innewohnen und dann kann diese Neigung durch geeignete Entwicklung oder sonstige chemische Behandlung weitgehend unterstützt werden. Die Fähigkeit einer Platte, Helligkeitswerte hart oder harmonisch weich wiederzugeben, heißt man «Gradation». Diese läßt sich photometrisch genau messen und graphisch in einer Kurve festlegen. Die gewöhnliche farbenempfindliche Platte ist an sich schon fast immer härter arbeitend als die stark farbenunempfindliche Mutteremulsion. Die Anilinfarbstoffe, die zu ihrer Anfärbung dienen, machen die Gradationskurve steiler. Man hat während des Krieges mit Erfolg in dieser Richtung Platten mit gesteigerter Gradationshärte hergestellt und dabei äußerst kontrastreiche Negative erhalten. Je steiler die Gradationskurve jedoch ist, um so geringer wird der Belichtungsspielraum der betreffenden Platte, um so genauer muß der Beobachter die Belichtung, die Schätzung der augenblicklichen Lichtintensitätsverhältnisse vornehmen, um zu guten Resultaten zu gelangen. Eine solche Platte erfordert deshalb oft angeborenes Geschick des Flugzeugphotographen und ist ein zweischneidiges Mittel, wenn nicht die Belichtungszeit richtig getroffen wird. Das Fehlergebnis bei unrichtiger Exposition ist sofort vorhanden. Während man bei einer gewöhnlichen farbenempfindlichen Platte einen derartig weiten Belichtungsspielraum hat, daß die einfache und die fünffache Belichtungszeit Negative ergeben, deren Kopien noch gleich sein können, so bringt eine dreifache Über- oder Unterbelichtung bei der genannten Platte Fehlresultate hervor.

Durch die Entwicklung kann die Gradation weiter verstärkt werden. Auch auf einer weich arbeitenden Platte kann bei richtiger Belichtungszeit ein kontrastreiches Negativ hervorgerufen werden. Bekanntlich dringt der Entwickler im Anfangsstadium der Hervorrufung durch Absorption in die Bromsilberschicht ein, die Flüssigkeit gelangt von der Oberfläche der Schicht allmählich in die Tiefe. Während dieses Absorptionsvorganges setzt schon die Reduktion des Bromsilbers ein. Haben wir einen reduktionsarmen Entwickler, so ist dieser zum größten Teil schon nahe der Oberfläche der Schicht verbraucht, bevor er nur in den tieferen Lagen weiter reduzieren kann. Es entsteht ein überaus flaues Bild, da nur die Oberfläche und nicht die tieferen Lagen reduziert worden sind. Das Maximum der erreichbaren Gradation kann erzielt werden, wenn wir Entwickler verwenden, deren reduzierende Substanz genügt, um auch die tiefen Lagen einer photographischen Platte zu schwärzen. Im Gegensatz zu der gewöhnlich verbreiteten irrigen Meinung müssen Flugzeugaufnahmen mit einem äußerst energisch wirkenden frischen, an reduzierender Substanz reichen Entwickler hervorgerufen werden, und zwar muß dies ohne Rücksicht auf das unheimlich schnelle Hervorschießen des Bildes, auch ohne Rücksicht auf die oberflächliche schnelle Schwärzung der Schicht so lange durchgeführt werden, bis das Bild nicht nur in den

Lichtern, sondern bis in die tiefsten Halbtöne hinein von der Glasseite aus sichtbar ist. Das so entstandene Negativ wird nicht gerade als ideal zu betrachten sein, gibt aber eine kontrastreiche Kopie, worauf es doch in erster Linie ankommt. Wünscht man das Negativ lichtdurchlässiger, also rascher kopierfähig zu machen, so kann dies jederzeit durch nachträgliches Abschwächen mit rotem Blutlaugensalz und Fixierlösung geschehen. Es existieren verschiedene Entwicklerrezepte, die das gewünschte Resultat ergeben. Die Hauptsache ist dabei immer, daß genügende Mengen von reduzierender Entwicklersubstanz vorhanden sind. Da ich von meinen photographischen Feldzügen immer mit Dutzenden, ja Hunderten von Negativen nach Hause komme, so benutze ich vorzugsweise eine Art Standentwicklung, um 50 und mehr Platten in einer halben Stunde entwickeln zu können. Die langsamere Standentwicklung ermöglicht auch ein besseres Kontrollieren der einzelnen Platten. Der Ausgleich von verschiedenen exponierten Platten ist dabei gleichmäßiger als bei einer rapiden Entwicklung. Der von mir in Tausenden von Aufnahmen verwendete Entwickler hat folgende Zusammensetzung:

In 12 Liter Wasser (warm) zu lösen:

Metol	3 g
Hydrochinon	12 g
Natriumsulfit	140 g
Soda (krist.)	90 g
Pyro (in Flocken)	10 g
Bromkali (krist.)	1 g

Entwicklungsdauer 10–20 Minuten.

Ebenso habe ich sehr guten Erfolg mit dem von Prof. Miethe empfohlenen, hart arbeitenden Rodinalentwickler mit Zusatz von Hydrochinon gehabt. Auf einen halben Liter Agfa Rodinal in der Verdünnung 1:12 wird ein Gramm Hydrochinon zugesetzt.

Von der guten optischen Ausrüstung bei Flugzeugaufnahmen hängt natürlich in erster Linie das erzielte Resultat ab. Die abbildende Linse muß neben großer Lichtstärke eine außerordentliche Schärfe über das gesamte erforderliche Bildformat besitzen. Nur Anastigmate der erstklassigen optischen Firmen – ich verwendete bis heute ausschließlich das Zeiss Tessar in Brennweite von 18, 25, 30 und 50 cm – können uns die erforderlichen und verlangten haarscharfen Bilder liefern. Die schnelle Vorwärtsbewegung des Flugzeuges, sodann das Vibrieren des Flugzeugrumpfes, das sich unvermeidlich auf die Kamera überträgt, bedingen die Anwendung einer möglichst kurzen Belichtungszeit. Jede Verkürzung der Belichtungszeit wird speziell bei weniger Geübten die Aussicht, ein scharfes Bild zu erreichen, verbessern. Deswegen muß ein lichtstarkes Objektiv verwendet werden in Verbindung mit einem Verschluß, der den größten Wirkungsgrad besitzt. Der Nutzeffekt der sogenannten Zentralverschlüsse, die sich unmittelbar vor oder hinter der Linse befinden, bleibt gewöhnlich unter 50%. Zudem ist deren Mechanismus bei tiefen Temperaturen noch häufigen Störungen unterworfen. Es kommen daher für unsere Verhältnisse, wo eine größere Vermessungsgenauigkeit nicht verlangt wird, nur die Schlitzverschlüsse in Frage. Der Wirkungsgrad ist bei diesen das Doppelte der Zentralverschlüsse. Temperaturdifferenzen, die gerade beim Fliegen in unerhörtem Ausmaße entstehen können (Start in den Tropen bei 40° Celsius, Lufttemperatur in einer Höhe von 5000 m bei −5° Celsius), haben keinen merklichen Einfluß. Der verstellbare Spalt erlaubt eine meß- und kontrollierbare Veränderung der Belichtungszeiten.

Nachdem ich mich nun über die allgemeinen Bedingungen ausgelassen habe, möchte ich noch einige Worte über das zur Benützung kommende Bildgerät und über die während des Fluges angewandten Arbeitsmethoden hinzufügen.

Während bei offenen, dem Windzug ausgesetzten Flugzeugen nur eine eigens dazu konstruierte Fliegerkamera mit festem Kameragehäuse benutzt werden kann, so genügen für die im Luftverkehr immer mehr verwendeten geschlossenen Kabinenflugzeuge gewöhnliche Sportkameras mit ausziehbarem Balgen, die in punkto Optik und Verschluß den erwähnten Bedingungen entsprechen. So habe ich anläßlich meines Afrikafluges wegen Gewichtsersparnis sämtliche Flieger- und Bodenaufnahmen mit ein und derselben Contessa-Nettel-Schlitzverschlußkamera hergestellt, die mit einem Verschluß von einer Spielweite von $\frac{1}{2}$ bis $\frac{1}{1200}$ Sekunde und einem Zeiss Tessar Lichtstärke 1:4,5 ausgerüstet war. Für Aufnahmen in den Alpen, wo im allgemeinen immer eine reichliche Lichtmenge zur Verfügung steht, können Amateure mit ihren gewöhnlichen Handkameras gute Resultate erzielen, sofern der Zentralverschluß eine maximale Geschwindigkeit von $\frac{1}{100}$ aufweist. Viele meiner Flugpassagiere haben mit ihren ihnen wohlvertrauten Apparaten eine ganz hervorragende Bilderausbeute von ihren Flügen mit nach Hause gebracht.

Da bis jetzt die Mitnahme von Dutzenden von Platten und deren Wechselkassetten immer eine Gewichtsfrage war, die nicht außer acht gelassen werden durfte, so hat sich dies mit dem Aufkommen von Filmbändern von ganzen Bildbreiten und der dafür verwendeten Filmwechselkassetten wesentlich günstiger gestaltet. Schon auf meinen letzten Flugexpeditionen bin ich aus Gründen der Gewichtsersparnis dazu übergegangen, Filmwechselkassetten von 50 und mehr Aufnahmen zu verwenden. Dabei wurde das 18 cm breite Filmband nach dem jeweiligen Wechseln durch eine Metallplatte auf eine planparallel geschliffene Glasplatte festgedrückt, um dadurch ein vollständiges Planliegen des Filmes zu sichern. Diese Art von Kassetten hat sich bewährt, einzig war dabei nicht zu vermeiden, daß Staubpartikelchen sich zwischen Film und Glasplatte festsetzten und dadurch unreine Negative verursachten.

In jahrelangen Versuchen hat nun Karl Zeiss in Jena eine Film-Handwechselkassette auf den Markt gebracht, die in ihrer Art als vollkommen bezeichnet werden darf und ein Wunderwerk von Präzision bedeutet. Dabei wird das 16 m lange Filmband, das 120 Aufnahmen im Format 13x19 cm hintereinander liefert, im Moment der Aufnahme durch eine Saugvorrichtung an die Metallplatte absolut plan angesogen, ohne daß sich davor eine Glasscheibe befindet. Ein einziger Handgriff, das Drehen eines Knopfes genügt, um neben dem Aufziehen des Schlitzverschlusses der Kamera auch zugleich ein neues Filmbild zu wechseln. Auf dem Rande des Filmes wird dabei zugleich die fortlaufende Nummer photographisch registriert, ebenso kann auf Wunsch durch ein Uhrwerk die genaue Zeit in Minuten und Sekunden der jeweiligen Aufnahme mit exponiert werden. Diese Kassette, deren Gewicht inkl. der 120 Aufnahmen 4½ kg nicht übersteigt (das Gewicht der entsprechenden Anzahl von Platten beträgt das Zehnfache), ermöglicht es nun dem Flieger, sozusagen immer aufnahmebereit zu sein und, wenn nötig, schon in Intervallen von fünf Sekunden die rasch vorbeiziehende Landschaft photographisch festzuhalten. Als Beispiel mag dabei dienen, daß ich bei einem der im Juni 1928 ausgeführten Matterhornflüge durch einen meiner Mitarbeiter in 1½ Flugstunden mit dieser Kassette 120 Aufnahmen herstellen ließ, ohne daß ich dabei gezwungen worden wäre, durch Kurven an Ort und Stelle Zeit zu verlieren, bis das Wechseln erfolgt war. Die aufgenommenen Bilder waren von einer wundervollen Zeichnung und Schärfe.

Die Aufnahmetechnik selbst verlangt, um dauernd zu guten Resultaten zu gelangen, ein tiefes Durchdringen der Materie und eine große praktische Erfahrung. Die Exposition kann kaum bei den fortwährenden wechselnden Lichtintensitäts-Verhältnissen mit den viel angepriesenen Belichtungsmessern bestimmt werden. Hier erzielt nur die Erfahrung und das oft angeborene Geschick des Flugphotographen gute Resultate. Ist die Schätzung der richtigen Belichtungszeit schon bei einer normal graduierten Platte schwierig, so ist dies in viel höherem Maße noch der Fall bei einer steilen und kurz graduierten, wie es die Fliegerplatten und Filme aus bereits erwähnten Gründen sein müssen.

Neben der richtigen Wahl der Belichtungszeit ist es nun vor allem sehr wichtig, daß der Photographierende in der Lage ist, trotz der Vibration der Maschine und der durch Luftböen unruhigen Flugbahn, scharfe, nicht verwackelte Aufnahmen zu erziclen. Um dies zu erreichen, muß man sich vor allem hüten, die Kamera auf irgendeinen Apparateteil des Flugzeuges zu stützen, wie dies bei Bodenaufnahmen mit Vorteil angewandt wird. Man muß im Gegenteil darauf bedacht sein, die Kamera absolut freihändig nach dem gewünschten Objekt zu richten. Dies hat zur Folge, daß man so alle auftretenden Vibrationen und Schwankungen mit dem eigenen Körper aufnimmt, so daß derselbe gleichsam als Stoßfänger sich auswirkt. Ist das Wetter ruhig und die

Flughöhe groß, so können bei genügender Übung mit einer $\frac{1}{90}$ Sekunde noch scharfe Bilder erzielt werden. Diese Aufnahme-Methode hat den Vorzug, auch bei schwacher Lichtintensität noch ausexponierte Luftaufnahmen zu erhalten oder aber durch Anwendung dichter Gelbfilter die Absorption des blauen Luftschleiers um so besser vorzunehmen.

Gegenüber den offenen, nur wenig Raum bietenden Flugzeugen, wo die Ausübung der Fliegerphotographie auch eine große physische Anstrengung bedeutet, ist die photographische Tätigkeit aus den geöffneten Fenstern des geschlossenen und geräumigen Kabinenflugzeuges ein reines Vergnügen geworden. Ich erinnere mich noch lebhaft an meinen ersten Alpenflug mit Quendet über die Urner- und Glarneralpen, anläßlich dessen ich aus dem kleinen Bleriot-Eindecker die ersten Flugaufnahmen herstellte. Zwei Drittel meines Körpers waren dem freien Luftmeer, den Winden preisgegeben, und außerdem war ich gezwungen, während der ganzen Dauer des Fluges auf dem Boden des Apparates zu knien, so daß mir nach dem Fluge für einige Tage die schmerzenden Beinmuskeln kaum das Gehen ermöglichten. Um das Charakteristische einer Landschaft aus der Luft aufzunehmen, braucht es ein geübtes und geschultes Auge. Genau wie der Photograph zur Erreichung der größtmöglichen Bildwirkung auf dem Boden seinen günstigsten Aufnahmestandort aussucht, genau so ist es uns Fliegern möglich, jeden Ort im freien Luftmeer zu bestimmen, um das gewünschte Resultat zu erzielen. Wir sind nicht wie bei der Ballon-Photographie auf Zufallsstandorte angewiesen, sondern können bewußt darauf ausgehen, von dem günstigsten Punkte aus das betreffende Gebirge oder die Landschaft in ihrer besten Beleuchtung und schönsten Form photographisch festzuhalten. Dadurch hat sich die Flugphotographie von dem Zufallsmoment freigemacht und kann neben der Erfüllung vermessungstechnischer Aufgaben, deren Technik nicht in den Rahmen dieser Abhandlung fällt, dazu dienen, die überflogene Landschaft so darzustellen, daß man aus dem Bilde die weitesten Verwertungen herausziehen kann.

Die Fliegerphotographie ist berufen, eine bedeutungsvolle Rolle in der

Zukunft zu spielen. Als Anschauungsmaterial ist sie in vielen Fällen der Karte überlegen. Einzelheiten und Zusammenhänge, seien sie nun geographischer, geologischer oder wirtschaftlicher Natur, lassen sich daraus viel besser studieren. Eine andere, nie gesehene Welt tut sich vor uns auf. Es ist, als ob die Erde dadurch ein neues Antlitz, der Mensch ein neues, vollkommeneres Auge gewonnen hätte.

Ein Hügel-oder Bergland zeigt sich dem ungeübten Auge vom Flugzeug aus nicht unter allen Umständen in der vollen Plastik. Die senkrechte Ansicht läßt alle Formen gedrückt und unbedeutend erscheinen, wenn nicht gerade die tiefstehende Sonne mit scharfer Verteilung von Licht und Schatten das Relief kräftig heraushebt. Vorteilhafter und natürlicher wirkt die schräge Vogelschau. Da treten die Einzelheiten und Züge des Gebirgsbaues oft in solcher Klarheit hervor, als ob man ein geologisches Relief oder Profil vor sich hätte.

Was aber uns Lichtbildner und Naturfreunde am meisten fesselt, ist die Schönheit der Naturerscheinung, wie wir sie in raschem Fluge als die schönste Erinnerung auf die photographischen Platten bannen und mit auf die feste Erde nehmen. Und dort, wenn beim roten Dunkelkammerlicht die Visionen der Höhe sich allmählich mehr und mehr herauskristallisieren, beginnt für den Lichtbildner nochmals das Glück des Erlebens. Wie in einem Traume sind die Eindrücke an einem vorbeigezogen und nehmen jetzt dank der Flugphotographie feste und bleibende Formen an.

Bildlegenden

228

2

3

6

7

10

11

14

15

16

17

18

19

23

24